国家骨干高职院校建设项目成果

审 计

李洪春 邓 燏 主 编

贺丽锦 唐 琳 副主编

经济科学出版社

图书在版编目（CIP）数据

审计／李洪春，邓燏主编 . — 北京：经济科学出
版社，2012.12 （2016.8 重印）
ISBN 978 - 7 - 5141 - 2848 - 2

Ⅰ.①审… Ⅱ.①李…②邓… Ⅲ.①审计 - 教材
Ⅳ.①F239

中国版本图书馆 CIP 数据核字（2012）第 314077 号

责任编辑：侯晓霞　王东岗
责任校对：王凡娥
责任印制：李　鹏

审　　计

李洪春　邓　燏　主编

贺丽锦　唐　琳　副主编

经济科学出版社出版、发行　新华书店经销

社址：北京市海淀区阜成路甲 28 号　邮编：100142

教材分社电话：88191345　发行部电话：88191537

网址：www.esp.com.cn

电子邮件：houxiaoxia@esp.com.cn

北京密兴印刷有限公司印装

787×1092　16 开　18.5 印张　450000 字

2012 年 12 月第 1 版　2016 年 8 月第 4 次印刷

ISBN 978 - 7 - 5141 - 2848 - 2　定价：37.00 元

前　言

随着我国社会主义市场经济的不断发展和完善，审计环境发生了一系列变化，审计理论与实务也发生了很大变化。我们根据高职高专培养高素质技术技能型人才的培养目标，在总结以往的教学经验与审计实践的基础上，以校企合作的方式组织编写了这本教材。本教材旨在培养学生熟练按照会计准则和审计准则等政策法规进行财务审计的实际工作能力，使学生具备学习后续专业课程的专业基础能力和综合能力，从而有助于获取相关资格证书考试，实现毕业证书与职业资格证书的"双证融通"。本教材在编写过程中力求体现以下特点：

1. 双主体合作编写。本教材的编者为在校从事多年财务会计和审计教学工作，并具有企业财务工作和审计实践工作经验的教师，还有长期从事财务会计工作和审计工作的行业专家作为教材的主编，参编人员大都具备硕士研究生学历，参编人员对审计教学和审计工作均有丰富经验和独到见解。

2. 内容全面，适用面广。根据作者多年的教学经验，本教材构建了适合高职学生的财务审计框架体系，全面系统地简述了财务审计的基础知识和审计实务。教材注重与相关课程的衔接与分式，注意各章节之间的合理安排，做到与时俱进，具有一定的超前性。

3. 实务模拟，学做一体。本教材上篇为审计基础知识，一改审计基础知识在教学中占据较大篇幅的做法，将基础部分整合为三章，有利于学生在简单了解基础知识之后，直接进入审计实务的学习。下篇的六个项目分为若干个工作任务，按照了解会计业务和工作程序、熟悉财务审计中的控制测试和实质性测试的顺序安排教学内容，且以审计案例引导学生模拟实际从事审计，边做边学，学做一体。

4. 配套学习资源丰富。江西财经职业学院《财务报表审计》于 2011 年被评为江西省省级精品课程，课程学习网站为学生的自主学习提供了较好的平台。

本教材由江西财经职业学院李洪春教授和深圳中正华道会计师事务所主任会计师邓燏担任主编，由江西财经职业学院贺丽锦、唐琳担任副主编。编写分工如下：李洪春编写第一章、第二章，吴菁菁编写第三章；邓燏编写项目一，贺丽锦编写项目二，唐琳编写项目三，曹计编写项目四，张远清编写项目五，中审亚太会计师事务所注册会计师刘汉编写项目六。最后由李洪春和邓燩对全书进行修改、补充和总纂。

　　本教材在编写过程中得到了江西财经职业学院领导、江西天华会计事务所和九江浔城会计师事务所的大力支持，并借鉴了财务审计等方面的书籍和相关杂志的有关观点，编者在此一并表示真诚的谢意！同时限于编者水平，加之时间仓促，书中难免存在不足之处，恳请广大读者批评指正。

编　者

2012 年 12 月

目 录

上篇　审计基础知识

下篇　审计实务

上 篇

审计基础知识

第一章

总 论

【学习目标】

(1) 了解审计的产生和发展;

(2) 掌握审计的含义、分类、目标和对象;

(3) 了解审计组织和审计人员。

【引例】

刚毕业的王栋与他的几个同学一起创办了一家广告设计公司,经过一年的努力经营,公司盈利颇丰。年底,工商局年检时要求该公司提交一套经过审计人员(注册会计师)审计过的财务报表以及注册会计师的审计报告。王栋和他同学对此不甚了解,咨询了某会计师事务所的注册会计师林先生。林先生耐心地向他们介绍起来……

思考题:

(1) 国内外审计产生和发展过程是怎样的?

(2) 审计的主要特征和职能是什么?

(3) 审计的目标有哪些?

第一节 审计概述

一、审计的产生和发展

(一) 审计产生的客观经济基础

纵观中外审计产生和发展的历史可以看出,审计的产生和发展有其客观依据。

会计的产生是随着剩余物资的出现而发展起来的,审计的产生和发展与会计有所不同,它是在财产所有权与管理经营权相分离以及多层次经营管理分权制所形成的经济责任关系下,基于经济监督的需要而产生和发展起来的。

在奴隶社会和封建社会中,由于社会生产力的发展,出现了大量的剩余产品,使财产的所有权和经营权相分离,财产所有者将其私有的财产资源委托给专门的经营者代为管理和经营,这些经营者对财产的所有者负有受托经济责任。财产的所有者是责任委托者,经营者是责任受托者,两者之间便产生了一种受托经济责任关系。这时,财产的所有者需要授权或委托独立于经营管理者之外的第三者,代表他们对受托者进行监督检查,以便证明受托者是否诚实地承担了自己的受托经济责任。所以说，两权分离或管理者内部的分权制度是审计产生和发展的客观经济基础。

（二）我国审计的产生和发展

我国是世界上最早产生审计的国家之一，审计在我国的发展可谓源远流长。它经历了一个漫长而曲折的发展过程，大体上可分为六个阶段：西周时期的萌芽阶段；秦汉时期的初步形成阶段；隋唐至宋时期的日臻健全阶段；元明清时期的停滞不前阶段；民国时期的不断演进阶段；新中国成立后的曲折发展和振兴阶段。

1. 西周时期的萌发阶段

我国早在西周初期已有了审计活动，当时的国家财计机构分为地官系统（掌管财政收入）和天官系统（掌管财政支出）。在天官系统力设有"宰夫"这个官职，他是专司审计之职的官员，虽然位卑权轻，却负"考其出入而定刑赏"之职，对百官府、郡都、县均能独立地审查，并有举荐或建议处罚的权力。《周礼》记载："宰夫岁终，则令群吏正岁会。月终，则令正月要。旬终，则令正日成。而考其治，治以不时举者，以告而诛之"。即在年末、月末、旬末宰夫命令督促各部门官吏上报财计。

报告并进行审核，以确定其真实性，如发现有问题，可越级向周王报告，加以赏罚。"宰夫"的出现标志着我国审计的萌发，是我国审计发展的雏形。

2. 秦汉时期的初步形成阶段

秦汉时期是我国审计制度的确立阶段，主要表现在两个方面：一是专门设置"御史大夫"官职，协助丞相辅助皇帝，行使对国家的政治、经济监察大权；二是"上计制度"不断完善。所谓"上计制度"就是指到年末由皇帝亲自听取和审核各级地方官吏上报的财政收入和财政支出的报告，以决定赏罚，并在此基础上制定了《上计律》，使审计与法联系起来，成为我国审计立法的开端。秦汉时期的御史大夫不仅行使政治、军事的监察权，还行使经济的监察权，控制和监督财政收支活动，勾稽总考财政收支情况。

3. 隋唐至宋时期的日臻健全阶段

隋唐时期，中央集权不断加强，官僚系统进一步完善，审计制度方面也随之日趋健全。隋唐在刑部下设立"比部"专门负责审计工作，独立于财计部门，这说明审计的性质从原来的财政、行政监督变为司法监督的一部分，使审计工作具有较强的独立性和较高的权威性。宋朝初期，专门设置了"审计司"，隶属太府司，成为太府司的内部审计机构。到了南宋，还设立了"审计院"，是我国"审计"的正式命名，从此审计一词便成为财政监督的专用名词，对后世中外审计建制具有深远影响。

4. 元明清时期的停滞不前阶段

元明清时期，审计停滞不前。元代取消比部，户部兼管会计报告的审计，独立的审计机构即告消亡。明洪武元年，虽恢复比部，但作用发挥不够，财政流弊滋生，贪污案件不但多而且性质严重。清朝未设比部，而是在户部下设"清吏司"。雍正年间，将清吏司归入督察院，表面上权力很大，实际工作却不得力。清朝末年，光绪皇帝仿效西方资本主义国家设立"审计院"，引进近代审计制度，后因辛亥革命爆发，审计制度未能实施。

5. 民国时期的不断演进阶段

北洋政府于 1912 年在国务院下设"审计处"，在各省设立"审计分处"，1914 年将

"审计处"改成"审计院",隶属于大总统。国民下政府于 1925 年颁布《审计法》及《审计实施细则》。此时,中国的资本主义民族工商业得到了迅猛发展,一批爱国学者鉴于外国注册会计师包揽我国注册会计师业务的现状,为了维护民族利益和尊严,积极倡导创建中国的注册会计师事业。1918 年 9 月,主管注册会计师事务所的北洋政府农商部颁布了中国第一部注册会计师法规——《会计师暂行章程》,并于 9 月 7 日批准著名会计学家谢霖先生为中国的第一位注册会计师,谢霖创办的中国第一家会计师事务所——正则会计师事务所也获批准成立。此后,各地的会计师事务所如雨后春笋一样成立起来,比较著名的有潘序伦会计事务所(即后来的立信会计事务所)、奚玉书创办的公信会计师事务所、徐永祚创办的徐永祚会计师事务所,在当时被誉为四大会计师事务所。1925 年在上海首先成立了会计师公会,随后在全国各地建立了一大批会计事务所和会计师公会,到 1947 年,全国有注册会计师执照的达到 2619 人。但由于这一段时间,政治上不稳定,经济发展缓慢,审计工作没有长足的发展。

6. 新中国成立后的曲折发展和振兴阶段

中华人民共和国成立后,在相当长的一段时间里,照搬苏联的管理监督制度,国家没有设立独立的审计监督机构,以会计检查取代审计,致使审计工作一度处于停顿状态。党的十一届三中全会以来,党和政府把工作重点转移到经济建设上来。为了适应改革开放和社会经济发展的客观需要,我国各类审计工作迅速发展。1982 年修改的《中华人民共和国宪法》(以下简称《宪法》)明确指出建立政府审计机构。1983 年 9 月国务院设立审计署,各级地方人民政府设立了审计局,专管审计工作。1984 年 12 月 17 日,中国审计学会成立。1988 年 11 月国务院颁发了《中华人民共和国审计条例》。1994 年 8 月第八届全国人民代表大会常务委员会第九次会议通过了《中华人民共和国审计法》(以下简称《审计法》),并于 2006 年 2 月进行了修订,修订后的法律自 2006 年 6 月 1 日起执行。该法对我国审计监督的基本原则、审计组织和审计人员的职责和权限、审计程序和法律责任等作了全面的具体规定,为加强审计监督、审计机关依法履行监督职能提供了法律保障。我国的审计法规体系日益成熟完善,标志着我国的审计工作进入了新的发展阶段。

(三) 西方审计的产生和发展

在西方国家,随着生产力的发展和经济关系的变革,审计也经历了一个漫长的发展过程。审计随着资本主义商品经济的兴起而得到迅速发展。由于西方国家的民间审计发展对当前的审计界产生非常大的影响,故在这里只重点阐述西方国家民间审计的产生和发展。

西方国家民间审计起源于意大利的合伙企业,形成于英国股份制企业制度,发展和完善于美国发达的资本市场,它是伴随着资本主义生产力的发展而产生和发展起来的。

1. 民间审计的起源

民间审计起源于 16 世纪意大利的合伙企业。当时的意大利水城威尼斯,是东西方贸易的枢纽,商业规模不断扩大,商业异常繁荣。经济的迅猛发展促进了合伙制企业的诞生。合伙制企业也导致了所有权和经营权开始分离。在这种情况下,客观上产生了一个与任何一方均无利害关系的第三者对合伙企业进行监督、检查的需求,人们开始聘请会计学家来担任查账和公证的工作。那时,在威尼斯创立了威尼斯会计协会,这也是世界上第一个会计职业团体。

2. 民间审计的形成

民间审计的真正发展始于 18 世纪以后。18 世纪下半叶，随着英国产业革命的完成，英国的资本主义经济得到了迅速的发展，生产的社会化程度大大提高。股份公司的兴起，使企业的所有权和经营权进一步分离，绝大多数股东已完全脱离经营管理，但出于自身的利益，他们非常关心公司的经营成果。值得一提的是，1721 年英国发生"海南公司破产事件"，对其破产原因的审查，揭开了西方民间审计发展的序幕。这时的英国民间审计，没有系统的方法和理论依据，只是根据企业股东的要求对账簿进行详细的逐笔审查，以查错防弊、保护企业资产的安全和完整为主要目的。所以，后人称之为详细审计、弊端审计或账簿审计，又由于这种方法在当时的英国最为盛行，故也称之为英国式审计。

3. 民间审计的发展

20 世纪初，全球经济发展重心逐步由欧洲转向美国，因此美国的民间审计得到了迅速发展，这对民间审计在全球的迅速发展发挥了重要作用。

美国南北战争结束后，巨额资本开始流入美国，促进了美国经济的发展。由于金融资本对产业资本进行了广泛的渗透，所以当时美国的信贷市场非常的发达。企业同银行利益关系密切，银行逐渐把企业的资产负债表作为了解企业信用的主要依据。当时的美国审计界便产生了帮助贷款人及其他债权人了解企业信用的资产负债表审计，即美国式审计。审计方法从详细审计转变为初步的抽样审计。审计目的是通过对资产负债表数据的检查，判断企业的信用状况，故也叫信用审计。

1929～1933 年，资本主义世界经历了历史上最严重的经济危机，大批企业破产倒闭，成千上万的股东和债权人蒙受损失。这在客观上促进企业利益相关者从只关心企业财务状况转变到更加关心企业盈利水平，产生了对企业利润表进行审计的客观要求。1933 年，美国《证券法》规定，在证券交易市场上市的企业财务报表必须接受注册会计师的审计，向社会共总公布注册会计师出具的审计报告。这一时期，审计报告的使用者扩大到了社会公众；审计的范围也扩大到测试相关的内部控制，并以控制测试为基础进行抽样审计；审计准则开始拟定，审计工作向标准化、规范化过渡；审计不再以查错防弊为主要目的，而是对以利润表为中心的整套财务报表发表审计意见。

第二次世界大战以后，全球经济进一步发展，生产进一步社会化，企业规模进一步扩大，跨国公司得到了空前发展。国际资本的流动带动了注册会计师审计跨国界发展，形成了一批国际性的会计师事务所，从原来的"八大"会计师事务所，到 20 世纪 80 年代末合并为"六大"，之后有合并为"五大"。2001 年，美国的安然公司事件导致了安达信会计事务所的关闭。至今，国际上有"四大"会计师事务所，即普华永道（Pricewater-house Coopers）、安永（Ernst & Young）、毕马威（KPMG）、德勤（Deloitte Tou-che Tohmatsu）。与此同时，审计技术也不断发展：抽样审计方法得到普遍运用，风险导向审计方法得到了普遍运用，风险导向审计方法开始慢慢推广，计算机辅助审计技术得到广泛采用。

二、审计的含义

（一）审计的定义

审计一词从字面意义上看，"审"有"查"之意，但比"查"的含义更为丰富，有详细、周密、谨慎地审阅检查，分析研究，缜密推断，查证核实等意思；"计"有"算"之意，但比"算"字的含义更具体，有对会计资料进行核算、稽核之意。审计的词义就是详细、周密、慎重地审查会计资料。西方国家把审计称为"audit"，也有听其报告达到会计检查的目的之意。随着社会经济的发展和经济管理要求的提高，审计的内涵和外延都有了扩展，审计已经超出了传统的会计检查的范畴。

审计定义是对审计实践的科学总结，是对审计的本质特征或其内涵和外延做出科学的界定和高度的概括。国内外对审计的定义有很多的版本。目前，我国理论界用得较多的是1995 年 10 月中国审计学会等单位在青岛举办审计定义研讨会确定的定义：审计是独立检查会计账目，监督财政收支、财务收支的真实、合法和效益的行为。

（二）审计的本质及特征

从审计产生和发展的过程来看，审计组织和审计人员进行审计活动，必须具有一定的独立性，不受其他方面干扰或干涉，这是审计区别于其他管理活动的一个根本属性。

审计本质是一项具有独立性的经济监督活动。审计的本质具有两方面含义：其一是指审计是一种经济监督活动，经济监督是审计的基本职能；其二是指审计具有独立性，独立性是审计监督的最本质特征，是区别于其他经济监督的关键所在。审计监督作为一种经济监督，与其他专业监督有非常密切的联系，审计监督与其他专业监督相比较，是一种较高层次的监督，是对其他专业监督的再监督。审计监督跟其他专业监督相比，主要具有以下几方面的特征：

1. 独立性特征

独立性是审计的本质特征，也是保证审计工作顺利进行的必要条件。审计的独立性主要表现在组织上的独立、人员上的独立、工作上的独立以及经济上的独立。在组织上，审计机构必须是单独设置的独立的专职机构，它既不能与被审计单位有组织上的关系，也不能附属于其他部门；在人员上，审计人员与被审计单位应当不存在任何经济利益关系，不参与被审计单位的经济活动，公正无私，不偏不倚；在工作上，审计人员依法行使审计职权受国家法律保护，审计机构和审计人员独立行使审计监督权，严格地遵循审计准则、审计标准的要求，进行资料的搜集，做出审计判断，表达审计意见，出具审计报告，不受其他行政机关、社会团体或个人的干涉；在经济上，审计机构应有自己专门的经费来源或一定的经济收入，以保证有足够的经费独立自主地进行审计工作，不受被审计单位的牵制。

2. 权威性特征

审计的权威性，是保证有效行使审计权的必要条件。审计的权威性总是与独立性相关，它离不开审计组织的独立地位与审计人员的独立执业。审计的权威性特征主要体现在以下几个方面：审计组织根据宪法规定建立，宪法赋予审计组织依照法律独立行使审计监督的权力；审计组织按照委托人的授权依法行使职权时，有权要求被审计单位提供有关资料；审计组织出具的审计报告具有法律效力，受法律保护。

3. 公正性特征

与权威性密切相关的是审计的公正性。从某种意义上说，没有公正性，也就不存在权威性，审计的公正性反映了审计工作的基本要求。审计人员理应站在第三者的立场上，进行实事求是的检查，做出不带任何偏见的、符合客观实际的判断，并作出公正的评价和进行公正的处理，以确定或解除被审计单位的经济责任。审计人员只有同时保持独立性、公正性，才能取信于审计授权者或委托者，以及社会公众，才能真正树立审计权威的形象。

（三）审计关系

所谓审计关系就是指审计活动中所涉及的审计主体、审计客体和审计授权或委托人之间的经济责任关系。审计工作一般由三方关系人组成：

1. 审计主体

审计主体是指审计行为的执行者，即审计机构和审计人员，为第一关系人。

2. 审计客体

审计客体是指审计行为的接受者，即被审计的资产代管或经营者。资产代管或经营者处于被审计地位，为第二关系人。

3. 审计授权或委托人

审计授权或委托人是指依法授权或委托审计主体行使审计职责的单位或人员。财产的所有者不直接参与审计，为第三关系人。即第一关系人接受第三关系人的授权或委托进行审计。

审计关系中三方关系人之间的委托或受托代理关系中，作为审计主体的第一关系人在审计活动中起主导作用。但对审计活动起决定作用的还是财产所有者，即第三关系人。它如果不委托第二关系人进行管理或经营，就没有进行审查评价其受托代理经营或管理责任的需要。审计人、被审计人和审计授权人或委托人三者的关系，如图1-1所示。

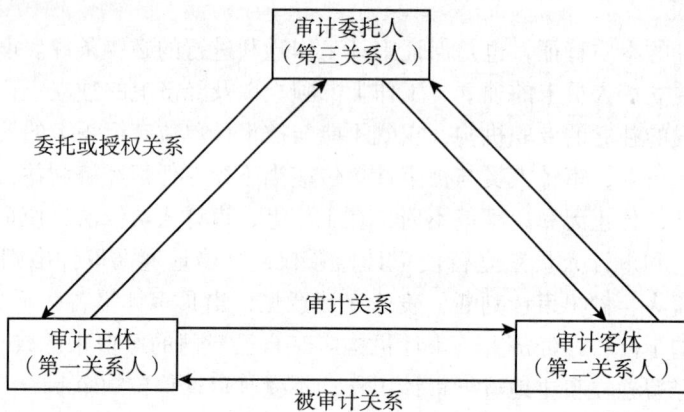

```
              审计委托人
             （第三关系人）
              ╱          ╲
  委托或授权关系            ╲
          ╱                  ╲
  审计主体    ──审计关系──→   审计客体
（第一关系人）  ←─被审计关系─  （第二关系人）
```

图1-1 审计三方关系人的关系

三、审计的分类

审计的发展史表明，古今中外有适合当时社会和时代特点的审计行式。由于社会制度和经济类型的不同，各国审计工作的要求、范围、主体也不一样，从而形成不同类型的审计。像任何其他复杂的事务一样，审计可以从不同的角度加以考虑，从而形成了不同的分类。研究审计种类的意义就在于从各个不同的角度加深对审计的认识，以便有效地组织和运用各种类型的审计，充分发挥审计的职能作用，并不断探索和开拓新的审计领域，建立和完善我国审计理论、组织和工作体系。

审计分类的标准很多，相应地，审计有许多不同的种类。参照国际审计分类的惯例，结合我国经济类型和审计监督的特点，将我国审计划分为如下五类。

（一）按审计主体分类

审计按其主体分类，可以分为政府审计、民间审计和内部审计。

1. 政府审计

政府审计也称国家审计，是指由政府审计机关实施的审计。政府审计机关包括按我国宪法规定国务院设置的审计署，由各省、自治区、直辖市、市、县等地方各级政府设置的审计局和政府在地方或中央各部委设置的派出审计机关，其中国家审计署是我国的最高审计机构。政府审计机关主要是依据对国务院各部门和地方各级人民政府及其各部门、国有金融机构、国有企业事业单位以及其他国有资产的单位财政、财务收支及其经济效益进行审计监督。

2. 民间审计

民间审计又称社会审计、注册会计师审计、独立审计，是指由经财政部门审核批准成立的民间审计组织所实施的审计。目前我国批准的民间审计组织只有各地的会计师事务所。民间审计的特点是受托审计，民间审计组织接受政府审计机关、国家行政机关、企事业单位和个人的委托，依法对被审单位的财务收支及其经济效益承办审计鉴证、经济案件鉴定、注册资本验证和年检、管理咨询服务等项业务。

3. 内部审计

内部审计，是指本部门和本单位内部专职的审计机构或人员所实施的审计。这种专职的审计机构或人员，独立于财务收支、经营管理活动及其经济效益进行内部审计监督。

（二）按审计内容和目的分类

审计按其内容和目的分类，可以分为财政财务审计、财经法纪审计和经济效益审计。

1. 财政财务审计

财政财务审计，是指对被审计单位的会计报表和其他有关资料的公允性及其所反映的财政、财务收支的合法性和合规性所进行的审计。财政财务审计的主要内容是财政、财务收支活动，主要目的是审计和评价被审计单位的会计报表是否公允地反映了其财务状况、经营成果和现金流量，同时审查和评价被审计单位的财政、财务收支是否合法、合规，以促使被审计单位遵守财经法纪和会计准则、会计制度。

2. 财经法纪审计

财经法纪审计，是指审计机构对严重违犯财经法纪行为所进行的专案审计。对一般违反财经法纪的行为，可在财政财务审计和经济效益审计中发现，并加以纠正和适当处理，而对金额较大、情节严重、使国有资产遭受严重损失、危害社会主义经济建设或对社会风气产生恶劣影响的违反财经法纪行为，需专门立案进行审计，即为财经法纪审计。财经法纪审计是专案性的财政财务审计，是财政财务审计的一个特殊类型。

3. 经济效益审计

经济效益审计，是指对被审计单位实现的经济效益状况及其影响因素进行的检查、分析。

经济效益审计的内容通常包括对各级政府的财政收支及其管理活动，企业单位的财政收支及其经营管理活动，行政事业单位的资金使用及其管理活动，固定资产投资及其管理活动的经济效益情况及其影响因素、途径所进行的审计。经济效益审计是以提高经济效益为目的，通过经济效益审计，检查被审单位在经营管理和资产利用上是否经济合理；审计被审单位的经营决策是否恰当，是否有效，是否达到预期的效果；检查被审单位在经济活动中的管理能力和水平。

（三）按审计范围分类

审计按照其范围分类，可以分为全部审计、局部审计和专项审计。

1. 全部审计

全部审计又称全面审计、详细审计，是指对被审计单位一定期间的财政、财务收支及有关经济活动的各方面及其资料进行全面的审计。全部审计的业务范围广泛，涉及被审计单位的会计资料及其经济资料所反映的采购、生产、销售、各项财产物资、债权和资金以及企业利润、税款等经济业务活动。其优点是审查详细彻底，缺点是工作量太大，费时费力，一般适用于规模小、业务简单、会计资料较少行政机关和企事业单位，或是内部控制薄弱及会计核算工作质量差的企业等。

2. 局部审计

局部审计又称部分审计，是指对被审计单位一定期间的财务收支或经营管理活动的某些方面及其资料进行部分的、有目的、有重点的审计。局部审计的优点是审计时间较短，耗费较少，能及时发现和纠正问题，缺点是容易遗漏问题，所以具有一定的局限性。

3. 专项审计

专项审计又称专题审计，是指对某一特定项目所进行的审计。专项审计的范围是特定业务，针对性较强，有利于及时围绕当前的中心工作和重点开展审计工作，有利于针对性地提出意见和建议。

（四）按审计实施时间分类

审计按照实施时间分类，可以分为事前审计、事中审计和事后审计。

1. 事前审计

事前审计又称预防性审计，是指在被审计单位经济业务发生以前所进行的审计。一般对预算或计划的编制和对经济事项的预测及决策进行的审计都属于事前审计。其目的是加强预算、计划、预测和决策的准确性、合理性和可行性。事前审计对于预防错弊，防患于未然，保证经济活动的合理性、有效性和会计资料的正确性，提出建设性意见，形成最佳决策方案，严格执行财经纪律，都具有积极的作用。

2. 事中审计

事中审计，是指在被审计单位经济业务执行过程中进行的审计。其中通过对被审计单位的费用预算、费用开展标准、材料消耗定额等执行过程中有关经济业务进行事中审计，便于及时发现并纠正偏差，保证经济活动的合法性、合理性和有效性。

3. 事后审计

事后审计，是指在被审单位经济业务完成以后进行的审计。其适用范围十分广泛，主要是进行合法性、合规性、公允性和正确性审计。其主要目的是监督和评价被审单位的财务收支及有关经济活动、会计资料和内部控制制度是否符合国家经济法规与财务会计制度的规定，是否符合会计准则和会计原理，从而确定或解除被审计单位的委托经济责任。

（五）按审计使用的技术和方法分类

审计按其使用的技术和方法分类，可以分为账簿基础审计、制度基础审计和风险向导审计。

1. 账簿基础审计

账簿基础审计的审计技术和方法是围绕着会计账簿、财务报表的编制过程进行的，通过对账表上的数字进行详细核算来判断是否存在舞弊行为和技术错误。这些技术和方法适用于评价简单的受托经济责任，是审计技术和方法发展的第一阶段，在审计技术和方法史上占据着十分重要的地位。

2. 制度基础审计

制度基础审计的技术和方法强调对内部控制系统的评价，当评价的结果证明内部控制系统可以信赖时，在实质性测试阶段只抽取少量样本就可以得出审计结论了；当评价结果认为内部控制系统是不可靠时，才根据内部控制的具体情况广大审查范围。制度基础审计是财务审计发展的较高阶段，但仍需运用账簿基础审计的一些技术方法。

3. 风险向导审计

风险向导审计的技术和方法要求审计人员对企业环境和企业经营进行全面的风险分析出发，运用审计风险模式，积极采用分析程序，以制定与企业状况相适应的多样化审计计划，以达到审计工作的效率性和效果性。风险向导审计是迎合高度风险社会的产物，是现代审计方法的最新发展。

四、审计组织和审计人员

（一）审计组织

尽管当今世界各国的审计制度千差万别，但就其审计组织而言则大体相同，大多数国家的审计组织都是由国家审计机关、内部审计机构和民间审计组织三大部分组成。

1. 国家审计机关

国家审计机关是代表国家执行审计监督的机关，具有宪法赋予的独立性和权威性。目前，世界各国的审计机关按其隶属关系和职能不同，主要分为立法型、司法性、行政性和独立性四种类型。

（1）立法型。这种模式是国家审计机关隶属于立法机关，立法机关一般为议会或国会。立法型的主要特点是：政府审计机关主要为议会服务，以监督国家财政收支活动为主要内容，目的在于保证国家预算、结算资金的合规性和有效性，为宏观调控服务。其审计范围广，独立性强，权威性高，但需要有完善的立法机构体系和立法程序，才能发挥作用。这种模式起源于英国、美国、加拿大、澳大利亚等国。

（2）司法型。这种模式是国家审计机关隶属于司法部门，拥有一定的司法权力和司法职能，其政府审计机关有司法处理权，可以直接进行终审判决。司法型的特点是：政府审计机关为会议和司法部门服务，以评审经济责任履行情况、奖惩政府官员为主要内容，侧重于提供审查和追究当事人财务责任的微观服务。其审计的独立性和权威性较大，但其作用的发挥往往受到一定的限制。这种模式使得国家审计机关具有较强的权威性和较高的独立性。目前法国、西班牙、意大利等国采用这种模式。

（3）行政型。这种模式是国家审计机关隶属于国务院或财政部，国家审计机关成为政府行政机关中的一个职能部门。行政型模式的特点是：国家审计机关直接对政府负责，为政府决策服务，对各级政府部门及国有企事业单位行使审计监督权，审计机关往往兼负其他行政监督职能，审计监督具有广泛性和直接性，有利于及时贯彻执行行政首长意图，但其独立性往往受到一定限制。在高度集中的计划经济体制下的苏联、东欧国家以及我国就是采用这种模式。

（4）独立型。这种模式是国家审计机关独立于立法权、司法权和行政权之外，可确保国家审计机关不带政治偏向地、公正地行使审计监督职能。这种模式最有代表性的是日本和德国。日本会计检查院代表国家审计机关行使职权，会计检查院对内阁具有独立地位，会计检查院认为其检查报告需要向国会申诉时，由检查官出席国会或作书面说明。德国联邦审计院是联邦机构，是独立的财政监督机构，只受法律约束。联邦审计院的法定职能是协助联邦议院、联邦参议院和联邦政府做出协议。独立型的特点是：审计机关自成体系，地位独立，只受法律约束，而不受国家机关的直接干预，具有较强的宏观服务职能。

在上述四种职能中，立法型、司法型和独立型的政府审计机关独立性强，权威大，能充分发挥审计监督作用。而行政型往往受到政府及其官员的制约，独立性较差，不能充分发挥审计监督作用。目前，一般在"三权分立"政体的国家大多数采用立法型或司法型政府审计机关，而非"三权分立"政体国家，则采用行政型政府审计机关。

我国的国家审计机关属于行政型，根据《宪法》和《审计法》的规定：我国在国务院和县级以上地方各级人民政府设立审计机关。国务院设立审计署，在国务院总理领导下，组织领导全国的审计工作，对国务院负责并报告工作，负责对国务院各部门、经济实体、金融机构、各省以及接受中央财政拨款的单位的财务收支进行审计。省、自治区、直辖市的人民政府设立审计厅；设区的市、自治州的人民政府设审计局；县、自治县、不设区的市、市辖区的人民政府设审计局。地方各级审计机关分别在本级人民政府地市最高行政长官和上一级审计机关的领导下，负责本行政区域内的审计工作。我国国家审计机关实行双重领导体制，地方各级审计机关对本级人民政府和上一级审计机关负责并报告工作，审计业务以上级审计领导为主。审计机关根据工作需要，可以在其审计管辖范围内派出审计特派员。审计特派员根据审计机关的授权，依法进行审计工作。审计机关履行职责所必需的经费，应当列入财政预算，由本级人民政府予以保证。

2. 内部审计机构

内部审计机构，是指本部门或本单位内部设置的相对独立的审计机构，对本部门或本单位的财政财务收支、经营管理活动等进行审核和评价，并查明其真实性、合法性、合规性和有效性，提出意见和建议。

我国的内部审计机构包括部门内部审计机构和单位内部审计机构。

部门内部审计机构，是指国务院和县级以上地方各级人民政府按行业划分的业务主管部门设置的专门审计机构。部门内部审计机构在本部门主要负责人的直接领导下独立行使审计监督权，业务上受同级国家审计机关的指导，并向本部门及同级国家审计机关报告工作。

单位内部审计机构，是指国家财政、金融机构、企业事业等单位设置的专门审计机构。单位内部审计机构在本单位主要负责人的领导下独立行使审计监督权，业务上接受同级国家审计机构和上级主管部门审计机构的指导，并向单位和上级主管部门的审计机构报告工作。审计业务不多的小型企业，也可不设内部审计机构，只需指定专人检查账目。

3. 民间审计组织

民间审计组织，又称社会审计组织或独立审计组织，是指依法设立，接受委托，独立承办审计业务的法人组织，主要形式是会计师事务所。

（1）民间审计组织的设立。根据《中华人民共和国注册会计师法》（以下简称《注册会计师法》）的规定，我国可设立有限责任会计师事务所、合伙会计师事务所。

有限责任会计师事务所，是指注册会计师出资发起设立、承办注册会计师业务并负有有限责任的社会中介机构。负有限责任的会计师事务所以其全部资产对其债务承担责任，会计师事务所的出资人以其全部出资额对其债务承担责任。

合伙会计师事务所，是指由2名以上符合条件的合伙人，以书面协议形式设立，共同出资、共同执业的会计师事务所。合伙会计师事务所的债务由合伙人按出资比例或协议约定，以各自的财产承担无限责任，合伙人对会计师事务所的债务承担连带责任。

（2）民间审计的业务范围。根据我国《注册会计师法》的规定，注册会计师依法承办审计业务和会计咨询、会计服务业务，其中审计业务属于法定业务，非注册会计师不得承办。

① 审计业务。审查企业会计报表，出具审计报告是注册会计师最主要的审计业务。会计工作是经济管理工作的重要基础，整顿会计工作秩序，强化会计监督，是国家加强和改善宏观调控，维护市场经济秩序，创造良好经济环境的重要前提。注册会计师审计是保证会计信息质量的重要一环，注册会计师的主要职能就是通过对财务会计报告的审计，为社会提供审计监督和鉴证。

② 验证企业资本，出具验资报告。根据《中华人民共和国公司法》、《中华人民共和国公司登记管理条例》等国家法律、法规的规定，公司及其他企业在设立审批时，必须提交注册会计师出具的验资报告。公司及其他企业申请变更注册资本时，也要提交验资报告。因此，验资业务是注册会计师的重要业务。

③ 办理企业合并、分立、清算事宜中的审计业务，出具有关报告。按照国家财务会计法规的规定，企业在合并、分立或终止清算时，应该分别编制合并、分立会计报表以及清算会计报表。为了帮助会计报表使用者确定这些报表的可信程度，企业就需要委托注册会计师对这些会计报表进行审计。

④ 办理法律、行政法规规定的其他审计业务，并出具相应审计报告。在实际工作中，注册会计师还可以根据国家法律、行政法规的规定，对特殊目的的业务进行审计，并出具审计报告。注册会计师审计的特殊目的的业务主要有：按照特殊编制基础编制的会计报表；会计报表的组成部分，包括会计报表的特定项目、特定账户和特定账户内容；法规、合同所涉及的财务会计规定的遵循情况；简要会计报表。

注册会计师执行以上特殊目的的业务所出具的审计报告，同样具有法定证明力，注册会师及其所在的会计师事务所对其出具的审计报告同样承担相应的法律责任。

⑤ 会计咨询和会计服务业务。随着经济的发展，社会对注册会计师的要求越来越高，客观上要求注册会计师利用其专门知识、专业判断能力，利用其对被审计单位经营管理，特别是对会计管理的充分了解，提供会计咨询和会计服务业务主要有：代理记账和税务代理；对会计政策的选择和运用提供建议；司法会计鉴定，包括对流动资产、固定资产、无形资产、对外投资、负债、所有者权益、收入、成本费用方面的司法鉴定；会计制度设计，包括企业会计体系设计、内部控制制度设计、成本核算程序设计和企业责任会计设计；可行性研究，包括技术可行性研究、财务可行性研究、国民经济评价和编写可行性研究报告；管理咨询和管理诊断，包括经营管理诊断和财务诊断；组织人员培训；担任常年会计顾问。

需要说明的是，注册会计师执行的上述业务属于服务性质而不是法定业务，是所有中介机构甚至个人都可从事的业务。

（二）　审计人员

1. 国家审计人员

国家审计人员，是指在各级人民政府的审计机关中从事国家审计工作的人员。国家审计人员属于国家公务员，执行国家公务员制度。有些国家的审计机关设有职称，而有些国家的审计机关不设置职称，但对政府审计人员的要求都是比较严格的。我国对国家审计（政府审计）人员设置了职称制度，职称分三种：高级审计师、审计师和助理审计师。高级审计师采用考评结合的方式评定，审计师和助理审计师则采用考试的形式评定。

国家审计工作不仅要求审计人员具备良好的专业知识，还要具备良好的职业道德。审计人员办理审计事项，与被审计单位或审计事项有利害关系的，应当回避。审计人员对其在执行职务中知悉的国家秘密，负有保密的义务。审计人员依法执行职务，受法律保护。任何组织和个人不得拒绝、阻碍审计人员依法执行职务，不得打击报复审计人员。

审计机关负责人依照法定程序任免。审计机关负责人没有违法失职或其他不符合任职条件情况的，不得随意撤换。

2. 内部审计人员

内部审计人员，是指单位内部审计机构专门从事内部审计工作的人员。内部审计人员应当在具有良好的政治素质和道德素质的基础上，具备必要的专业知识和技能。内部审计人员实行岗位资格和后续教育制度，单位应当予以支持和保障。单位主要负责人或权力机构应当保护内部审计人员依法履行职责，任何单位和个人不得打击和报复。内部审计人员办理审计事项，应当严格遵守职业道德规范，做到独立、客观、公正、保密。

3. 民间审计人员

民间审计人员，是指民间审计组织中从事审计工作的人员。在我国的会计师事务所中，一般设所长一人，副所长若干人，并根据业务需要，合理配备审计专业人员。这些审计人员都具备一定的学历和工作经验，经过规定的考试，考试合格并取得注册会计师证书后，才能执行民间审计业务。必要时，还可聘请工程师、经济师和律师等专业人员从事审计工作，以便适应承办复杂审计事项的需要。

（三）　注册会计师

注册会计师是依法取得注册会计师证书，并接受委托从事审计和会计咨询、会计服务业务的执业人员。在世界各国民间审计组织中从事审计工作的人员，大都是注册会计师。我国的审计准则规定"担任独立审计工作的注册会计师应当具备专业学识和经验，经过适当专业训练，并具有足够的分析、判断能力"。我国通过严格的注册会计师考试与注册登记制度来保证达到这一要求。

1. 报考条件

我国实行注册会计师全国统一考试制度。注册会计师全国统一考试办法，由国务院财政部门制定，由中国注册会计师协会组织实施。根据《注册会计师法》和《注册会计师全国统一考试办法》的规定，具有高等专科学校毕业以上学历，或者具有会计或相关专业中级以上技术职称的中国公民，可以申请参加注册会计师全国统一考试。具有会计或相关专业高级技术职称的人员，可以免予部分科目的考试。

根据《港澳台地区居民和外国籍公民参加中华人民共和国注册会计师统一考试办法》的规定，港、澳、台地区居民和按对等原则确认的外国籍公民具有规定条件者，可申请参加中华人民共和国注册会计师考试。

2. 考试科目和成绩认定

根据最新版 2009 年注会考试规定，从 2009 年起，考试科目为：会计（无英语附加题）、审计（无英语附加题）、财务成本管理（无英语附加题）、税法、经济法、公司战略与风险管理（新增）、综合测试（新增）、英语测试（新增），通过前六门，即颁发"专业阶段合格证书"。考试方法为闭卷笔试。试卷由全国考试委员会办公室集中组织评阅，考试成绩由全国考试委员会认定，由各地方考试办公室复核后通知考生。每科 60 分及以上者为单科合格，单科成绩合格者，其合格成绩在取得单科成绩合格凭证后的连续 7 次考试中有效。取得全部应考科目有效合格成绩者，可持成绩合格凭证，向地方考试委员会办公室申请换发全科合格证书，取得全科合格证后，便可申请加入中国注册会计师协会，成为非执业会员，但还不能单独执业。

3. 注册登记

根据《注册会计师法》的规定，参加注册会计师全国统一考试成绩合格，还需加入一家会计师事务所，并从事审计业务工作两年以上的人员，方可向省、自治区、直辖市注册会计师协会申请注册。省级注册会计师协会应当将准予注册的人员名单报国务院财政部门备案，同时发给其他国家财政部门统一制定的注册会计师证书，方能凭证执业。

（四）审计人员的素质

1. 对审计人员业务素质的要求

审计工作是一项技术性很强的工作，审计人员除了要具备良好的政治素质外，还必须具有熟练应用审计标准、程序和技术所需要的专业知识、基本能力和基本经验等方面的业务素质，否则难以取得高质量的审计成效。

（1）熟悉和掌握与审计有关的政策、法律、法规和规章制度，做到以党和国家的方针、政策为依据，以法律为准绳，以事实为基础。

（2）必须通晓审计理论和方法，精通会计理论和方法，熟悉会计准则、会计制度和各行各业的财会工作，了解有关法律知识、企业管理知识、管理信息系统知识和电算化知识，并不断接受后续教育，保持和更新专业知识。

（3）具有综合分析能力和解决问题的能力。经济活动是错综复杂的，问题的发生是多种因素造成的，而发生的形式又不一定相同，这就要求审计人员有较强的思维能力，能从错综复杂的现象中找出问题的本质。要做到这样一点，审计人员必须具有一定的分析能力、表达能力、应变能力。为了提高审计质量和审计效率以及开展对外交流，审计人员还必须具备相应的外语水平，并提高软件开发和计算机应用能力。

2. 对审计人员道德的要求

审计人员的职业道德，是指审计人员品德、执行纪律、执业能力、工作规则及其委托单位、同行业所负的责任等思想方式和行为方式的基本规定和规范要求。在我国的《审计法》、《注册会计师法》、《中国注册会计师职业道德基本准则》等法规中，对审计人员的职业道德做出了明确规定。审计人员职业道德的好坏，关系到审计任务能否完成，审计的监督任务能否充分发挥。

（1）独立原则，是指审计人员在执行业务时，应当在实质上和形式上独立于外部组织和他所服务的对象。这里所谓实质上的独立，是指审计人员与委托单位之间没有利害关系，在审计时，审计人员能够保持精神和意志的独立。所谓形式上的独立，是指审计人员必须在第三者面前呈现出一种独立于委托单位的身份，在他人看来是独立的。审计人员办理审计事项，与被审计单位或审计事项有利害关系的，应实行回避。

（2）客观原则，是指审计人员有关事项的调查、判断和意见的表述，应当基于客观的立场，以客观事实为依据，实事求是，不掺杂个人的主观意愿，也不为委托单位或第三者的意见所左右，在分析问题、处理问题时，不能以个人的好恶或成见、偏见行事。

贯彻客观原则，要求审计人员在执业中必须一切从实际出发，注重调查研究，只有深入了解实际，才能取得主观与客观的一致，做到审计结论有理有据。

（3）公正原则，是指审计人员应当具备正直、诚实的品质，公平正直、不偏不倚地对待有关利益各方，不以牺牲一方利益为条件而使另一方受益。

（4）廉洁原则，是指审计人员的行为应当清正廉明，不得利用自己的身份、地位和执业中所掌握的委托单位的资料及情况为自己或所在的会计师事务所谋取私利。

五、审计的职能和作用

（一）审计的职能

审计的职能，是指审计本身所固有的职责和功能，体现审计的本质属性，而不以人的意志为转移。但是审计的职能也并不是一成不变的，它随着社会的发展、生产力的提高和经营管理水平的提高也在不断发展变化着。审计最主要的职能包括经济监督、经济鉴证和经济评价职能。

1. 经济监督

经济监督职能，是指审计机构或审计人员监察和督促被审计单位的财政收支、财务收支及有关的经济活动，使之符合国家法律、法规的规定，在规定的范围内，在正常的轨道上运转，以保证被审计单位的财政收支、财务收支及有关经济活动合法性和有效性的一种职能。

在审计实务中，审计机关和审计人员从依法检查到依法评价，从依法做出审计处理处罚决定到督促决定的执行，无不体现着审计的监督职能。经济监督是审计最基本的职能，无论是政府审计还是民间审计都具有监督职能。政府审计和内部审计是国家审计机构根据授权对被审计单位实行的具有强制性的直接监督，而民间审计是会计师事务所以接受委托方式实现委托人对被审计单位的间接监督。

2. 经济鉴证

经济鉴证，是指审计人员对被审计单位的会计报表及其他经济资料进行检查和验证，确定其财务状况和经营成果的真实公允性、合法性，并出具证明性审计报告，为审计授权人或委托人提供确切信息，以取信于社会公众。经济鉴证只能是现代审计的一项重要职能，特别是在注册会计师审计中，可以说它是注册会计师审计最主要的职能。世界上许多构架的法律都规定企业的会计报表只有经过注册会计师的鉴证，才能得到社会公众的承认。我国外商投资企业、股份制企业等企业的会计报表也必须经过注册会计师的审计鉴证并出具审计报告后才能对外公布。随着我国市场经济的发展，我国注册会计师审计的鉴证职能将得到更大的发挥。

3. 经济评价

经济评价就是通过审核检查，评定被审计单位的经济决策、计划、预算方案是否先进可行，经济活动是否按既定的决策和目标进行，经济效益是高是低，以及管理经济活动的规章制度是否健全、有效，各项经济资料是否真实、可靠，以及各项资源的利用是否合理、有效等诸多方面所进行的评价，都可以作为提出改善经营管理建议的依据。在现代审计实务中，经济效益和经济评价，民间审计侧重于经济鉴证。

（二）审计的作用

审计的作用是履行审计职能、实现审计目标而对社会经济生活所产生的影响和效果。沟通审计监督，对于宏观经济管理和微观经济管理能发挥以下两方面的作用。

1. 审计的制约作用

审计机构和审计人员通过审核检查被审计单位的财政收支、财务收支和有关经济活动及会计资料和其他有关资料，可以揭露会计资料和其他有关资料的错误和舞弊，制止财政收支、财务收支和有关经济活动中的违法乱纪、侵占资产和损失浪费等形为，打击贪污受贿、偷税漏税等经济犯罪活动，维护正常的经济秩序，保证国民经济的健康发展。具体可概括如下：

（1）揭示差错和舞弊。审计通过审查取证可以揭示差错和舞弊，不仅可以纠正核算差错，提高会计工作质量，还可以保护财产的安全，堵塞漏洞，防止损失。

（2）维护财经法纪。在审查取证、揭示各种违法行为的基础上，通过对过失或犯罪者的查处，提交司法、监察部门进行处理，有助于纠正或防止违法行为，维护财经法纪。

2. 审计的促进作用

审计的工作人员完成审计工作后，因提出改进意见和建议而对宏观和微观经济管理起到改善、加强、提高和促进等作用。具体可概括如下：

（1）促进被审计单位提高会计信息质量。审计机构和审计人员进行审核检查后，应当出具审计报告，对被审计单位会计资料和其他有关资料的合法性、公允性进行鉴证。为此，被审计单位必须加强会计核算，严格遵守会计准则、会计制度和其他财务会计法规，客观真实地反映被审计单位的经济活动。

(2) 促进被审计单位提高经济效益。通过对被审计单位财政收支及其有关经营管理活动效益性的审查，评价受托经济责任，总结经验，指出效益低下的环节，提出改进意见和建议，改进生产和经营管理工作，促进提高经济效益。

(3) 促进内部控制制度的完善和有效执行。现代审计是制度基础审计，对被审计单位内部控制制度的测试和评价是现代审计的重要内容。审计人员通过对被审计单位内部控制制度的测试和评价，可以发现内部控制制度在设立上和执行上存在的问题，并针对被审计单位的具体情况提出相应的建议，从而促进被审计单位内部控制制度的完善和有效执行。

第二节 审计目标与审计对象

一、审计目标

概括地讲，审计目标是对审计对象的评价。它是审计主体通过审计活动所期望达到的最终结果，是审计主体进行审计前所确定的工作方向。明确了审计目标，开展审计工作就会有的放矢。

审计目标包括审计总目标和审计具体目标两部分。

（一）审计总目标

根据中国注册会计师执业准则的规定，注册会计师（审计人员）审计的总目标是通过执行审计工作，对财务报表的下列方面发表审计意见：

(1) 财务报表是否按照适用的会计准则和相关会计制度的规定编制。

(2) 财务报表是否在所有重大方面公允反映了被审计单位的财务状况、经营成果和现金流量。

在评价财务报表是否按照适用的会计准则和相关会计制度的规定编制时，注册会计师应当考虑下列内容：

(1) 选择和运用的会计政策是否符合适用的会计准则和相关会计制度，并适合于被审计单位的具体情况。

(2) 管理层做出的会计估计是否合理。

(3) 财务报表反映信息是否具有相关性、可靠性和可理解性。

(4) 财务报表是否做出充分披露，使财务报表适用者能够理解重大交易和事项对被审计单位财务状况、经营成果和现金流量的影响。

在评价财务报表是否做出公允反映时，注册会计师应当考虑下列内容：

(1) 经管理层调整后的财务报表是否与注册会计师对被审计单位及其环境的了解一致。

(2) 财务报表的列报、结构和内容是否合理。

(3) 财务报表是否真实地反映了交易和事项的经济实质。

（二）审计具体目标

审计具体目标是审计总目标的具体化，它应当根据审计总目标和被审计单位的认定来确定。

1. 被审计单位的认定

被审计单位的认定，是指被审计单位管理层对财务报表组成要素的确认、计量、列报做出的明确或隐含的表达。认定与审计目标密切相关，注册会计师的基本职责就是确定被审计单位管理层对其财务报表的认定是否恰当。注册会计师了解了认定，就很容易确定每个项目的具体审计目标，并以此作为评估重大错报风险以及设计和实施进一步审计程序的基础。

被审计单位管理层在财务报表上的认定有些是明确表达的，有些则是隐含表达的。例如，管理层在资产负债表中列报存货及其金额，意味着做出了下列明确的认定：一是记录的存货是存在的；二是存货以恰当的金额包括在财务报表中，与之相关的计价或分摊调整已恰当记录。同时，管理层也做出下列隐含的认定：一是所有应当记录的存货均已记录；二是记录的存货都由被审计单位拥有。

管理层在财务报表上的认定包括对与各类交易和事项相关的认定、与期末账户余额相关的认定及与列报相关的认定。

（1）与各类交易和事项相关的认定。注册会计师对所审计期间的各类交易和事项运用的认定通常分为下列类别：

① 发生。记录的交易和事项已发生且与被审计单位有关。

② 完整性。所有应当记录的交易和事项均已记录。

③ 准确性。与交易和事项有关的金额及其他数据已恰当记录。

④ 截止。交易和事项已记录于正确的会计期间。

⑤ 分类。交易和事项已记录于恰当的账户。

（2）与期末账户余额相关的认定。注册会计师对期末账户余额运用的认定通常分为下列类别：

① 存在。记录的资产、负债和所有者权益时存在的。

② 权利和义务。记录的资产由被审计单位拥有或控制，记录的负债是被审计单位应当履行的偿还义务。

③ 完整性。所有应当记录的资产、负债和所有者权益均已记录。

④ 计价和分摊。资产、负债和所有者权益以恰当的金额包括在财务报表中，相关的计价或分摊调整已恰当记录。

（3）与列报相关的认定。注册会计师对列报运用的认定通常分为下列类别：

① 发生及权利和义务。披露的交易、事项和其他情况已发生，且与被审计单位有关。

② 完整性。所有应当包括在财务报表中的披露均已包括。

③ 分类和可理解性。财务信息已被恰当地列报和描述，且披露内容表述清楚。

④ 准确性和计价。财务信息和其他信息已公允披露，且金额恰当。

2. 具体审计目标

注册会计师了解了被审计单位的认定，就很容易确定每个项目的具体审计目标，并以此作为评估重大错报风险以及设计和实施进一步审计程序的基础。

（1）与各类交易和事项相关的审计目标：

① 发生。由发生认定推导的审计目标是已记录的交易是真实的。例如，如果没有发生销售交易，但在销售日记账中记录了一笔销售，则违反了该目标。

发生认定所要解决的问题是管理层是否把那些不曾发生的项目列入财务报表，它主要与财务报表组成要素的高估有关。

② 完整性。由完整性认定推导的审计目标是已发生的交易确实已经记录。例如，如果发生了销售交易，但没有在销售日记账和总账中记录，则违反了该目标。

发生和完整性两者强调的是相反的关注点。发生目标针对潜在的高估，而完整性目标则针对漏记交易（低估）。

③ 准确性。由准确性认定推导出的审计目标是已记录的交易是按正确金额反映的。例如，如果在销售交易中，发出商品的数量与账单上的数量不符；或是开账单时使用了错误的销售价格；或是账单中的乘积或加总有误；或是在销售日记账中记录了错误的金额，则违反了该目标。

准确性与发生、完整性之间存在区别。例如，若已记录的销售交易是不应当记录的（如发出的商品是寄销商品），则即使发票金额是准确计算的，仍违反了发生目标。再如，若已入账的销售交易是对正确发出商品的记录，但金额计算错误，则违反了准确性目标，但没有违反发生目标。完整性和准确性之间也存在同样的关系。

④ 截止。由截止认定推导出的审计目标是接近于资产负债表日的交易记录于恰当的期间。例如，如果本期交易推到下期，或下期交易提到本期，均违反了截止目标。

⑤ 分类。由分类认定推导出的审计目标是被审计单位记录的交易经过适当分类。例如，如果将现销记录为赊销，将出售经营性固定资产所得的收入记录为营业收入，则导致交易分类的错误，违反了分类的目标。

（2）与期末账户余额相关的审计目标：

① 存在。由存在认定推导的审计目标是记录的金额确实存在。例如，如果不存在某顾客的应收账款，在应收账款试算平衡表中却列入了对该顾客的应收账款，则违反了存在的目标。

② 权利和义务。由权利和义务认定推导的审计目标是资产由被审计单位拥有或控制，负债是被审计单位应当履行的偿还义务。例如，将他人寄售商品列入被审计单位的存货中，违反了权利目标；将不属于被审计单位的债务记入账内，违反了义务目标。

③ 完整性。由完整性认定推导的审计目标是应当记录的金额均已记录。例如，如果存在某顾客的应收账款，在应收账款试算平衡表中却没有列入对该顾客的应收账款，则违反了完整性目标。

④ 计价和分摊。由计价和分摊认定推导的审计目标是资产、负债和所有者权益以恰当的金额包括在财务报表中，相关的计价或分摊调整已恰当记录。

（3）与列报相关的审计目标。各类交易和账户余额的认定正确只是为列报正确打下了必要的基础，财务报表还可能因被审计单位误解有关列报的规定或舞弊等而产生错报，也可能因被审计单位没有遵守一些专门的披露要求而导致错报。因此，即使注册会计师审计了各类交易和账户余额的认定，实现了各类交易和账户余额的具体审计目标，也不意味着获取了足以对财务报表发表审计意见的充分、适当的审计证据。因此，注册会计师还应对各类交易、账户余额及相关事项在财务报表中列报的正确性实施审计。

① 发生及权利和义务。将没有发生的交易、事项，或与被审计单位无关的交易和事项包括在财务报表中，则违反该目标。例如，复核董事会会议记录中是否记载了固定资产抵押等事项，询问管理层固定资产是否被抵押，即是对列报的权利认定的运用。如果抵押固定资产则需要在财务报表中列报，说明其权利受到限制。

② 完整性。如果应当披露的事项没有包括在财务报表中，则违反该目标。例如，检查关联方和关联交易，以验证其在财务报表中是否得到充分披露，即是对列报的完整性认定的运用。

③ 分类和可理解性。财务信息已被恰当地列报和描述，且披露内容表述清楚。例如，检查存货的主要类别是否已披露，是否将一年内到期的非流动负债列为流动负债，即是对列报的分类和可理解性认定的运用。

④ 准确性和计价。财务信息和其他信息已公允披露，且金额恰当。例如，检查财务报表附注是否对原材料、在产品和产成品等存货成本核算方法作了恰当说明，即是对列报的准确性和计价认定的运用。

下面以存货为例，说明存货项目审计目标及其与一般审计目标的关系，如表1-1所示。

表1-1　　　　　　　　　　　一般审计目标和项目审计目标

一般审计目标	存货项目审计目标
总体合理性	全部存货及销售成本合理，看来无重要错报
真实性	资产负债表日，已记录的全部存货均存在
完整性	现有存货均盘点并记入存货总额
所有权	企业对所有存货均拥有所有权；存货未作抵押
估价正确性	账面存货量与实有数量相符，用以估价存货的价格无重大差错，单价与数量的乘积正确，数据加总正确；当存货的可变现净值减少时，已经冲减存货价值
截止恰当性	年末采购截止是恰当的；年末销售截止是恰当的
机械准确性	存货项目的报表与原材料、低值易耗品和库存商品等合计数一致
披露	存货主要种类和估价基础已揭示；存货的抵押和转让已揭示
分类	存货已恰当地划分为原材料、低值易耗品和库存商品等几类

二、审计的对象

审计的对象，是指审计的客体。通常审计客体可概括为被审计单位的经济活动，其中被审计单位即审计的实体，经济活动即为审计的内容。

审计的对象是一个历史范畴，随着社会经济的发展和审计目标的不断提高，审计的对象也不断发生变化。如随着"网上公司"、"网上银行"等"网上实体"的出现，使得审计人员难以界定审计对象的范围，难以对会计资料进行审查，难以获取审计证据，使得审计风险加大。传统的审计对象是被审计单位的财政收支或财务收支，现代审计的内容已超出财政、财务收支活动范围，扩展到了与经济效益有关的经营活动和管理活动的各个领域，由账项基础审计扩展到制度基础审计，由手工数据处理系统审计发展为计算机信息系统审计。

审计的对象具体包括两个方面的内容：

① 被审计单位的财务收支及其有关的经营管理活动，即审计的一般对象；

② 被审计单位的各种作为提供财务收支及其有关的经营管理活动信息载体的会计资料和其他资料，即审计的直接对象。

综上所述，审计的对象是指被审计单位的财务收支及其有关经营管理活动，以及作为提供这些经济活动信息载体的会计资料和其他资料。会计资料和其他有关资料是审计对象的现象，其所反映的被审计单位的财务收支及其有关经营管理活动是审计对象的本质。

第二章

审计职业规范体系

【学习目标】
(1) 了解我国审计准则体系的框架。
(2) 了解我国注册会计师职业道德守则。
(3) 了解中国注册会计师执业准则。
(4) 了解质量控制准则的全面质量控制与单项质量控制。

【引例】

为了提高会计师事务所以及注册会计师的执业质量，中国注册会计师协会对某会计师事务所执业情况进行了检查。检查中发现：

(1) 该事务所对某上市公司的年度财务报表进行了审计，但签字注册会计师林峰前一年曾担任该公司的财务部经理。

(2) 审计过程中没有对放置于外地的存货进行监盘，也没有实施其他代替程序。

(3) 注册会计师的后续教育制度没有达到规定的学时要求。

(4) 会计师事务所的三级复核制度形同虚设，仅仅签个名而已。

思考题：

什么是审计准则？它包括了哪些内容？

为更好地指导、规范职业活动，每一种职业都需要建立自己的职业规范体系，审计也不例外。而每一种职业所拥有的社会地位往往与其承担的社会责任紧密相连。随着注册会计师社会地位的日益提升，其所承担的法律责任也在不断增长，故建立有效职业规范体系，有助于减轻甚至避免法律责任。

审计职业规范体系包括政府审计职业规范体系、民间审计职业规范体系和内部审计职业规范体系，本章我们主要介绍民间审计职业规范体系。

第一节　职业道德守则

所谓注册会计师职业道德，是指注册会计师职业品德、职业纪律、专业胜任能力及职业责任等的总称。

一、职业道德基本原则

职业道德基本原则包括注册会计师履行社会责任，恪守诚信原则、独立原则、客观和公正原则、专业胜任能力和应有的关注原则的原则、保密原则、良好职业行为原则等。

（一）诚信原则

诚信原则要求会员应当在所有的职业关系和商业关系中保持正直和诚实，秉公处理、实事求是。不应在明知的情况下与其发生关联的情况：含有重大虚假或误导性陈述；含有草率提供的陈述或信息；遗漏或掩盖应当包括的信息，而遗漏或掩盖这些信息将产生误导。

（二）独立原则

独立性原则要求注册会计师执行审计和审阅业务以及其他鉴证业务时，应当从实质上和形式上保持独立性，不得因任何利害关系影响其客观性。会计师事务所在承办审计和审阅业务以及其他鉴证业务时，应当从整体层面和具体业务层面采取措施，以保持会计师事务所和项目组的独立性。

实质上的独立性是一种内心状态，使得注册会计师在提出结论时不受损害职业判断的因素影响，诚信行事，遵循客观和公正原则，保持职业怀疑态度。

形式上的独立性是一种外在表现，使得一个理性且掌握充分信息的第三方，在权衡所有相关事实和情况后，认为会计师事务所或审计项目组成员没有损害诚信原则、客观和公正原则或职业怀疑态度。

（三）客观和公正原则

客观和公正原则要求会员不应因偏见、利益冲突以及他人的不当影响而损害职业判断。应充分考虑的因素：会员可能被施加压力，这些压力可能损害其客观性；在制定准则以识别实质上或形式上可能影响会员客观性的关系时，应体现合理性；应避免那些导致偏见或受到他人影响，从而损害客观性的关系；会员有义务确保参与专业服务的人员遵守客观性原则；会员既不得接受，也不得提供可被合理认为对其职业判断或对其业务交往对象产生重大不当影响的礼品或款待，尽量避免使自己专业声誉受损的情况发生。

（四）专业胜任能力和应有的关注原则

专业胜任能力和应有的关注原则要求会员应当保持专业胜任能力，将专业知识和技能始终保持在应有的水平之上，以适应当前实务、法律和技术的发展，确保客户或雇佣单位能够得到合格的专业服务。同时，在提供专业服务时，会员应当保持应有的关注，遵守职业准则和技术规范，勤勉尽责。

（五）保密原则

保密原则会员应当对因职业关系和商业关系而获知的信息予以保密，不得有下列行为：

（1）未经客户授权或法律、法规允许，向会计师事务所以外的第三方披露其所获知的涉密信息。

（2）利用所获知的涉密信息为自己或第三方谋取利益。

可以披露客户涉密信息的情形有：

（1）法律、法规允许披露，并且取得客户或工作单位的授权。

（2）根据法律、法规的要求，为法律诉讼、仲裁准备文件或提供证据，以及向有关监管机构报告发现的违法行为。

（3）法律、法规允许的情况下，在法律诉讼、仲裁中维护自己的合法权益。

（4）接受注册会计师协会或监管机构的执业质量检查，答复其询问和调查。

（5）法律法规、执业准则和职业道德规范规定的其他情形。

（六）良好职业行为原则

良好职业行为原则要求会员应当遵守相关法律、法规，避免发生任何会员已知悉或应当知悉的有损职业声誉的行为。注册会计师在向公众传递信息以及推介自己和工作时，应当客观、真实、得体，不得损害职业形象。

注册会计师应当诚实、实事求是，不得有下列行为：

（1）夸大宣传提供的服务、拥有的资质或获得的经验。

（2）贬低或无根据地比较其他注册会计师的工作。

二、对职业道德基本原则产生不利影响的因素

注册会计师对职业道德基本原则的遵循可能受到多种因素的不利影响。不利影响的性质和严重程度因注册会计师提供服务类型的不同而不同。

可能对遵循职业道德基本原则产生不利影响的因素包括自身利益、自我评价、过度推介、密切关系和外在压力。

（一）自身利益导致的不利影响

自身利益导致不利影响的情形主要包括：

（1）鉴证业务项目组成员在鉴证客户中拥有直接经济利益。

（2）会计师事务所的收入过分依赖某一客户。

（3）鉴证业务项目组成员与鉴证客户存在重要且密切的商业关系。

（4）会计师事务所担心可能失去某一重要客户。

（5）鉴证业务项目组成员正在与鉴证客户协商受雇于该客户。

（6）会计师事务所与客户就鉴证业务达成或有收费的协议。

（7）注册会计师在评价所在会计师事务所以往提供的专业服务时，发现了重大错误。

（二）自我评价导致不利影响

自我评价导致不利影响的情形主要包括：

（1）会计师事务所在对客户提供财务系统的设计或操作服务后，又对系统的运行有效性出具鉴证报告。

（2）会计师事务所为客户编制原始数据，这些数据构成鉴证业务的对象。

（3）鉴证业务项目组成员担任或最近曾经担任客户的董事或高级管理人员。

（4）鉴证业务项目组成员目前或最近曾受雇于客户，并且所处职位能够对鉴证对象施加重大影响。

（5）会计师事务所为鉴证客户提供直接影响鉴证对象信息的其他服务。

（三）过度推介导致不利影响

过度推介导致不利影响的情形主要包括：

（1）会计师事务所推介审计客户的股份。

（2）在审计客户与第三方发生诉讼或纠纷时，注册会计师担任该客户的辩护人。

（四）密切关系导致不利影响

密切关系导致不利影响的情形主要包括：

（1）项目组成员的近亲属担任客户的董事或高级管理人员。

（2）项目组成员的近亲属是客户的员工，其所处职位能够对业务对象施加重大影响。

（3）客户的董事、高级管理人员或所处职位能够对业务对象施加重大影响的员工，最近曾担任会计师事务所的项目合伙人。

（4）注册会计师接受客户的礼品或款待。

（5）会计师事务所的合伙人或高级员工与鉴证客户存在长期业务关系。

（五）外在压力导致不利影响

外在压力导致不利影响的情形主要包括：

（1）会计师事务所受到客户解除业务关系的威胁。

（2）审计客户表示，如果会计师事务所不同意对某项交易的会计处理，则不再委托其承办拟议中的非鉴证业务。

（3）客户威胁将起诉会计师事务所。

（4）会计师事务所受到降低收费的影响而不恰当地缩小工作范围。

（5）由于客户员工对所讨论的事项更具有专长，注册会计师面临服从其判断的压力。

（6）会计师事务所合伙人告知注册会计师，除非同意审计客户不恰当的会计处理，否则将影响晋升。

三、应对不利影响的防范措施

注册会计师应当运用判断，确定如何应对超出可接受水平的不利影响，包括采取防范措施消除不利影响或将其降低至可接受的水平，或者终止业务约定或拒绝接受业务委托。

在运用判断时，注册会计师应当考虑：一个理性且掌握充分信息的第三方，在权衡注册会计师当时可获得的所有具体事实和情况后，是否很可能认为这些防范措施能够消除不利影响或将其降低至可接受的水平，以使职业道德基本原则不受损害。

应对不利影响的防范措施包括下列两类：法律、法规和职业规范规定的防范措施；在具体工作中采取的防范措施。

（一）法律、法规和职业规范规定的防范措施

（1）取得注册会计师资格必需的教育、培训和经验要求。

（2）持续的职业发展要求。

（3）公司治理方面的规定。

（4）执业准则和职业道德规范的要求。

（5）监管机构或注册会计师协会的监控和惩戒程序。

（6）由依法授权的第三方对注册会计师编制的业务报告、申报资料或其他信息进行外部复核。

（二）具体工作中采取的防范措施

在具体工作中，应对不利影响的防范措施包括会计师事务所层面的防范措施和具体业务层面的防范措施。

会计师事务所层面的防范措施主要包括：

（1）领导层强调遵循职业道德基本原则的重要性。

（2）领导层强调鉴证业务项目组成员应当维护公众利益。

（3）制定有关政策和程序，实施项目质量控制，监督业务质量。

（4）制定有关政策和程序，识别对职业道德基本原则的不利影响，评价不利影响的严重程度，采取防范措施消除不利影响或将其降低至可接受的水平。

（5）制定有关政策和程序，确保遵循职业道德基本原则。

（6）制定有关政策和程序，识别会计师事务所或项目组成员与客户之间的利益或关系。

（7）制定有关政策和程序，监控对某一客户收费的依赖程度。

（8）向鉴证客户提供非鉴证服务时，指派鉴证业务项目组以外的其他合伙人和项目组，并确保鉴证业务项目组和非鉴证业务项目组分别向各自的业务主管报告工作。

（9）制定有关政策和程序，防止项目组以外的人员对业务结果施加不当影响。

（10）及时向所有合伙人和专业人员传达会计师事务所的政策和程序及其变化情况，并就这些政策和程序进行适当的培训。

（11）指定高级管理人员负责监督质量控制系统是否有效运行。

（12）向合伙人和专业人员提供鉴证客户及其关联实体的名单，并要求合伙人和专业人员与之保持独立。

（13）制定有关政策和程序，鼓励员工就遵循职业道德基本原则方面的问题与领导层沟通。

（14）建立惩戒机制，保障相关政策和程序得到遵守。

具体业务层面的防范措施主要包括：

（1）对已执行的非鉴证业务，由未参与该业务的注册会计师进行复核，或在必要时提供建议。

（2）对已执行的鉴证业务，由鉴证业务项目组以外的注册会计师进行复核，或在必要时提供建议。

（3）向客户审计委员会、监管机构或注册会计师协会咨询。

（4）与客户治理层讨论有关的职业道德问题。

（5）向客户治理层说明提供服务的性质和收费的范围。

（6）由其他会计师事务所执行或重新执行部分业务。

（7）轮换鉴证业务项目组合伙人和高级员工。

下列防范措施也有助于识别或制止违反职业道德基本原则的行为：

（1）监管机构、注册会计师协会或会计师事务所建立有效的公开投诉系统，使会计师事务所合伙人和员工以及公众能够注意到违反职业道德基本原则的行为。

（2）法律法规、职业规范或会计师事务所政策明确规定，注册会计师有义务报告违反职业道德基本原则的行为。

注册会计师可以根据业务的性质考虑依赖客户采取的防范措施，但是仅依赖客户的防范措施，不可能将不利影响降低至可接受的水平。

客户通过制定政策和程序采取的防范措施主要包括：

（1）要求由管理层以外的人员批准聘请会计师事务所。

（2）聘任具备足够经验和资历的员工，确保其能够做出恰当的管理决策。

（3）执行相关政策和程序，确保在委托非鉴证业务时做出客观选择。

（4）建立完善的公司治理结构，与会计师事务所进行必要的沟通，并对其服务进行适当的监督。

第二节 注册会计师执业准则

一、注册会计师鉴证业务基本准则

鉴证业务，是指注册会计师对鉴证对象信息提出结论，以增强除责任方以外的预期使用者对鉴证对象信息信任程度的业务。鉴证业务包括历史财务信息审计业务、历史财务信息审阅业务和其他鉴证业务时，应当遵守鉴证业务基本准则以及该准则制定的审计准则、审阅准则和其他鉴证业务准则。

鉴证业务基本准则是鉴证业务概念框架，旨在规范注册会计师执行鉴证业务，明确签证业务的目标和要求和要素，确定审计准则、审阅准则、其他鉴证业务准则使用的签证业务类型。具体包含以下内容。

（一）业务承接

在接受委托前，注册会计师应当初步了解业务环境。在初步了解业务环境后，注册会计师应当考虑承接业务是否符合独立性和专业而胜任力等相关职业道德规范的要求，只有认为符合独立性和专业胜任能力等相关职业道德规范的要求，注册会计师才能将其作为鉴证业务予以承接。

（二）鉴证业务的三方关系

鉴证业务涉及的三方关系人包括注册会计师、责任方和预期使用者。责任方与预期使用者可能是同一方，也可能不是同一方。注册会计师对由责任人非负责的鉴证对象或鉴证对象信息提出结论，以增强除责任方之外的预期使用者对鉴证对象信息的信任程度。

（三）鉴证对象

鉴证对象和鉴证对象信息有多种形式，主要包括：

（1）当鉴证对象为财务业绩或状况时（如历史或预测的财务状况、经营成果和现金流量），鉴证对象财务报表。

（2）当鉴证对象为非财务业绩或状况时（如企业在运营情况），鉴证对象信息可能是反映效果或效果在关键指标。

（3）当鉴证对象为某种系统或过程时（如企业的内部控制或信息技术系统），鉴证对象信息可能是关于其有效性的认定。

（4）当鉴证对象为物理特征时（如设备的生产能力），鉴证对象信息可能是有关鉴证对象物理特征的说明文件。

（5）当鉴证对象为一种行为时（如遵守法律、法规的情况），鉴证对象信息可能是对法律、法规遵守情况对执行效果的声明。

（四）标准

标准，是指用于评价或计量鉴证对象的基准，应当涉及列报的基准。运用职业判断对鉴证对象做出评价或计量，离不开适当的标准。标准可能是法律、法规规定的，或由政府主管部门或国家认可的专业团体依照公开、适当的程序发布的，也可能是专门制定的。采用标准的类型不同，注册会计师为评价该标准对于具体鉴证业务的使用性所需执行的工作也不同。

标准应当能够为预期使用者获取，以使预期使用者了解鉴证对象的评价或计量过程。标准可以通过以下方式供预期使用者获取：

（1）公开发布。

（2）在陈述鉴证对象信息时以明确的方式表达。

（3）在鉴证报告中以明确的方式表达。

（4）常识理解，如计量时间的标准是小时或分钟。

（五）证据

注册会计师应当以职业怀疑态度来计划和执行鉴证业务，获取有关鉴证对象信息是否不存在重大错报的充分、适当的证据。注册会计师应当及时对制订的计划、实施的程序、获取的相关证据以及得出的结果做出记录。在计划和执行鉴证业务，尤其在确定证据收集程序的性质、时间和范围时，应当考虑重要性、鉴证业务风险以及可获取证据的数量和质量，充分考虑审计证据的充分性和适当性。

注册会计师应当记录重大事项，以提供证据支持鉴证报告，并证明其已按照鉴证业务准则的规定执行业务。对需要运用职业判断的所有重要事项，注册会计师应当记录推理过程和相关结论，将其记录于审计工作底稿。在运用职业判断确定审计工作底稿的编制和保存范围时，注册会计师应当考虑，使未曾接触该项鉴证业务的有经验的专业人士了解实施的鉴证程序，以及做出重大决策的依据。

（六） 鉴证报告

注册会计师应当出具含有鉴证结论的书面报告，该鉴证结论应当说明注册会计师就鉴证对象信息获取的保证。注册会计师提出鉴证结论业务的方式有两种——积极方式和消极方式。它们分别适用于合理保证的鉴证业务和有限保证的鉴证业务。以积极方式提出结论提供的保证水平高于以消极方式提出结论提供的保证水平。

（1）在合理保证的鉴证业务中，注册会计师应当以积极方式提出结论，如"我们认为，根据××标准，内部控制在所有重大方面是有效的"或"我们认为，责任方做出的根据××标准，内部控制在所有重大方面是有效的"。

（2）在有限保证的鉴证业务中，注册会计师应当以消极方式提出结论，如"基于本报告所述的工作，我们没有注意到任何事项使我们相信，根据××标准，××系统在任何重大方面是无效的"或"基于本报告所述的工作，我们没有注意到任何事项使我们相信，责任方做出的根据××标准，××系统在任何重大方面是无效的这一认定是不公允的"。

以下几种情况，注册会计师不能出具无保留意见的审计报告：

（1）在工作范围受到限制。工作范围受到限制可能导致注册会计师无法获取必要的证据以便将鉴证业务风险降到适当水平。对任何类型的鉴证业务，如果注册会计师的工作范围受到限制，注册会计师应当视受到限制的重大与广泛程度，出具保留意见或无法提供结论的报告。在某些情况下，注册会计师应当考虑解除业务约定。

（2）责任方认定未在重大方面做出公允表达。如果注册会计师的结论提及责任方的认定，且该认定未在所有重大方面做出公允表达，注册会计师应当视其影响的重大与广泛程度，出具保留结论或否定结论的报告。

（3）鉴证对象信息存在重大错报。如果注册会计师的结论直接提及鉴证对象和标准，且鉴证对象信息存在重大错报，注册会计师应当视其影响的重大与广泛程度，出具保留结论或否定结论的报告。

（4）标准或鉴证对象不适当。标准或鉴证对象可能会误导预期使用者。在承接业务后，如果发现标准或鉴证对象不适当，可能误导预期使用者，注册会计师应当视其重大与广泛程度，出具保留结论或否定结论的报告。标准或鉴证对象不适当还可能造成注册会计师的工作范围受到限制。在承接业务后，如果发现标准或鉴证对象不恰当，造成工作范围受到限制，注册会计师应当视受到限制的重大与广泛程度，出具保留结论或无法提出结论的报告。在某些情况下，注册会计师应当考虑解除业务约定。

二、 注册会计师执业准则体系

2006 年 2 月 15 日财政部发布了 48 项《中国注册会计师执业准则》，2007 年 1 月 1 日起在所有会计师事务所实施。2006 年 11 月 1 日中国注册会计师协会根据《中国注册会计师执业准则》编制了《中国注册会计师执业准则指南》，也于 2007 年 1 月 1 日起实施。这些准则的发布，标志着我国已建立起一套适应社会主义市场经济发展要求，符合国际规范的中国注册会计师执业准则体系。"中国注册会计师独立审计准则体系"改进为"中国注册会计师执业准则体系"以适应注册会计师业务多元化发展的需要。中国注册会计师执业准则体系包括鉴证业务准则、相关服务准则和会计师事务所质量控制准则。

（1）鉴证业务准则。它由鉴证业务基本准则统领，按照鉴证业务提供的准则保证程度和鉴证对象的不同，分为中国注册会计师审计准则、中国注册会计师审阅和中国注册会计师其他鉴证业务准则。其中，审计准则是整个执业准则体系的核心。

审计准则用以规范注册会计师执行历史财务信息的审计业务。在提供审计服务时，注册会计师对所审计信息是否不存在重大错报提供有效保证或任何程度的保证。

（2）相关服务准则。它用以规范注册会计师代编财务信息、执行商定程序，提供管理咨询等其他服务。在提供相关服务时，注册会计师不提供任何程度的保证。

（3）会计师事务所质量控制准则。它用以规范会计师事务所在执行各类业务时应当遵守的质量控制政策和程序。具体将在本章第二节予以阐述。

新的中国注册会计师执行准则体系与旧准则体系相比，有以下特殊之处：

（一）强化了行业维护社会公众利益的宗旨

执业准则既规范了注册会计师，又与社会公众的利益密切相关。与以前制定的审计准则相比，注册会计师执业准则体系更加突出了保护社会公众利益的宗旨、强化了注册会计师的执业责任，针对实务中暴露出的不足，严格了程序，要求注册会计师切实承担起保护社会公众利益的责任。

（二）体现了符合国际准则的要求

注册会计师执业准则体系在体系结构、项目构成和基本内容上实现了与国际准则的接轨。

从体系结构看，按照国际趋同的要求，根据注册会计师提供服务性质的不同，对注册会计师执业准则体系进行了重构，与国际准则体系保持了充分的一致。

从项目构成看，除个别项目未被纳入外，我国注册会计师执业准则体系涵盖了国际审计准则的所有项目。

在审计准则的内容上，充分采用了国际审计所有的基本原则和核心程序，在审计的目标与原则、风险的评估与应对、审计证据的获取和分析、审计结论的形成和报告，以及注册会计师执业责任的设定等所有重大方面，与国际审计准则保持一致。

（三）体现了风险导向审计的要求

以往审计实务建立在传统审计风险模型基础上，存在很大缺陷。此次借鉴国际审计理论研究和实务探索的先进成果，中国注册会计师协会（以下简称中注协）制定了审计风险准则。审计风险准则是整个审计准则体系的核心准则，包括《财务报表审计的目标和一般原则》、《了解被审计单位及其环境并评估重大错报风险》、《针对评估的重点错报风险实施的程序》和《审计证据》4个项目。与以往审计准则相比，审计风险准则着力解决以下几个问题：一是要求注册会计师加强对被审计单位及其环境的了解。注册会计师应当实施程序，更广泛深入地了解被审计单位及其环境的各个方面，包括两家内部控制，为识别财务报表层次，以及各类交易、账户余额、列表和披露认定层次重大错报风险提供更好的基础。注册会计师实施的此类程序也称为风险评估程序。二是要求注册会计师将识别和评估的风险与实施的审计程序挂钩。在设计和实施进一步审计程序（控制测试和实质性程序）时，注册会计师应当将审计程序的性质、时间和范围与识别、评估的风险相联系，以防止机械利用程序表从形式上迎合审计准则的要求。三是要求注册会计师将识别、评估和应对风险的关键程序形成审计工作记录，以保证执业质量，明确执业责任。同时，中国注册会计协会以审计风险准则为基础，在新制度的其他准则中体现了审计风险准则的要求，并根据这一要求对 26 个准则进行了必要的修订和完善。

（四）严格了会计师事务所质量控制的要求

健全完善的质量控制制度是保证会计师事务所及其从业人员遵守法律法规、中国注册会计师职业道德规范以及中国注册会计师执业技术准则的基础。《会计师事务所质量控制准则第 5101 号——业务质量控制》系统地总结了近些年审计失败的经验教训，要求会计师事务所制定全面的质量控制制度，包括落实对业务质量的领导责任、确保职业道德规范得以遵守、客户关系和具体业务的接受与保持、人力资源、业务执行、业务工作底稿和监控 7 个方面。

第三节　质量控制准则

一、质量控制准则的含义和作用

审计准则虽规定了审计工作应达到的职业标准，但要想审计工作真正达到规定的质量水平，就必须实行审计质量控制。因此，不少国家和地区在颁布和执行审计准则的同时，还制定了审计质量控制准则，我国也制定了《会计师事务所质量控制准则》。

（一）质量控制准则是指导、监督会计师事务所质量控制的指南和依据

会计师事务所业务质量准则旨在规范会计师事务所的业务质量控制，明确会计师事务所及其人员的质量控制责任，适用于会计师事务所执行历史财务信息审计和审阅业务，其他鉴证业务及其相关服务业务。

（二）质量控制准则的作用

质量控制准则是衡量、判断和评价不同会计师事务所质量控制有效程度的标准和尺度，以鉴别谁控制得好，谁控制得差。颁布审计质量控制准则的目的，在于为事务所全体注册会计师遵循专业准则提供合理的保证。因此，所有会计师事务所都必须根据职业协会颁布的质量控制准则，建立和执行本所的"质量控制制度"。

二、我国会计师事务所质量控制基本准则

会计师事务所的质量控制准则主要包含以下几项内容:

(一) 对业务质量承担的领导责任

会计师事务所内部重视质量的文化氛围,为会计师事务所质量控制设定了较好的基调,将对制定和实施质量控制制度产生广泛和积极的影响。明确质量控制制度的最终责任人,也对会计师事务所的业务质量控制起着决定作用。为此,会计师事务所应当制定政策和程序,培育以质量为导向的内部文化。这些政策和程序应当要求会计师事务所主任会计师对质量控制制度承担最终责任。

(二) 职业道德规范

会计师事务所应当制定政策和程序,以合理保证会计师事务所及其人员遵守职业道德规范。会计师事务所及其人员执行任何类型的业务,都应遵守职业道德规范所要求的客观、公正原则,保持专业胜任能力和应有的关注,并对执业过程中获知的信息保密。会计师事务所应当确保全体专业人员达到并保持履行其职责所需的专业胜任能力,以应有的职业谨慎态度执行审计业务。为此,会计师事务所应把好人员招聘关,严格人事管理,并不断创造条件,开展各种形式的业务培训,增加执业人员各种类型审计业务的经验,提高其分析问题、处理问题的能力。

(三) 客户关系和具体业务的接受与保持

会计师事务所应当制定有关客户关系和具体业务的接受与保持的政策和程序,以合理保证只有在下列情况下,才能接受或保持客户关系和具体业务。

(1) 已考虑客户的诚信,没有信息表明客户缺乏诚信。

(2) 具体执业业务必要的素质、专业胜任能力、时间和资源。

(3) 能够遵守道德规范。

在接受新客户和老客户的新业务前,会计师事务所应当根据具体情况获取上述信息。

(四) 人力资源

会计师事务所应当制定政策和程序,合理保证拥有足够的具有必要素质和专业胜任能力并遵守职业道德规范的人员,并根据具体情况出具恰当的报告。

(五) 业务执行

业务执行,是指会计师事务所委派项目组按照法律法规、职业道德规范和业务准则的规定具体执行所承接的某项业务,使会计师事务所和项目负责人能够根据情况出具恰当的报告。业务执行对业务质量有直接的重大影响,是业务质量控制的关键环节,因此,会计师事务所应当要求项目负责人组织对业务实施指导、监督和复核。会计师事务所应当制定政策和程序,以合理保证按照法律法规、职业道德规范和业务准则的规定执行业务,使会计师事务

所和项目负责人能够根据具体情况出具恰当报告。

（六）业务工作底稿

会计师事务所在出具报告后，及时将工作底稿归整为最终业务档案，不仅有利于保证业务工作底稿的安全完整性，还便于使用和检索业务工作底稿。为此，会计师事务所应当制定政策和程序，以使项目组出具业务报后时将工作底稿归整为最终业务档案。

（七）监控

监控质量控制制度的有效性，不断修订和完善质量控制制度，对于实现质量控制的目标也起着不可替代的作用。为此，会计师事务所应当制定监控政策和程序，以合理保证质量控制制度中的政策和程序须是相关、适当的，并正在有效运行。这些监控政策和程序应当包括持续考虑和评价会计师事务所的质量控制制度。

三、审计准则与质量控制准则的关系

审计准则是注册会计师在职业时所遵循的权威性标准，其目的是为了保证审计工作的最终质量。审计质量控制准则，是指导注册会计师如何做才能遵循独立审计准则的要求，其目的也是为了保证审计工作的最终质量。二者都是注册会计师职业体系的组成部分。但它们是两个不同的概念，主要存在以下区别：

（一）两者性质不同

审计准则是注册会计师审计时遵守的技术标准，是针对每个审计项目的完成而制定的。而审计质量控制准则，则是每个会计师事务所遵守的管理标准，是针对整个审计实务的控制而制定的。

（二）两者的内容不同

审计准则规定了与审计工作相关的注册会计师职业胜任能力和审计过程及报告质量的要求；质量控制准则紧紧围绕质量控制，包括了各项质量控制工作应达到的要求。

（三）两者的作用不同

审计准则是要求每次审计都照办的，是为了指导审计的具体工作，衡量审计工作本身质量的好坏。而质量控制准则，则是要求每个事务所注意的，是为了指导质量控制工作，衡量审计质量管理控制的有效程度。

第四节　注册会计师的法律责任

注册会计师的法律责任，是指注册会计师在履行职责过程中，因违约、过失或欺诈导致委托单位或利益相关人员遭受损失而承担的法律后果。

一、注册会计师法律责任的成因

随着市场经济体制在我国的建立和发展，注册会计师在社会生活中的地位越来越重要。特别是"银广夏"、"琼民源"以及"安然"等事件的出现，注册会计师的法律责任已成为审计界研究的焦点问题。注册会计师法律责任的出现，经常是因为注册会计师在执业时没有保持应有的职业谨慎或没有按照审计准则的要求而发表了不恰当的审计意见，并因此导致对他人权利的损害。

二、注册会计师法律责任的认定

（一）违约

所谓违约，这是指合同的一方或几方未能达到合同条款的要求。当违约给他人造成损失时，注册会计师应负违约责任。比如，会计师事务未能在商定的时间内出具审计报告或违反与被审计单位订立的保密协议等。

（二）过失

所谓过失，这是指在一定条件下，缺少应有的合理的谨慎。当过失给他人造成损失时，注册会计师应负过失责任。通常按程度不同将过失分为普通过失和重大过失。

1. 普通过失

它通常指没有保持职业上应有的合理的谨慎而导致的过失。比如，注册会计师未按特定审计项目取得必要和充分的审计证据就出具审计报告的情况视为普通过失。

2. 重大过失

它通常指没有保持最起码的职业谨慎而导致的过失。比如，注册会计师未按照《中国注册会计师执业准则》从事审计工作，视为重大过失。

（三）欺诈

欺诈又称舞弊，是以欺骗或坑害他人为目的的一种故意的错误行为。作案具有不良动机。比如，注册会计师明知委托单位有严重违犯财经法规的错报事实，还出具无保留意见的审计报告，视为欺诈。

三、注册会计师承担法律责任的种类

注册会计师因违约、过失或欺诈给被审计单位或其他利害关系人造成损失的，按照有关法律和规定，可能被判负行政责任、民事责任或刑事责任。行政责任对于注册会计师个人来说，包括警告、暂停执业、吊销注册会计师证书；对于会计师事务所而言，包括警告、没收违法所得、罚款、暂停执业、撤销等。民事责任主要指赔偿受害人损失。刑事责任分为主刑和附加刑。主刑包括管制、拘役、有期徒刑、无期徒刑、死刑等；附加刑包括罚金、剥夺政治权利、没收财产等。一般来说，因违约和过失可能承担行政责任和民事责任，而欺诈可能会承担民事责任和刑事责任。

四、注册会计师法律责任的规避

（一） 严格遵守职业道德和专业标准的要求

保持良好的职业道德，严格遵循专业标准的要求执行业务、出具报告。

（二） 建立、健全会计师事务所质量控制制度

质量管理是会计师事务所各项管理工作的核心和关键。会计师事务所必须建立、健全一套严密、科学的内部质量控制制度，并且严格这项制度，使注册会计师按照专业标准的要求执业，保持整个会计师事务所的质量。

（三） 谨慎选择被审计单位

会计师事务所接受委托之前，一定要采取必要的措施对被审计单位的历史情况有所了解，评价它的品格，弄清委托的真正目的。尽量选择正直的被审计单位，尤其要注意那些陷入财务和法律困境的被审计单位。

（四） 深入了解被审计单位业务

在很多审计案件中，注册会计师之所以未能发现错误，一个重要的原因就是他们了解被审计单位所在行业的情况及被审计单位的业务，不熟悉被审计单位的经济业务和生产经营实务，仅局限于会计资料，就可能发现不了某些错误。

（五） 提取风险基金或购买责任保险

我国《注册会计师法》也颁布了会计师事务所应当按规定建立职业风险基金，办理职业保险，防止或减少诉讼失败时会计师事务所发生的财务损失。

（六） 聘请熟悉注册会计师法律责任的律师

会计师事务所有条件的话，尽可能聘请熟悉相关法规及注册会计师法律责任的律师。在执业过程中如遇重大法律问题，注册会计师应同本所的律师或外聘律师详细讨论所有潜在的危险情况，并仔细考虑律师的建议。一旦发生实例诉讼，也应请有经验的律师参与诉讼。

中国注册会计师执业准则体系受注册会计师职业道德守则统御，包括注册会计师业务准则和会计师事务所质量控制准则（见图 2-1）。

中国注册会计师审计职业规范体系应包括注册会计师执业准则、质量控制准则和注册会计师法律责任（见图 2-2）。

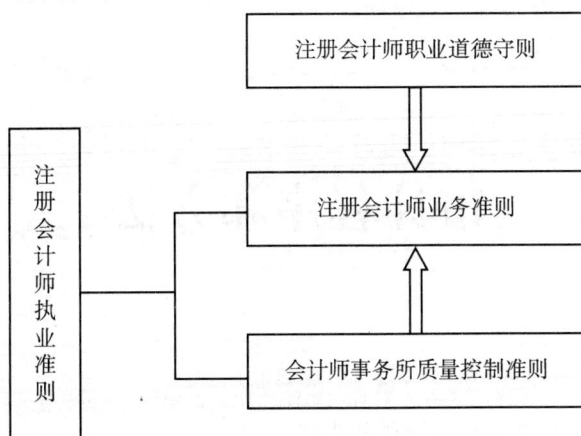

图 2－1 中国注册会计师执业准则体系

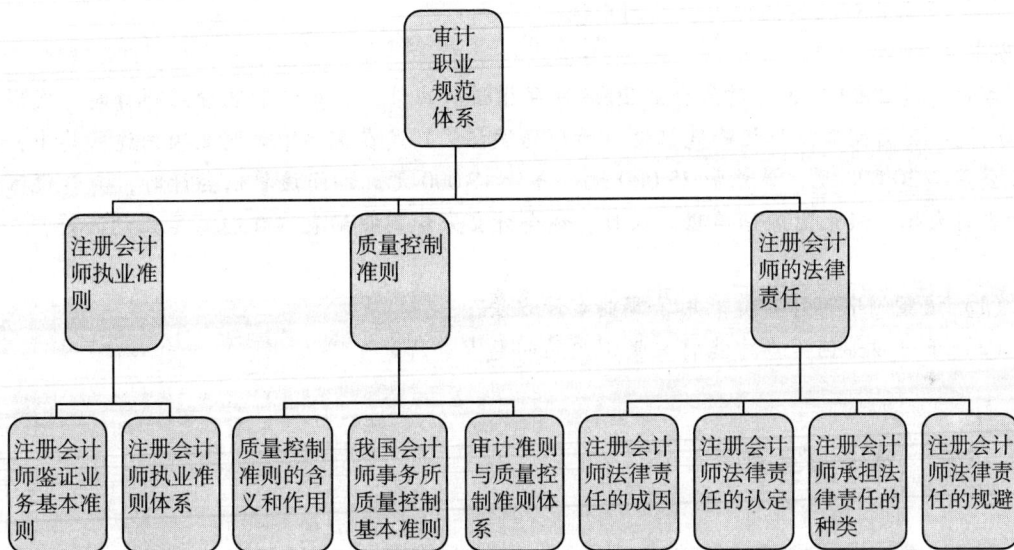

图 2－2 审计职业规范体系

第三章

审计程序和方法

【学习目标】
(1) 了解审计程序的含义和各阶段的内容。
(2) 了解审计的一般方法，掌握审计技术方法的运用。
(3) 掌握审计证据的含义、种类及审计工作底稿的分类和内容。
(4) 了解内部控制的评价和控制测试。

【引例】
审计人员 2009 年 3 月对某企业 2008 年年报进行审计，在审计管理费用项目时，发现当年 10 月至 12 月间有三张记账凭证没有附原始凭证，只是在摘要中说明款项用途，其中：购买办公用品 20 000 元，差旅费 25 000 元，合计 45 000 元。询问该单位会计时，会计说可能由于当时太忙，忘记附原始单据。次日，该会计交来费用明细表（纸张及笔记均新鲜）。

思考题：
(1) 该案例中审计人员采用了哪些审计方法？
(2) 下一步如何审查才能将此案例中的问题审查清楚？

第一节   审计程序

为了使审计工作有组织、有计划、有步骤地进行，保证审计工作的质量和提高审计工作效率。审计人员执行审计业务时，都必须遵循一定的审计程序，选用一定的审计方法来获取审计证据，以支持其对被审计单位的财务状况和经营成果发表审计意见和做出审计结论。

审计程序，也叫审计过程，是指审计人员在具体的审计项目中所采取的行动和步骤。审计程序包括广义和狭义两方面的含义。广义的审计程序，是指审计人员从接受审计项目开始，到审计工作结束的全过程。狭义的审计程序，是指注册会计师在收集审计证据过程中所采取的具体步骤和方法，比如分析性复核程序、检查等。本节主要介绍广义的审计程序。

不论是国家审计、民间审计还是内部审计，审计程序一般包括三个主要的阶段：审计准备阶段、审计实施阶段和审计终结阶段。这里主要介绍民间审计程序。

一、审计准备阶段

审计准备阶段是整个审计过程的起点，其工作主要包括了解被审计单位的基本情况，与被审计单位签订审计业务约定书，初步评价被审计单位的内部控制系统，确定重要性水平，分析审计风险，编制审计计划书。

（一）了解被审计单位的基本情况

审计组织通过初步调查，在接受被审计单位的委托之前，应对被审计单位的基本情况做初步的了解。包括被审计单位行业状况、法律环境与监督环境以及其他外部因素，被审计单位的性质，被审计单位对会计政策的选择和运用，被审计单位的目标、战略以及相关经营风险，被审计单位财务业绩的衡量和评价，被审计单位的内部控制。

（二）签订审计业务约定书

审计业务约定书是注册会计师与客户共同签署的，用以记录和确认审计业务的委托与受托关系、明确委托目标和审计范围、双方的责任与义务等事项的书面合同。

审计业务约定书具有经济合同的性质，一经约定双方签订认可，即成为审计组织与委托人之间在法律上生效的契约，具有法定约束力。签署审计业务约定书的目的是为了明确约定双方的责任与义务，促使双方遵守约定事项并加强合作，以保护双方的利益。

审计业务约定书的具体内容和格式，可能因被审计单位的不同而存在差异，但主要应包括以下几方面：

（1）签约双方的名称。签约双方名称应使用委托方和受托方的全称。

（2）委托目的，即说明委托人委托的目的或用意。如是年度会计报表审计，还是验资等。

（3）审计范围。审计业务约定书应当明确约定该审计业务的审计范围，注明所审计的会计报表的名称及其所反映的日期或期间。审计范围与委托人的委托目的密切相关，同时又直接影响到审计目的和任务，并关系到委托、受托双方的区分，因而应在审计业务约定书中明确限定。

（4）会计责任与审计责任。审计业务约定书应当明确审计责任与会计责任。建立、健全内部控制制度，保护资产的安全、完整，保证会计资料的真实、合法、完整，是被审计单位的会计责任。按照中国注册会计师审计准则的规定出具审计报告，保证审计报告的真实性、合法性是审计人员的审计责任。审计责任不能代替、减轻或免除被审计单位的会计责任。在审计业务约定书中约定双方责任，不但可以确认审计工作人员的工作，而且还可提请被审计单位明晰其应负的责任。

（5）签约双方的义务。审计业务约定书应当明确签约双方的义务。审计人员应当履行的主要义务有两个方面：一是按照约定时间完成审计业务，出具审计报告；二是对在执行审计业务过程中获悉的商业秘密予以保密。被审计单位应当履行的主要义务有：一是及时提供审计人员所需要的全部资料；二是为审计提供必要的条件及合作；三是按照约定条件，及时足额支付审计费用。

（6）出具审计报告的时间要求。

（7）审计报告的使用责任。审计业务约定书应当明确正确使用审计报告是委托人的责任，由于使用不当所造成的后果，与审计人员无关。

（8）审计收费。审计业务约定书应当明确审计收费的计费依据、计费标准及付费方式与时间。审计人员应依据审计业务所确认的工时，依据收费标准计算审计费用。

（9）审计业务约定书的有效期间。确定有效期间即为明确约定书的生效日和失效日。

（10）违约责任。

（11）签约时间。

（12）其他有关事项。如委托业务涉及会计咨询时，应在约定书中写明约定双方各自的职责；如审计人员首次接受委托时，还应考虑期初余额的审计责任及如何与前任审计人员沟通等事项。

审计业务约定书在审计约定事项完成后，归入审计业务档案。以下为审计业务约定书的参考格式。

审计业务约定书参考格式

审计业务约定书　　　　　　　　　编号：

甲方：ABC 股份有限公司

乙方：×××会计师事务所

兹由甲方委托乙方对＿＿＿＿＿年＿＿＿＿＿月＿＿＿＿＿日年度财务报表进行审计，经双方协商，达成以下约定：

一、业务范围、审计目标及审计报告用途

（1）乙方接受甲方委托，对甲方按照《企业会计准则》和《企业会计》编制的＿＿＿＿＿年＿＿＿＿＿月＿＿＿＿＿日资产负责债表、利润表、现金流量表及其财务报表附注进行审计。

（2）乙方通过执行审计工作，对财务报表的下列方面发表审计意见：①财务报表是否按照《企业会计准则》和《企业会计制度》规定编制；②财务报表是否在所有重大方面公允反映甲方的财务状况、经营成果和现金流量。

（3）报告的用途和使用范围：＿＿＿＿＿＿＿＿＿＿＿＿＿。

二、双方的责任和义务

1. 甲方的责任和义务

（1）根据《中华人民共和国会计法》及《企业财务会计报告条例》，甲方和甲方负责人有责任保证会计资料的真实性和完整性。因此甲方管理层有责任妥善保存提供会计记录，这些记录必须真实、完整地反映甲方的财务状况、经营成果和现金流量。

（2）《企业会计准则》和相关会计制度的规定编制财务报表是甲方管理层的责任，这些责任包括：

①设计、实施和维护与报表编制相关的内部控制，以使财务报表不存在由于舞弊或错误而导致的重大错报；②选择和运用恰当的会计政策；③做出合理的会计估计。建立健全内部控制，保证会计资料的真实、合法、完整，保证会计报表充分披露有关信息和保护资产的安全完整。

（3）在＿＿＿＿＿年＿＿＿＿＿月＿＿＿＿＿日之前提供审计所需的全部资料，并保证所提供的资料的真实性、合法性和完整性，并将所有对审计产生影响的事项如实告知乙方。

（4）确保乙方不受限制地接触任何与审计有关的完整的会计凭证、账册、报表以及其他在审计过程中所需要查看的各种文件资料。乙方认为需要发函向有关部门询证时，甲方应提供方便，并承担必要的费用。作为审计程序的一部分，被审计单位应提供一份审计声明书，对有关会计报表方面的情况做出必要说明。

（5）甲方应按约定用途和使用范围使用审计报告。由于使用不当所造成的后果，与乙方无关。

（6）甲方应按约定的条件，及时足额支付审计费用。

2. 乙方的责任和义务

（1）按照《中国注册会计师审计准则》的规定执行审计工作，遵守职业道德规范，在计划和实施审计工作的基础上对财务报表发表审计意见。对财务报表是否不存在重大错报做出合理保证。

（2）实施审计程序，包括舞弊或错误导致的财务报表重大错报风险的评估，以获取有关财务报表金额和披露的审计证据。由于选择的审计程序取决于注册会计师的判断，内部控制等固定有限，不可避免地存在着某些重大错报在审计后可能仍然未被发现风险。检查弊端不属于一般审计工作范围，但在审计过程中如发现被审计单位在会计核算、财务管理和财产物资管理方面存在问题，导致有发生重大弊端的可能，乙方可将其情况报告甲方。

（3）乙方按照约定的时间完成审计业务，出具审计报告。由于注册会计师的审计采取事后重点抽查，加上被审计单位内部控制固有的局限性和其他客观因素的制约，难免存在会计报表的某些重要方面反映失实，而注册会计师又可能在审计中存在未予发现的问题。乙方的审计责任并不能替代、减轻或免除被审计单位的会计责任。

（4）乙方对在执行业务过程中知悉的商业秘密负有保密责任。除法律另有规定者外，未经甲方同意，乙方不得将被审计单位提供的资料泄露给甲方以外的第三者。

三、出具审计报告的时间要求

乙方将于甲方提供审计所需的全部资料后_____天之内出具审计报告。

如果在审计过程中出现不可预见的情况，影响审计工作如期完成的，或者甲方要求加快出具审计报告的，均需要通过双方协商变更约定事项。如果本次报告日后一个月内双方未就下年审计委托业务书面提出异议，则是为合同自动延期一年，继续有效，具体收费可根据实际情况协商。

四、业务费金额及支付方式

（1）本项审计业务费为人民币_____元（大写）_____元（差旅、食宿、翻译、文印等费用另行计算）。

（2）如果审计工作遇到重大问题，致使乙方实际花费审计工作时间有较大幅度的增加，甲方在了解实情后酌情调增审计费用。

五、审计报告和审计报告的使用

（1）乙方按照《中国注册会计师审计准则第1501号——审计报告》和《中国审计注册会计师准则第1502号——非标准审计报告》规定的格式和类型出具审计报告。

（2）乙方向甲方出具的审计报告一式_____份，甲方提交或对外公布审计报告时不得修改乙方出具的审计报告和后附的已审财务报告。当甲方认为有必要修改会计数据、报表附注和所作的说明时，应当事先通知乙方，乙方将考虑有关修改对审计报告的影响，必要时，将重新出具审计报告。

六、本约定书经双方签章后生效

七、违约责任及适用法律和争议解决

甲乙双方按照《中华人民共和国经济合同法》的规定承担违约责任。本约定书的所有方面均适用于中华人民共和国法律进行解释并受其约束。本约定书履行地为乙方出具验资报告所在地。

八、本约定书一式两份，双方各执一份，并具有同等效力

九、其他：_____

甲方：（盖章）ABC 股份有限公司　　　　　乙方：（盖章）×××会计师事务所

代表人（签字）：　　　　　　　　　　　　代表人（签字）：

年　　月　　日　　　　　　　　　　　　　年　　月　　日

联系电话：　　　　　　　　　　　　　　　联系电话：

（三）初步评价被审计单位的内部控制系统

通过以上对被审计单位基本情况的了解，审计人员对其内部控制制度已经有了一定的了解，接下来的就是要对内部控制制度进行初步评价，包括了解和评价被审计单位各项有关的规章制度、业务处理程序和人员职责分工等是否合理、处理每一项经济业务的程序和手续是否科学等情况，然后才能确定审计工作的重点。内部控制制度的初步评价主要是对其健全性和合理性的评价。

（四）确定重要性水平

重要性，是指被审计单位会计报告中错报或漏报的严重程度，这一程度在特定环境下可能影响会计报表使用者的判断或决策。审计重要性概念必须从会计报表使用者的角度来考虑，当会计报表错报或漏报达到一定程度，可能会影响会计报表使用者的判断和决策，则这种错报或漏报就是重要的错报或漏报，否则就是不重要的。

重要性水平可看作会计报表中出现错报、漏报能否影响会计报表使用者对会计报表全面反映的整体理解的"临界点"，超过该"临界点"，就会影响其做出正确判断或决策。对重要性水平的判断，是审计人员的一种专业判断，它有赖于审计人员的判断能力、判断方法和专业经验等因素，由于不同审计人员对影响重要性的各种因素的判断存在着差异，因而不同的审计人员在确定同一企业会计报表的重要性水平时，得出结果可能不同，甚至相差很大。当然，重要性水平也是相对的，对不同规模的企业或不同种类的会计报表，或不同的经济业务，其重要性水平的界定也是不同的。

【例3－1】资产为500万元和50万元的两个企业，如果它们的应收账款在资产负债表上漏记5万元，那么对于500万元资产的企业来讲，应收账款5万元的错误可能不是重大错误，不一定会影响报表使用者的决策；相反，对50万元资产的企业来讲，应收账款5万元的错误就是重大错误，将可能导致报表使用者改变其决策。

1. 重要性的层次

审计人员应当考虑会计报表层次和相关账户、交易层次的重要性。

（1）会计报表的层次。它是整个会计报表允许出现错报或漏报的上限规定。由于独立会计的目的是对会计报表的合法性、公允性发表意见，因此，审计人员必须考虑会计报表层次的重要性，只有这样，才能得出会计报表是否合法及公允的整体性结论。

（2）账户和交易层次。它是某个账户（或某个报表项目）余额和交易允许出现错报或

漏报的上限规定。由于会计报表所提供的会计信息来源于各账户或各交易，审计人员只有通过验证各账户和各交易，才能得出会计报表是否合法、公允的整体结论，因此注册会计师还必须考虑账户和交易层次的重要性。

2. 重要性水平的确定

注册会计师应当合理地运用重要性水平的判断基础，采用固定比率、变动比率等确定会计报表层次的重要性水平。判断基础通常包括资产总额、净资产、营业收入、净利润等。百分比一般是：税前净利润的 5% ~ 10%（净利润较小时用 10%，较大时用 5%）；资产总额 0.5% ~ 1%；净资产的 1%；营业收入的 0.5% ~ 1%。一般规模较大企业，允许的错报或漏报的金额比率就较小，通常是根据资产总额或营业收入两者中较大一项确定一个变动百分比。

按以上方式确定重要性水平之后，根据谨慎原则，取其最低者作为所有会计报表的重要性水平。确定报表层的重要性水平之后，要按照一定的规则将重要性水平分配到各会计报表项目。

（五）分析审计风险

审计风险，是在审计准备阶段必须认真分析的一个重要问题。所谓审计风险，是指财务报表存在重大错报而审计人员审计后发表不恰当审计意见的可能性。审计风险取决于重大错报风险和检查风险。即审计风险 = 重大错报风险 × 检查风险。

重大错报风险是指财务报表在审计前存在重大错报的可能性。

检查风险是指某一认定存在错报，该错报单独或连同其他错报是重大的，但审计人员未能发现这种错报的可能性。

审计人员应当计划和实施审计工作，获取充分、适当的审计证据，将审计风险降至可接受的低水平。审计人员应当实施审计程序，评估重大错报风险，并根据评估结果设计和实施进一步审计程序，以控制检查风险。

在既定的审计风险水平下，可接受的检查风险水平与认定层次重大错报风险的评估结果呈反向关系。评估的重大错报风险越高，可接受的检查风险越低；评估的重大错报风险越低，可接受的检查风险越高。

重要性与审计风险之间呈反向关系。这里所说的重要性水平高低指的是其金额的大小。一般来说，重要性水平越高，审计风险越低；反之，重要性水平越低，审计风险越高。如果审计人员确定的重要性水平较低，审计风险就会较高，审计人员就可能会盲目扩大审计风险范围或追加审计程序，而影响审计工作效率。如果审计人员确定的重要性水平较高，审计风险就会降低，在这种情况下，审计人员所执行的审计程序就会比原本应当执行的审计程序少、审计范围小，其结果很可能导致审计人员得出错误的审计结论，影响审计工作的效果。所以，审计人员应充分考虑重要性与审计风险之间存在的反向关系，保持应有的职业谨慎，合理地确定重要性水平。

（六）编制审计计划

审计计划是指审计人员为了完成各项审计业务，达到预期的审计目标，在具体执行审计程序之前编制的审计工作的具体步骤。

审计计划在执行过程中，情况会不断发生变化，常常会产生预期计划与实际不一致的情况。例如，在审计过程中通过检查，发现被审计单位某些内部控制执行效果不佳，导致原来制度的审计程序和时间预算需要改变时，就应及时对审计计划进行修订和补充。对审计计划的补充、修订贯穿于整个审计过程。审计人员在整个审计过程中，应当按照审计计划执行审计业务。

1. 总体审计策略

它是对审计的预期范围和实施方式所做的规划，是审计人员从接受审计委托到出具审计报告整个过程基本工作内容的综合计划。其内容一般包括：被审计单位的基本情况；审计目的、审计范围及审计策略；重要会计问题及重点审计领域；审计工作进度及时间、费用预算；审计小组组成及人员分工；审计重要性的确定及审计风险的评估；对专家、内部审计人员及其他审计人员工作的利用；其他相关内容。

2. 具体审计计划

它是依据总体审计计划制订的，对实施总体审计计划所需要的审计程序的性质、时间和范围所做的详细规划与说明。其基本内容包括：审计目标、审计程序、执行人及执行日期、审计工作底稿的索引号、其他相关内容。

审计计划应由审计项目负责人编制。审计计划应形成书面文件，并在工作底稿中加以记录。审计计划的文件形式多种多样，其中表格式、问卷式和文字叙述式三种主要形式为审计人员所普遍采用。无论是哪种形式，都不能固定生搬硬套，因为各个被审计单位的情况和审计目标千差万别，所以审计计划文件的格式和内容也都需要酌情调整。

二、审计实施阶段

审计实施阶段是根据审计准备阶段确定的范围、重点、步骤、方法，进行取证、评价，借以形成审计结论，实现审计目标的中间过程。它是审计全过程的中心环节，其主要工作是按照审计计划的要求，对被审计单位内部控制系统的建立及其遵守情况进行检查，对财务报表项目实施重点、细致的检查，收集审计证据。

其主要工作：

（1）进行控制测试。即对被审计单位内部控制制度的建立及运行情况进行控制测试，根据测试结果确定实质性测试的性质、时间和范围。

（2）进行实质性测试。即是为了证实交易与事项及账户余额的真实性、正确性，获取审计证据，得出审计结论而实施的审计测试。根据测试结果进行评价和鉴定。

三、审计终结阶段

审计终结阶段是实质性审计工作的结束，其主要工作有：整理、评价审计过程中收集到的审计证据，复核审计工作底稿，编写审计报告，提出管理建议书。

（一）整理、评价审计证据

整理和评价审计证据的过程，从根本上说，也是审计人员凭借专业知识和个人实践经验对审计证据进行分析研究的一个去粗取精、去伪存真的过程。通过整理和评价，选出若干最适宜、最具有说服力的审计证据，作为编制审计报告、提出管理建议书的依据。

（二） 复核审计工作底稿

审计程序进入审计终结阶段时，大部分的审计工作底稿已经编写完成，但是尚不能形成最后结论。因此，必须将审计人员编写的审计工作底稿进行复核，然后根据审计工作底稿反映的问题，与被审计单位进行商议，听取对审计证据的真实性与准确性予以认可反馈意见。这对形成正确的审计结论有着重要的意义。

（三） 编写审计报告

审计报告主要应根据审计证据和审计工作底稿，通过对各类审计资料认真加以整理、分析和综合，并经过取舍和删补，选择其中与审计目的和重点有关的素材，并按编制要求与规定格式编写。

（四） 提出管理建议书

管理建议书是审计人员在审计终结的阶段，就被审计单位内部控制存在的问题，以书面形式提出的改进建议。对于年度财务报表审计业务，审计人员可以根据需要提出管理建议书。

第二节 审计方法

审计人员在审计工作过程中，为了实现审计目标，完成审计任务，必须运用各种审计方法，对审计对象进行审查和评价，收集各种审计证据，以便据以发表审计意见和做出审计结论。

审计方法，是指审计人员为了行使审计职能，完成审计任务，达到审计目标所采取的各种方式、手段和技术。

一、 审计的基本方法

审计的基本方法也称审计的一般方法，是指与检查取证的程序和范围有关的方法。实质上这就是审计基本的思路，这种基本思路虽然不能直接用于取证，但它要从系统的整体出发去构想应采取的一般方法。审计的一般方法又可分为程序检查法和范围检查法两类。

（一） 程序检查法

程序检查法实质按照什么样的顺序依次进行检查的方法，包括顺查法和逆查法。

1. 顺查法

顺查法也称正查法，是指按照会计业务的先后依次对证、账、表各个环节进行检查会对的一种方法。

顺查法具有以下几个方面的特征：

（1） 从审查原始凭证出发，着重审查和分析经济业务是否真实、正确、合法、合规。

（2）审查记账凭证，查明会计科目处理、数额计算是否正确、合规，核对证证是否相符。

（3）审查会计账簿，查明记账、过账是否正确，核对账证、账账是否相符。

（4）审查和分析财务报表，查明报表各项是否正确完整，核对账表、表表是否相符。

优点：审查仔细而全面，很少有疏忽和遗漏之处，并且容易发现会计记录及财务处理上的弊端，因而能去的较为准确的审计结果。

缺点：成本高，效率低，工作量太大，耗费人力、时间太多，面面俱到，很难把握审计的重点。因此，其审计范围：一是适用于规模小、业务量少的被审计单位；二是适用于管理混乱、存在严重问题的被审计单位；三是适用于特别的被审计项目。

2. 逆查法

逆查法也称倒查法和凤愿发，是指按照会计业务处理程序完全相反的方向，依次对表、账、证各个环节进行检查会对的方法。它是现代审计实务中较为普遍采用的一种方法。

逆查法具有以下特征：

（1）从审查和分析财务报表出发，从中发现并找出异常和有错弊的项目，据以确定下一步审查的线索和重点；

（2）依据所确定的可疑账项和重要项目，追溯审查会计账簿，进行账表、账账核对；

（3）进一步追查记账凭证和原始凭证，进行账证、证证核对，以便查明主要问题的真相和原因及结果。

优点：不仅比顺查法取证的范围小，而且有一定的审查重点，便于抓住问题的实质，还可以节省人力和时间，有利于提高审计的工作效率。

缺点：不能全面地审查问题，易有遗漏，不能全面地揭露会计上的各种错比。因此，对于规模较大、业务较多的大中型企业、行政事业单位，都可以采用这种方法。

（二）范围检查法

范围检查法，是指在什么样的范围之内进行检查取证的审计方法，包括详查法和抽查法。

1. 详查法

详查法又称精查法或详细审计法，它是指对被审计单位被审计期间内的所有活动、工作部门及经济信息资料，采取精细的审计程序，进行细密周详的审核检查。

详查法在具体做法上，通常采取逐笔检查核对的办法。其最主要的特征是对被审计单位一定时期的凭证，账簿和报表等会计和其所反映的财务收支及有关经济活动作全面、详细的审查，事无巨细，以查明被审计单位的或被审计项目所存在的各种差错和舞弊。

优点：能全面查清被审计单位存在的问题，特别是对弄虚作假、徇私舞弊等违犯财经法纪行为，一般不易遗漏，以保证审计质量。

缺点：工作量太大，消耗人力和时间过多，审计成本高，故难普遍采用。因此，对现代化大中型企业不宜采用，职能用于经济活动简单、业务量极小的企事业单位，以及对审计目标有重大影响，且认为产生错误或舞弊的可能性很大的审计项目。

2. 抽查法

抽查法也称抽样审计方法，是指从作为特定审计对象的总体中，按照一定的方法，有选择性地抽出其中部分资料进行检查，并根据其检查结果对其余部分的正确性及恰当进行推断的一种方法。

抽查法主要特征是根据被审计单位的具体情况和审计目的要求选取具有代表性的样本，然后根据所抽取样本的审查结果来推断总体。

优点：能明确审查重点，省时省力，具有效率高、成本低和事半功倍的效果。

缺点：审计结果过分依赖抽查样本的合理性，如果抽样不合理，或缺乏代表性，抽查结果往往不能发现问题，甚至以偏概全，做出错误的审计结论。特别是对于频率发生低的舞弊行为，较难发现。因此，这种方法仅适用于内部控制系统较为健全、会计基础较好的企事业单位。

从详查法发展到抽查法，是现代审计的一个重要发展。现代审计的一大进步就是在评审被审计单位内部控制系统的基础上实施抽样审计。

二、审计技术方法

审计的技术方法，是指审计人员在收集审计证据过程中所采取的各种手段。不同的审计对象需要取得不同的审计证据，要求采用不同的技术方法。

（一）审阅法

审阅法是指通过对被审计单位有关书面资料进行仔细审查和阅读，借以查明资料及经济业务的公允性、正确性、合法性、合规性，从中发现错弊或疑点，从而来取得审计证据的一种审计技术方法。审阅法是一种十分有效的审计技术，不仅可以取得一些直接证据，同时还可以取得一些间接证据。

审阅法在财政财务审计中运用最为广泛，主要用于对各种书面资料，即会计资料和其他经济信息资料及管理资料的审查，以取得书面证据。具体来说主要是审阅会计凭证、会计账簿和会计报表。

（二）检查法

检查法又分为复核法和核对法。

（1）复核法，是指对有关数据指标进行重新计算，来验证其是否正确的一种审计技术。复核法的主要内容：

① 复核原始凭证上数量乘单价、小计、合计是否真确。

② 复核记账凭证上明细金额的合计。

③ 复核账簿上各栏金额的小计、合计、金额、转页金额是否正确。

④ 复核报表上有关项目的小计、合计、总计及其他计算。

⑤ 复核预测、分析、检查、预算等数据的计算。

复核的详细程度视实际需要而定。要注意对重点项目的复核，如加强复核计算库存现金和银行存款序时账的收入与支出发生额和余额，可以发现有贪污舞弊现象。

（2）核对法，是指将书面资料的相关记录之间，或是书面与实物之间，进行相互核对，以验证其是否相符，从而取得有无错弊的书面证据的一种审计技术方法。

在审计中，需要相互核对的内容很多，但概括起来，一般主要核对以下内容：

① 证证核对。这是指核对原始凭证与其他原始资料、记账凭证与所附原始凭证，在数量、单价、金额和合计数方面的内容是否相符，计算是否正确。

② 账证核对。这是指核对账簿记录与有关的记账凭证和原始凭证是否相符。

③ 账账核对。这是指核对各种账簿之间的有关记录。包括：总分类账各账户余额与所属明细账的期末余额之和的核对；总账与序时账的核对；银行存款序时账与银行对账单的核对；往来明细账与往来单位相关账项的核对等。

④ 账表核对。这是指核对会计报表的各项数据与总分类账的余额及其有关明细分类是否相符。

⑤ 表表核对。这是指核对各种报表之间有关项目的对应关系是否存在，核对各种报表的小计、合计数计总计数是否相符，必要的分析数据是否正确。

⑥ 账、卡、物核对。这是指核对有关实物明细账、实物保管卡与保管部门实物，看是否相符。

核对法应同其他方法结合使用。通过上述详细核对之后，可以发现会计资料中存在的差错和问题，然后再进一步分析其性质。

（三）监督盘点法

监督盘点法，是指有财产管理人员及其他有关人员进行实物盘点清查，审计人员只是在一旁对实物盘点进行监督的一种方法，如发现疑点可以要求复盘核实。监督盘点法主要使用于各种实物的检查，和现金、有价证券、材料、在产品、库存商品、低值易耗品、包装物等。

运用监督盘点法时，应注意以下几个问题：

（1）实物盘存一般采取预告检查，如有需要可采取突击检查方式，如果实物存放分散，应同时盘点。若不能同时盘点，则为盘点实物的保管应在审计人员的监督下进行。

（2）盘点时不仅要盘点实物数量，还应注意除实物以外的其他物件、实物的所有权、实物的质量等。

（3）任何性质的白条都不能抵充库存实物。

（4）若遇有盘点日与结账日不一致时，应运用调节法将盘点日期的盘点数调节为结账日期盘点数，在进行比较，确定其是否真实、正确。

（四）调节法

调节法，是指审查某一经济项目时，为了验证其数字是否正确，通过调整有关数据从而求得所需要证实数据的一种审计技术方法。

在审计过程中，往往出现现成的数据与需要证实的数据在表面上不一致，为了证实数据是否正确，可采用调节法。如对银行存款实属的审查，通常运用调节法编制银行存款余额调节表，对企业单位与开户银行双方所放生的"未达账项"进行增减调节，以便根据银行对账单的余额来验证银行存款账户余额是否正确。

运用调节法还可以证实财产物资是否账实相符。当盘点日与书面资料结存日不同时，结合实物盘点，将盘点日期与结账日之间新发生的出入数量进行调节，以验证或推算结账日有关财产物资的应结存数。

结账日实存数量 = 盘点日盘点数量 + 结账日至盘点日发出数量 – 结存至盘点日收入数量。

【例 3 – 2】调节法的运用

某企业 2009 年 12 月 31 日账面结存 A 产品 4 000 件，通过审阅和核对并无错弊。2010 年 1 月 1 ~ 20 日期间入库 A 产品 15 000 件，销售出库 14 500 件。1 月 1 日期初余额及收发数额均核对、审阅和复算无误。2010 年 1 月 20 日下班后监督盘点 A 产品结存数量 4 600 件。调节计算如下：

结存数量 = 4 600 + 14 500 – 15 000 = 4 100 （件）

经过上述调节计算，2009 年 12 月 31 日 A 产品的结存数应为 4 100 件，与账面记录的 4 000 件不一致。审计人员应要求有关人员说明原因，并进行查账核实；如有故意歪曲事实者，应进一步查明责任人员，并追究其责任。

（五）观察法

观察法，是指审计人员通过对被审计单位的生产经营管理工作的进行、财产物资的保管、内部控制系统的执行等实地观看、视察，借以查明被审计单位经济活动的事实真相，核实是否符合有关标准和书面资料的记载，以取得审计证据的一种技术方法。

审计人员应深入被审计单位的仓库、车间、科室、工地等现场，对其内部控制制度的执行情况、财产物资的保管和利于情况、工人的劳动态度等生产经营管理活动情况进行直接观察从中发现薄弱环节以及所存在的问题，以便收集审计证据，提出建议和意见，促进被审计单位改进经营管理，提高经济效益。

（六）函证法

函证法，是指审计人员为了获取影响财务报表或相关披露认定的项目的信息，通过直接来自第三方对有关信息和现存状况的声明，来获取和评价审计证据的一种技术方法。函证是一种获取和评价与函证信息相关的审计工作证据的过程。在这个过程里，审计人员通常以被审计单位的名义向有相关信息的第三方提出书面请求，要求提供情报影响财务报表认定的特定项目的信息。在得到第三方提出书面请求，要求提供影响财务报表认定的特定项目的信息。在得到第三方对有关信息和现存状况的声明后，审计工作人员再进行跟进和评价。函证法广泛用于往来款项的审查，也可用于银行汇票存款，长（短）期借款等的审查。函证按短答复方式的不同，又有积极式函证和消极式函证两种。

1. 积极式函证

它又称答复式函证或肯定式函证，是要求被函证单位在收到函询信件后，给予明确答复的方式，既不论"是"与"否"均应给予答复，如未得到答复的，需要重复发函或前往进行面询，直到取得书面证据。此法虽然手续麻烦，但能取得书面证据。它主要适用于对金额大、疑点多的账的审查。

2. 消极式函证

它又称默认式函证或否定式函证，只要求被函询单位或个人在收到函询信件后，对有差错或有问题的账项回函答复的方式。采用这种方式时，如果对方认为没有问题则不必回函答复，审计工作人员在发出函询件后一定时期内未得到答复时则默认为所询事项无误。此法虽然手续简单，但若对方不认真对待，则往往达不到函询的目的。此法通常用于金额小，疑点少的账项的审查。

函证方法的选择（以应收账款账户余额为例）见表3-1。

表3-1   积极式函证与消极式函证的适用比较

积极式函证	消极式函证
债务人所欠金额较大	重大错报风险评估为低水平
该欠款可能存在争议或经济纠纷	涉及大量余额较小的账户
欠款数额可能存在差错或其他问题	预期不存在大量的错误
	没有理由相信被询证者不认真对待函证

积极式询证函参考格式

企业询证函

编号：

公司：

本公司聘请的   会计事务所正在对本公司××××年度会计报表进行审计，按照中国注册会计师执业准则的要求，应当询证本公司与贵公司的往来账项等事项。下列数据出自本公司账簿记录，如遇贵公司记录复核，请在本函下端"数据证明无误"处签章证明；如果不服，请在"数据不服"处证明不服金额。回函直接寄至   会计师事务所。

通信地址：   邮政编码：

联系电话：   传真：

1. 本公司与贵公司的往来账项列示如下：

截止日期	贵公司欠	欠贵公司	备注

2. 其他事项：

本函仅为复核账目之用，并非催款结算，若款项在上述日期之后已经付清，仍请及时函复为盼。

（公司签章）

年 月 日

结论：数据证明无误

（公司签章）

　　　　　　　　　　　　　　　　　　　　　　　　　年　　月　　日

　　　　　　　　　　　　　　　　　　　　　　　　经办人：

3. 数据不符，请列明不符金额。

　　　　　　　　　　　　　　　　　　　　　　（公司签章）

　　　　　　　　　　　　　　　　　　　年　　月　　日

　　　　　　　　　　　　　　　　　　　经办人：

消极式询证函参考格式

企业询证函　　　　　　　编号：

公司：

　　本公司聘请的会计师事务所正在对本公司××××年度会计报表进行审计，按照中国注册会计师执业准则的要求，就当询证本公司与贵公司的往来账项等事项。下列数据出自本公司账簿记录，如与贵公司记录项符合，则无需回函；如果不符，请直接通知会计师事务所，并请在空白处列明贵公司认为正确的信息。回函请直接寄至会计师事务所。

通信地址：　　　　　　　　　　　　　　邮政编码：

联系电话：　　　　　　　　　　　　　　传真：

1. 本公司与贵公司的往来账项列示如下：

截止日期	贵公司欠	欠贵公司	备注

2. 其他事项：

　　本函仅为复核账目之用，并非催款结算。若款项在上述日期之后已经付清，仍请及时函复为盼。

　　　　　　　　　　　　　　　　　　　　　　（公司签章）

　　　　　　　　　　　　　　　　　　　年　　月　　日

_____会计师事务所：

上面的信息不正确，差异如下：

　　　　　　　　　　　　　　　　　　　　　　（公司签章）

　　　　　　　　　　　　　　　　　　　年　　月　　日

　　　　　　　　　　　　　　　　　　　经办人：

（七）鉴定法

　　鉴定法，是指审计人员对于需要证实的经济活动、书面资料及财产物资的分析、鉴别，超过一半审计人员的专业技术时，由审计人员另聘有关专家运用相应的专门技术和知识加以鉴定证实的方法。

　　将定法可应用于财务审计、财经法纪审计和经济效益审计。如对事务性能、质量、价值的鉴定，涉及书面资料真伪的鉴定，以及对经济活动的合理性和有效性的鉴定等；如当伪造凭证的人不曾任其违法行为，可通过公安部门鉴定其笔记，以确定其违法行为；如对质次价高的商品材料的质量情况难于确定时，请商检部门通过检查化验商品质量和实际价值等；还可以邀请基建方面的专家，对基建工程进行质量检查等。鉴定法的鉴定结论必须是具体的、客观的和准确的，并作为一种独立的审计证据，详细地计入审计工作底稿。

（八）分析性复核

　　分析性复核，是指审计人员对被审计单位审计事项的相关指标进行对比、分析和评价，并对异常变动和异常项目予以重点关注的审计方法。

　　分析性复核常用的方法有比较分析法、比率分析法、趋势分析法三种：

　　（1）比较分析法，是通过某一会计报表项目与其既定的标准的比较，以获取审计证据的一种技术方法。它包括本期实际数与计划数的比较或注册会计师的计算结果之间的比较；本期实际数与同业标准之间的比较等。

　　（2）比率分析法，是通过对会计报表中的某一项目与相关的另一项目相比的值进行分析，以获取审计证据的一种技术方法。

　　（3）趋势分析法，是通过对连续若干期某一会计报表项目的变动金额及其百分比的计算，分析该项目的增减变动方向和幅度，以获取有关审计证据的一种技术方法。

第三节　审计证据和工作底稿

一、审计证据及其证明力

（一）审计证据的含义

　　审计证据，是指审计人员在执行审计业务过程中，为形成审计结论或审计意见所获取的证明材料。理解审计证据的含义，要注意两点：一是审计证据是审计人员提出审计意见、做出审计结论的事实依据。它是客观存在的反映。审计人员在审计过程中，要采用监盘、函证等方法收集审计证据，并将其与审计证据进行比较，才能以得出审计结论。二是如实地反映经济活动真相的一切资料是审计证据，而没有如实地反映经济活动真相的资料，如篡改的、伪造的，经审计人员鉴定之后，同样是审计证据。

（二）审计证据的分类

　　审计证据分类的目的，在于找出更合理、更有效、更具有证明力的证据，以达到较好的证明效果，从而有利于审计工作的顺利完成。审计证据按照不同的标准，可以进行多种分类。

1. 审计证据按来源分类

按审计证据的来源分类，可以分为外部证据、内部证据和亲历证据。

（1）外部证据，是指产生于被审单位外部的审计证据。外部证据还可进一步分为两类：一是未经过被审单位的外部证据。未经过被审单位的外部证据是指由被审计单位以外的组织机构和人士编制，并由其直接交给审计人员的审计证据。如应收账款询证函回函、被审计单位的律师或其他独立专家出具的关于被审计单位或有负债的证明函件等。二是经过被审计单位的外部证据。经过被审单位的外部证据是指由被审计单位以外的机构或人士编制，但为被审计单位持有并提交给审计人员的审计证据。如银行对账单、购货发票、有关的契约合同等。外部证据虚构和篡改的可能性很小，又可以向有关方面进行查证，一般具有较强的证明力，是非常重要的审计证据。

（2）内部证据，是指产生于被审计单位内部的审计证据。如各种会计凭证、会计账簿、会计报表、各种是算平衡表和汇总表，管理当局声明书，重要的计划等。一般而言，内部证据产生于被审计单位内部，有被虚构和篡改的可能性，不如外部证据可靠，但如果内部证据在外部运转并获得其他单位或个人承认，则具有较强个可靠性，如销货发票、付款支票等。即使只在被审计单位内部运转，其可靠程度也因被审计单位内部控制的好坏而异；若内部证据经过了被审计单位不同部门的审核、签章，且所有凭据预先都有连续编号并按序号依次处理，则这些内部证据也具有较强的可靠性；相反，若被审计单位的内部控制不太健全，审计人员不能过分信赖其内部自制的审计证据。

（3）亲历证据，是指审计人员亲眼目睹或亲自在被审计单位执行某些活动而取得或编制的证据。如审计人员亲自参与盘点或监督盘点编制的盘点表，审计人员重新计算的被审计单位的成本，审计人员观察取得的关于被审计单位内部控制制度执行情况的证据。亲历证据一般具有较强的证明力，是一类非常重要的证据。

2. 审计证据按表现形态分类

按审计证据的表现形态分类，可以分为实物证据、书面证据、口头证据和环境证据。

（1）实物证据，是指审计人员通过实际观察、实地盘点等方法确定某些实物资产的存在性的证据。

实物证据主要有库存现金、有价证券、存货、固定资产等。例如，审计人员可以通过监督盘点的方式，对存货的数量加以验证。实物证据只能证明实物的存在性，但不能证明资产的所有权和资产计价的正确性。因此，还应就其所有权归属及其价值情况另行审计。实物证据是证明力最强的证据。

（2）书面证据，又叫基本证据，是指审计人员获取的各种以文件记录为形式的证据。书面证据是审计证据的主要组成部分，包括各种凭证、账簿、管理制度等。书面证据又分为三类：从被审计单位取得的书面证据；从被审计单位以外其他单位或个人取得的书面证据；审计人员自行编制的书面材料。书面证据是适用范围最广的审计证据，并具有比较强的证明力，但其证明力比实物证据差。

（3）口头证据，是被审计单位的有关人员对审计人员的提问所做口头答复形成的证据。在审计过程中，审计人员应将各种重要的口头证据尽快做成记录，并注明是何人、何时、在何种情况下所做的口头陈述，必要时还应获得被询问者的签名。口头证据的证明力较弱，一般可能带有个人成见和片面观点，其本身并不足以证明事实的真相，但它具有一定的旁证作用。审计人员往往可以通过审计证据发掘出一些重要线索，从而有利于对某些情况做进一步的调查，以搜集更为可靠的证据。

（4）环境证据，是指对被审计单位产生影响的各种环境事实。环境证据包括：被审计单位面临的外部环境；被审计单位的内部状况，即被审计单位的内部控制状况、被审计单位管理人员素质、各种管理条件和管理水平。环境证据不是基本证据，但有助于了解被审计单位的状况及其经济活动所处的环境。

（三）审计证据的特性

《中国注册会计审计准则 1301 号——审计证据》中指出："审计人员执行审计业务，应当在取得充分、适当的审计证据后，形成审计意见，出具审计报告。审计人员应当运用专业判断，确定审计证据是否充分、适当。"这里的充分和适当正是审计证据的两大特性。

1. 审计证据的充分性

审计证据的充分性又称足够性，是指审计证据的数量足以支持审计人员的审计意见，是审计人员为形成审计意见所需审计证据的最低数量要求。

客观公正的审计意见必须建立在有足够的数量的审计证据的基础上，但是并不是说审计证据的数量越多越好。为了使审计工作更有效率的进行，审计人员通常把需要足够数量审计证据的范围降低到最低限度。因此，每一审计项目对审计证据的需求量，以及取得这些证据的途径和方法，应当根据该项目的具体情况来定。在某些情况下，由于时间、空间或成本的限制，审计人员不能获取最为理想的审计证据时，可考虑通过其他的途径或用其他的审计证据来代替。审计人员只有通过不同的渠道和方法取得他认为足够的审计证据时，才能据以发表审计意见。

2. 审计证据的适当性

审计证据的适当性是指审计证据的相关性和可靠性。

（1）审计证据的相关性，是指审计证据应与审计目标相关联。审计人员只能利用与审计目的相关联的审计证据来证明和否定被审计单位所认定的事项。例如，存货监盘结果只能证明存货是否存在，是否有毁损及短缺，而不能证明存货的计价和所有权的情况。

（2）审计证据的可靠性，是指审计证据应能如实地反映客观事实。影响审计证据可靠性的因素包括：证据提供者的独立性；内部控制的有效性；审计证据的取得方式；证据提供者的资格；审计证据的客观程度。

审计证据的充分性和适当性密切相关。审计证据的适当性会影响其充分性。一般而言，审计证据的相关与可靠程度越高，则所需要的审计证据数量就可减少；反之，审计证据的数量就要相应增加。

（四）审计证据证明力及其影响因素

1. 审计证据证明力的含义

审计证据证明力是指审计证据证明被审计事项的能力。

一般来说，被审计单位对审计证据的支配力越小，其证明力就越强；反之，其证明力就越弱。审计人员了解不同种类审计证明力的强弱，有助于其在选择审计证据时做出正确的判断。

2. 审计证据证明力的影响因素

（1）相关性。审计证据与审计的具体目标相关性越强，其证明力也就越强。比如，测试存货的存在性目标，相关的审计证据是存货盘点表。

（2）可靠性。根据影响审计证据可靠性的因素，可以得出审计证据可靠性的具体判断标准：

① 书面证据比口头证据可靠。

② 外部证据比内部证据可靠，已获独立第三者确认的内部证据比未获独立第三者确认的内部证据可靠。

③ 审计人员自行获得的审计证据比由被审单位提供的审计证据可靠。

④ 内部控制较好时的内部证据比内部控制较差时的内部证据可靠。

⑤ 不同来源或不同性质的审计证据相互印证时，审计证据较为可靠；反之，若通过某一来源所获取的证据与通过其他来源所获取的证据不相一致，或者不同性质的证据相互矛盾时，则审计人员就需进一步审计。

另外，客观证据比主观证据可靠。

（3）充分性。影响审计证据充分性的因素，可以得出审计证据充分性的具体判断标准：

① 审计人员可接受的审计风险越高，需要的审计证据就越少。

② 被审计的项目越重要，需要的审计证据就越多。

③ 审计人员经验越丰富，需要的审计证据就越少。

④ 如果被审计单位存在舞弊行为，需要取得比较多的审计证据。

⑤ 来源于被审计单位之外的审计证据越多，需要的审计证据就可以少一些。

（4）及时性。审计证据的及时性，是指审计证据收集的时间以及审计证据所涵盖的时间区域。对资产负债表项目的审计，其证据时间越接近资产负债表日，及时性就越强。对利润表项目的审计，涉及整个会计期间的审计证据的及时性好于该会计期间中的某一时间段的证据。越及时的证据越可靠。

需指出的是，审计人员获取审计证据时，必须考虑成本效益原则，即以最小的成本获得具有一定证明力的审计证据。如果获取最理想的审计证据需花费高昂的审计成本，则审计人员可转而收集质量稍逊的其他证据予以替代，只要它仍满足审计目的要求。也就是说，考虑获取审计证据的成本效应原则，审计人员并不一定要选取最有力的审计证据。但需注意：对于重要的审计项目，审计人员不应以审计成本的高低或获取审计证据的难易程度作为减少必要审计程度的理由。

二、审计工作底稿的含义、种类和基本要素

（一）审计工作底稿的含义

审计工作底稿，是指审计人员在审计过程中形成的审计工作记录和获取的资料。它是对审计工作过程及其工作内容和工作结果的全面反映，是审计证据的汇集，可作为审计过程和结果的书面证明，也是形成审计结论的依据。

审计人员从接受审计任务，确立审计对象，到提出审计报告，要经历一个较长的过程。

这一过程实际上就是收集审计证据，编制审计工作底稿，进而做出审计结论的过程，而审计证据的收集过程同时又是审计工作底稿的编制和整理过程。开展审计工作都应该正确地编制审计工作底稿，这是高效率、高质量地完成审计任务的重要条件，也是审计人员业务素质和知识水平的具体体现。

（二）审计工作底稿的分类

根据审计工作底稿的性质和作用可将其分为综合类工作底稿、业务类工作底稿和备查类工作底稿。

1. 综合类工作底稿

综合类工作底稿，是指审计人员在审计计划阶段和审计报告阶段为规划、控制和总结整个审计工作，并为最终发表审计意见所形成的审计工作底稿。此类工作底稿包括：审计业务约定书、审计计划、审计总结、审计报告底稿、管理建议书等。

2. 业务类工作底稿

业务类工作底稿，是指审计人员在审计实施阶段为执行具体审计程序而形成的工作底稿。此类工作底稿包括：各类业务循环符合性测试工作底稿，各资产、负债、损益类项目实质性测试工作底稿，期后事项工作底稿等。

3. 备查类工作底稿

备查类工作底稿，是指对审计工作仅有备查作用的审计工作底稿。此类工作底稿包括：被审计单位的设立批准书、营业执照、章程、董事会会议纪要、重要的经济合同等。

（三）审计工作底稿的基本要素

审计工作底稿一般包括下列基本要素：

（1）被审计单位的名称。即会计报表的编制单位。若会计报表编制单位为某一集团的下属公司，则应同时写明下属公司的名称。

（2）审计项目名称。即某一会计报表项目名称或某一审计程序及实施对象的名称，如具体审计项目是某一分类会计科目，则应同时写明该分类会计科目。

（3）审计项目的时点或期间。即某一资产负债表项目名称的报告时点或某一损益类项目的报告期间。

（4）审计过程的记录。即审计人员的审计轨迹与专业判断的记录。通过这种记录，可以记载审计人员所实施的审计测试的性质、范围和样本选样等内容。

（5）审计标识及其说明。此内容项目的存在有利于检查和审阅工作底稿。

（6）审计结论。记录审计人员的专业判断，为支持审计意见提供依据。

（7）索引号及页次。索引号，是指审计人员为了便于审计工作底稿的分类、归类和引用，对某一审计事项的审计工作底稿以固定的标记和编码加以表示所产生的一种特定符号，其主要作用是方便审计工作底稿的分类检索和引用，并使分散的、活页式的审计工作底稿构成有机联系的审计档案。页次是在同一索引号下不同的审计工作底稿的顺序编号。

（8）编制者姓名及编制日期。

（9）复核者姓名及复核日期。

（10）其他应说明事项。

常用审计工作底稿如表 3 - 2 所示。

表 3 - 2　　　　**某会计师事务所审计差异汇总表——调整分类汇总表**

被审计单位名称：　　　　　　　　　　　　　　　　　　　索引号：

会计期间：　　　　　　　　　　　　　　　　　　　　　　单位：元

序号	索引号	调整原因	调整分录（金额）		资产负债表（金额）		损益表（金额）		被审计单位调整情况及未调整原因
			借方	贷方	借方	贷方	借方	贷方	
合计									

编制人员：　　　　编制日期：　　　　复核人员：　　　　复核日期：

第四节　内部控制评审

一、内部控制活动

控制活动，是指有助于确保管理层的指令得以执行的政策和程序。企业必须制定控制的政策和程序，并予以执行，以确保用以辨认并用以处理风险所必须采取的行动业已有效落实。控制活动的内容包括授权和批准、交易的有效性、完整性，记录的准确性、安全性和调整。

（一）授权和批准

交易处理的有效程序通常要对这些交易规定明确的授权和批准。公司的董事会拥有最终的权利，但通常仅限不动产、负债、股票以及类似的重大财务活动和投资活动。日常业务则由部门管理人员负债，由他们代表董事会对管理工作行使权利。管理当局对交易的授权可能是一般的授权，也可能是特定的授权。一般授权适用于经常发生的数额较大的交易，如赊购时的价格表和信用额度。特定授权适用于管理当局认为个别交易必须被批准的情况，如购物超过已确定的金额。批准就是检查已确立的授权条件得到满足的实际措施。

（二）职责划分

职责划分，是指对某项交易或活动涉及的各项职责进行合理划分，使每个人的工作能自动地检查另一个人或更多的工作。其基本目的在于避免任何职员担任不相容职务。不相容职务是指经营业务的授权、批准、执行和记录等，如完全由一个人或一个部门办理，发生错误与舞弊的可能性就会增大的两项或两项以上的职务。对不相容职务必须加以分离，注册会计师在评价被审单位的控制程序时，应当特别注意以下三项职务是否进行了分离。

　　（1）交易的记录与资产的保管相分离。例如，仓库部门填写请购单，采购部门发出订购单，会计部门记录采购的货物，验收部门验收已收到的货物，仓库部门负责保管货物。

　　（2）将不相容的会计职责进行划分。例如，出纳与会计的分离、总账和明细账必须由不同的人进行记录。

　　（3）将执行一项交易的不同步骤指派给不同的人来完成。例如，由企业高层管理当局核准投资业务，由高层负责人授权签批，由财务经理办理具体的股票或债券的买卖，由会计部门负责进行会计记录和财务处理，由专人保管股票或债券等。

（三）凭证和记录控制

　　它是指设计和使用适当的凭证，以确保交易和事项得以全面、完整、准确地记录。凭证和记录控制的一般要求：

　　（1）凭证预先连续编号。对凭证预先编号的目的是保证所有的交易均已记录且没有交易被重复记录。在预先连续编号的制度下，即使是作废的凭证也必须妥善保管。

　　（2）及时编制凭证记录已发生的交易和事项。编制的凭证应尽早送交会计部门，以便记录交易，登记账簿，并将已登记的凭证依序归档。凭证简单明了，书写清晰、不易被误解。在种类繁多的凭证和记录中，会计科目表和会计程序说明书尤为重要。因为会计科目表能提供适当分类的依据，而会计程序说明书包括对交易和过账的规定，这些规定与会计部门及时处理凭证有关。

（四）安全性

　　适当的安全控制包括实物保护、限制人员接触资产和会计记录，以及不相容职能的独立性。实物保护包括库房上锁、现有现金和有价证券的防火安全等措施。对会计记录和原始凭证的实物保护也是很重要的，项目的性质通常表明必要实物保护的不同程度，例如，钻石和煤炭保护方式是不同的。限制人员接触资产与会计记录可以明显表明权利和责任的分派情况。工作人员必须明白他们要做什么以及其他人要做什么，权利和责任必须落实到特定的个人身上。可以通过按组织结构图制订组织形式的计划和做出书面的工作描述来实现这一目标。职责划分是组织计划不可分割的一部分。职责划分通过限制欺骗和掩饰活动，减少了发生异常的机会，从而使控制得以实现。最基本的职责划分是使不同人员和部门分别承担资产保管和资产记录的责任。适当的职责划分产生了职能和责任的相互依赖，这就可能对会计责任进行测试。因此，如果财务部门有人试图做出不当的现金支付时，会计部门将现金记录和现金余额相比较，就会发现该笔不当支付并将其揭露。

（五）独立稽核

　　独立稽核，是指对已记录的交易和事项及其金额估价的正确性由具体经办人之外的独立人员进行验证。例如，通过编制银行存款余额调节表、库存现金盘点表及实物盘点报告表等，将现有资产与账面记录进行核对。

二、内部控制制度的评审

（一）了解内部控制制度

了解内部控制是审计人员考虑内部控制的首要步骤。为了确认可能发生潜在错报的种类以及导致错报发生的因素，审计人员需要了解内部控制，并对内部控制的状况作出评价。在编制审计计划时，审计人员应当了解被审计单位内部控制的设计和运行情况。审计人员在确定了解内部控制所实施审计程序的性质、时间和范围时，应当考虑下列因素：

（1）被审计单位经营规模及业务复杂程度。

（2）被审计单位数据处理系统类型及复杂程度。

（3）审计重要性。

（4）相关内部控制类型。

（5）相关内部控制的记录方式。

（6）固有风险的评估结果。

审计人员在了解内部控制时，应当合理利用以往的审计经验。对于重要的内部控制，通常还可实施以下程序：

① 询问被审单位有关人员，并查阅相关内部控制文件。

② 检查内部控制生成的文件和记录。

③ 观察被审计单位的业务活动和内部控制的运行情况。

④ 选择若干具有代表性的交易和事项进行穿行测试。

（二）描述内部控制制度

对被审计单位的内部控制进行调查了解后，应以适当的方式记入审计工作底稿。记录的方式通常有文字叙述法、调查表法及流程图法等方法，通过这些方法审计人员可以了解内部控制制度的状况，并形成书面资料，如材料采购业务内部控制调查表，见表3-3。

表3-3　　　　　　　　　　**材料采购业务内部控制调查表**

被调查单位：

调查日期：　　　　　　　　　　　　　　　　　　　调查人：

被调查人：　　　　　　　　工作底稿编号：　　　　　　复核人：

调查问题	调查结果						备注
	是	否	不适用	缺点		未实施	
				严重	较轻		
（1）材料采购计划是否经过批准							
（2）大宗材料的采购是否都签订供货合同							
（3）材料到货后是否经过严格质量检验							
（4）材料到货后是否经过严格的数量点收							

调查问题	调查结果						备注
				缺点			
	是	否	不适用	严重	较轻	未实施	
（5）发生数量缺少或质量不符时是否向有关部门查询							
（6）是否有专人催办查询结果							
（7）材料已到发票未到是否暂时代办保管							
（8）是否根据材料验收的结果承付货款							
（9）对已付款而长期不到货的材料是否有专人催办							
（10）材料有无整批买进又整批卖出的情况							
（11）有无为其他单位或个人代购材料的情况							
（12）有无为了收取回扣大量采购材料造成积压的情况							
（13）退货拒付是否按规定及时处理							

（三）控制风险的初步评价

控制风险是审计人员预期的内部控制不能防止和发现重大错报的可能性。在了解内部控制后，审计人员应根据体现在账户余额、交易类别和会计报表披露中的部分认定，评估其控制风险。审计人员应针对每一种主要业务的各项控制目标进行初步评价。对预期控制风险的描述可以采用高、中、低或定量概率。

审计人员首先要判断对特定的认定评估控制风险，是评估为最高水平，还是低于最高水平。在下列情况下，审计人员应将重要账户和交易类别的某些或全部认定的控制风险评估为最高水平：

（1）企业内部控制失效。

（2）难以对内部控制的有效性作出评价。

（3）审计人员不拟进行控制测试。

如果审计人员判定评估风险低于最高水平会更加方便和有效的话，审计方法应当作如下安排：首先，审计人员要确定于认定相关的内部控制政策和程序是否可以防止或发现这些认定中的重大错报；其次，进行控制测试以评价确认的政策和程序的效果，对会计报表意义重大的每一种账户余额或交易类别都要执行这两个步骤。

对某项会计报表认定而言，如果同时出现以下情况，审计人员则不应该评价其控制风险处于高水平：

① 相关的内部控制可能防止或发现和纠正重大错报或漏报；

② 审计人员拟进行控制测试。

（四）进行控制测试

审计人员应当研究和评价被审计单位的相关内部控制，据以确定实质性测试的性质、时间和范围。如果内部控制的可依赖程度很低或者根本不能依赖，审计人员应计划执行很小范围的控制测试，而执行更大范围的实质性测试。如果内部控制的可依赖程度很高，审计人员应执行更大范围的控制测试，而只执行有限的实质性测试。如果内部控制的可信赖程度既不是最低也不是最高，审计人员就需要根据职业判断，实施适当程度的控制测试。

审计人员在了解和初步评价内部控制后，应只对那些准备信赖的内部控制测试，并且只有当信赖内部控制而减少的实质性测试的工作量大于控制测试的工作量时，控制测试才是必要的和经济的。审计人员必须获得足够的审计证据以支持某一认定控制风险的评估水平。如果评估控制风险低于最高水平，审计人员已经确认特定的内部控制政策和程序将能够发现该认定的错报，他必须通过控制测试获得必要的证据来证实这些政策和程序的设计是有效的，政策和程序的运行也是有效的。

根据控制测试的目的和作用，可以把控制测试分为以下两类：

1. 证明内部控制设计有效性的测试

这些测试用于帮助评价被审单位是否恰当地设计政策和程序以防止或发现特定认定中的重大错报。测试的程序一般包括询问客户工作人员、查阅客户凭证和报告、观察特定内部控制政策和程序的运用。如果内部控制程度复杂，这些测试可以通过流程图或调查表来进行。

2. 证明内部控制运行有效性的测试

这些测试涉及政策和程序如何运用、在审计期间是否持续运行以及由谁来执行等问题。测试的程序一般包括询问客户工作人员、查阅客户政策和程序运行情况的凭证或报告、观察政策和程序的运行情况、由审计人员重新操作使用政策和程序。

从理论上讲，控制测试的范围越大，所能提供的有关控制政策和程序执行有效性的证据就越充分。在审计实务中，审计人员执行控制测试的范围并不是越大越好，而是要求审计人员从最经济有效地实现审计目标的总体需要出发，合理地确定测试的范围。控制测试的范围直接受审计人员计划控制风险估计水平的影响。计划控制风险估计水平低时，比计划控制风险估计水平为中等时需要更多的控制测试证据。出现下列情况之一时，审计人员可不进行控制测试，而直接实施实质性测试程序：

（1）相关内部控制不存在。

（2）相关内部控制虽然存在，但审计人员通过了解发现其并未有效运行。

（3）控制测试的工作量可能大于进行控制测试所减少的实质性测试的工作量。

（五）对内部控制制度的总体有效性进行评价

审计人员在完成对被审计单位内部控制制度的健全性调查、符合性测试之后应根据获取的证据资料，对被审计单位内部控制制度的风险水平作出总体评价。

内部控制制度的风险水平是指被审计单位的内部控制制度不能发现或防止重大错误的可能性的高低。它与内部控制制度的可信赖程度成反比，一般而言，可信赖程度越高，风险水平越低；可信赖程度越低，风险水平越高。内部控制系统的评价结果可分为三种类型，与之相对应的内部控制系统的风险水平也可划分为三个等级，其对实施审计有不同影响：

1. 高信赖程度（低度控制风险）

它指企业具有健全、合理的内部控制，并且均能有效地发挥作用。所以，经济业务和会计记录发生差错的可能性很小。审计人员可以较多地依赖、利用内部控制，相应减少实质性测试的数量和范围，节约审计资源，提高审计效率。

2. 中信赖程度（中度控制风险）

它指企业内部控制较好，但存在一定的缺陷或薄弱环节，在一定程度上影响会计记录的真实性和可靠性。审计人员应扩大内部控制制度的测试范围，增加抽样样本数量，或增加会计报表项目真实性审计的数量。

3. 低信赖程度

它指重要的内部控制明显失效，部分经济业务和会计记录失控，各项资料和数据经常出现差错，从而导致内部控制制度难以信赖和利用。在这种情况下，审计人员应扩大对经济业务和会计报表项目实施实质性测试的数量和范围，以获取足够的审计证据，编写审计报告。情况严重时，可考虑除审计业务约定。

下 篇

审计实务

销售与收款循环的审计

【知识目标】

◆ 了解销售与收款循环的特性。

◆ 了解销售与收款循环涉及的主要账户和会计记录。

◆ 了解销售与收款循环内部控制规范的要求。

◆ 了解销售与收款循环审计目标和实质性程序。

【能力目标】

◆ 能对销售交易进行控制测试。

◆ 能对营业收入、应收账款、应收票据、预收账款、应交税费、营业税金及附加、销售费用账户实施实质性程序。

◆ 能正确填写销售循环业务审计工作底稿。

【引例】

东方不败的神话①

东方电子（股票代码 000682）是由烟台东方电子信息产业集团公司作为独家发起人，于 1993 年 3 月采用定向募集方式设立的。公司于 1994 年 1 月正式创立，总股本 5 800 万元，每股面值 1 元，发行价 1.60 元。其中国家股 2 200 万股，社会法人股 150 万股，1 月 8 日至 10 日三天向内部职工定向募集内部职工股 3 450 万股。1996 年 12 月 17 日，经中国证监会批准，东方电子向社会公开发行 1 030 万股，发行价 7.88 元，总股本变为 6 830 万股，其中国家股 2 200 万股，社会法人股 150 万股，社会公众股 1 720 万股（包括原内部职工股 690 万股），内部职工股 2 760 万股。1997 年 1 月 21 日，公司 1 720 万股社会公众股在深交所挂牌上市，其余的内部职工股 2 760 万股，三年后上市交易。

根据东方电子公告的数字显示，自 1997 年 1 月 21 日上市以来，东方电子股本连年高速扩张，1996 年度每 10 股送 4 股转增 6 股，1997 年度每 10 股配 1.667 股，1998 年中期每 10 股送 8 股，1999 年中期和年终连续推出每 10 股送 6 股转增 4 股和每 10 股送 2.5 股转增 3.5 股。而在股本大比例扩张的基础上，公司业绩与股本扩张保持了同步增长，其业绩表现如表 1-1 所示，创造了东方电子的神话。

---

① 本案例引自东方电子财务报表审计失败的认定分析：http://www.cnnsr.com.cn/jtym/swk/20080709/20080709ll095645951.shtml

表 1 – 1   1997 ~ 2000 年东方电子的业绩表现

项 目	1997 年	1998 年	1999 年	2000 年
主营业务收入（亿元）	2.37	4.50	8.56	13.75
主营业务毛利率（%）	47.3	47.3	52.9	47.1
每股收益（元）	0.51	0.56	0.53	0.52

对优良业绩的质疑：

伴随着东方电子的高速增长，出现了许多质疑声。

1. 不现实的收入与利润增长。

东方电子对外称公司涉足电力、通信、计算机行业，但真正能够给东方电子带来丰厚利润的却是其主业——电网调度自动化。在调度自动化行业中，清华大学、电科院、南端、东方电子等几十家企业从事此项业务，东方电子根本不可能占有半壁江山。1998 年以后，中国高压电网自动化改造业务的一般利润率在 10% ~ 30%，而农村电网自动化改造业务的一般利润率在 8% ~ 10%，但东方电子 1997 ~ 2000 年电网自动化改造业务的利润率在 48.65%。

2. 惊人的存款数额。

东方电子从 1999 年配股完成后，存款数额一直很惊人：1999 年为 6 亿多元，2000 年为 8 亿多元，2001 年上半年存款余额还有 5.5 亿元。同时，其贷款和融资需求也很旺盛。

查证的事实：

2001 年 7 月，中国证监会对东方电子展开调查，9 月 7 日，东方电子披露正在接受证监会检查，11 月 8 日，东方电子发布因重大会计差错可能导致经营业绩下滑的风险预警公告。

经查证，1997 年 4 月至 2001 年 6 月，东方电子先后利用公司购买的 1 044 万股内部职工股的股票收益和投入资金 6.8 亿元炒股票的收益，共计 17.08 亿元，通过虚开销售发票、伪造销售合同等手段，将其中的 15.95 亿元记入"主营业务收入"，虚构业绩。

东方电子如何虚构收入的呢？东方电子上市后，每年初都制订一个年增长速度在 50%以上的发展计划和利润目标，而按公司的实际生产情况，是不可能完成的，于是在每年年中和年底，东方电子都会根据实际完成情况与计划目标的差异，由抛售股票收入来弥补。

1. 证券部负责抛售股票提供资金。公司从 1998 年开始抛售持有的内部职工股，一直到 2001 年 8 月份，每年抛售的时间大约都集中在中期报告和年度报告披露前，每次抛售的数量由公司业绩的需要而定。证券公司抛售股票，并将所得收入转入公司在银行的账户。

2. 公司经营销售部门负责伪造合同与发票。销售部门人员采取修改客户合同、私刻客户印章，向客户索要空白合同、粘贴复印伪造合同等四种手段，从 1997 年开始，先后伪造销售合同 1 242 份，合同金额 17.2968 亿元，虚开销售发票 2 079 张，金额 17.0823 亿元。同时为了应付审计，销售部门还伪造客户的函证。

3. 公司财务部负责拆分资金和做假账。为掩盖资金的真实来源，方跃等通过在烟台某银行南大街分理处设立的东方电子户头、账户，在该行工作人员配合下，中转、拆分由证券公司所得的收入，并根据伪造的客户合同、发票，伪造了 1 509 份银行进账单，以及相应的对账单，金额共计 17.0475 亿元。

4. 销售部门人员与个别客户串通，通过向客户汇款，再由客户汇回的方式，虚增销售收入。

违规的黑幕：

1994 年 1 月 9 日，即定向募集第二天，时任公司董事长兼总经理的隋元柏与当时负责股票发行的董事会秘书高峰等人商议，由公司自己购买部分内部职工股，减小公司分红压力。于是，隋元柏就让当时的财务处负责人以烟台振东高新技术发展公司名义购买公司内部职工股 1 000 万股，每股价格为 1.6 元。

烟台振东高新技术发展公司是专门为购买内部职工股成立的一家空壳公司，属于东方集团的全资公司，注册资本 52 万元，主要管理人员均为东方电子职工。该公司在购买股票时尚未成立，购买股票所需资金是以东方电子的名义在银行借贷的 1 600 万元。1996 年东方电子报送社会公开发行股票的材料时，按照国家有关政策规定，需要对公司当时存在的"二化"现象（法人股个人化、内部职工股社会化）进行规范。隋元柏、高峰找到担任股票主承销商的烟台某证券公司老总商量对策，决定将 1 000 万股内部职工股过户至个人账户。隋元柏从老家山东文登收集了 40 个身份证，在原山东证券公司北马路营业部开立了 40 个自然人账户，将振东公司持有的 1 000 万股内部职工股分别过户至这 40 个自然人账户中。此后，为了奖励部分优秀职工，东方电子在 1996 年前从市场上另行购买了 44 万股内部职工股。为处理好这部分股票，由高峰回老家龙口，收集了 4 个身份证，在山东证券公司北马路营业部开立账户，将 44 万股内部职工股过户至这些个人名下，此后分散在 44 个人账户中的 1044 万股内部职工股，交由公司证券部掌管，此事在公司内部只有隋元柏、高峰等极少数人知情。

在 1997 年东方电子上市前，隋元柏、高峰等看准东方电子盘子小，流动性强，具有较大的升值空间，在 1997 年 1 月 20 日（即公司股票挂牌交易的前一天），隋元柏指使财务人员将公司自有资金 5 000 多万元打进了公司掌控的上述 44 个账户中。1 月 24 日（也即公司股票上市流通的第 2 个交易日）买入了 200 多万股。该批股票于当年 11 月底抛出，获利 5 000 多万元，全部计入了当年主营业务收入，为当年大比例分红送股打下基础。

审计情况：

1997～2000 年东方电子的年报审计均为山东烟台乾聚会计师事务所（烟台市唯一一家具有证券期货审计资格的会计师事务所），出具的均为无保留意见的审计报告。

2001 年山东乾聚会计师事务所对东方电子出具了保留意见的审计报告。该报告称，"贵公司于 2001 年 9 月开始接受中国证监会的调查，调查结果尚未公布。公司将近几年出售股票收入作为重大会计差错更正，将全部收入扣除税收以外的其他部分暂挂'其他应付款'科目，待证监会的处理决定下达后再行调整。对上述收入的取得及其涉及的金额，我们无法核实"。

东方电子为什么虚构收入？东方电子虚构收入的手段与其他收入造假手段的不同及其隐蔽性？有人认为东方电子把出售初始股票收益转为收入，既有现金流入，又有销售发票、销售合同等，可谓账证齐全、账钱相符，利用检查原始凭证等常规审计程序很难查出，应该如何查证？

任务 1　销售与收款循环的内部控制与控制测试

1.1.1　销售与收款循环的内部控制

1. 销售与收款业务的特性及控制程序

销售与收款循环的业务特性主要包括两部分内容：一是本循环涉及的主要凭证与会计记录；二是本循环涉及的主要业务活动。

典型的销售与收款业务活动所涉及的凭证、记录和控制程序如表 1 - 2 所示。

表 1 - 2　销售与收款循环中主要业务活动及对应的凭证、记录和控制程序

主要业务活动	涉及的凭证及记录	相关的主要部门	相关的认定	重要控制程序
（1）接受客户订购单	客户订购单、销售单	销售单管理部门	销售交易的发生	客户名单已被授权审批
（2）批准赊销信用	销售单	信用管理部门	应收账款净额的计价和分摊	信用部门签署意见，目的是降低坏账风险
（3）按销售单供货	销售单	仓库	销售交易的发生、完整性	防止仓库在未经授权的情况下擅自发货
（4）按销售单装运货物	发运凭证	装运部门	销售交易的发生、完整性	避免负责装运货物的职员在未经授权的情况下装运产品
（5）向客户开具账单	销售单、装运凭证、商品价目表、销售发票	开具账单部门	销售交易的完整性、发生、准确性	确保销售发票的正确性
（6）记录销售业务	销售发票及附件、转账凭证、现金及银行存款收款凭证、应收账款明细账、销售明细账、现金及银行存款明细账、客户月末对账单	会计部门	发生、完整性、计价和分摊	主要关心销售发票是否记录正确，并归属适当的会计期间
（7）办理和记录现金、银行存款收入	汇款通知单、收款凭证、现金日记账、银行存款日记账、应收账款明细账	会计部门	发生、完整性、计价和分摊	最应关心的是货币资金失窃的可能性
（8）办理和记录销货退回、折扣与折让	贷项通知单	会计部门、仓库	发生、计价和分摊、完整性	必须授权批准，控制实物流和会计处理
（9）注销坏账与提取坏账准备	坏账审批表	赊销部门、会计部门	计价和分摊	应该获取货款无法收回的确凿证据，适当审批

2. 销售交易的内部控制目标、内部控制与控制测试的关系

销售交易的内部控制目标、内部控制与控制测试的关系如表1－3所示。

表1－3　　　　　　　销售交易的控制目标、关键内部控制和测试一览表

内部控制目标	关键内部控制	常用的控制测试
登记入账的销售交易确系已经发货给真实的客户（发生）	销售交易是以经过审核的发运凭证及经过批准的客户订购单为依据登记入账的 在发货前，客户的赊购已经被授权批准销售发票均经事先编号，并已恰当地登记入账 每月向客户寄送对账单，对客户提出的意见做专门追查	检查销售发票副联是否附有发运凭证（或提货单）及客户订购单检查客户的赊购是否经授权批准检查销售发票连续编号的完整性观察是否寄发对账单，并检查客户回函档案
所有销售交易均已登记入账（完整性）	发运凭证（或提货单）均经事先编号并已经登记入账 销售发票均经事先编号，并已登记入账	检查发运凭证连续编号的完整性 检查销售发票连续编号的完整性
登记入账的销售数量确系已发货的数量，已正确开具账单并登记入账（计价和分摊）	销售价格、付款条件、运费和销售折扣的确定已经适当的授权批准 由独立人员对销售发票的编制做内部核查	检查销售发票是否经适当的授权批准 检查有关凭证上的内部核查标记
销售交易的分类恰当（分类）	采用适当的会计科目表 内部复核和核查	检查会计科目表是否适当 检查有关凭证上内部复核和核查的标记
销售交易的记录及时（截止）	采用尽量能在销售发生时开具收款账单和登记入账的控制方法 内部核查	检查尚未开具收款账单的发货和尚未登记入账的销售交易 检查有关凭证上内部核查的标记
销售交易已经正确地记入明细账，并经正确汇总（准确性、计价和分摊）	每月定期给客户寄送对账单 由独立人员对应收账款明细账做内部核查 将应收款明细账余额合计数与其总账余额进行比较	观察对账单是否已经寄出 检查内部核查标记 检查将应收款明细账余额合计数与其总账余额进行比较的标记

由于被审计单位所处行业不同、规模不一、内部控制制度的健全程度和执行结果不同，以前期间接受审计的情况也各不相同；又由于受审计时间审计成本的限制，注册会计师除了确保审计质量、审计效果外，还必须提高审计效率，尽可能地消除重复的测试程序，保证检查某一凭证时能够一次完成对该凭证的全部审计测试程序，并按最有效的顺序实施审计测试。因此，在具体审计时，注册会计师应当结合被审计单位的情况，运用职业判断和审计抽样技术来合理确定审计测试的样本量。

3. 收款交易的内部控制目标、内部控制与控制测试的关系

以现金销售交易为例，收款交易的内部控制目标、内部控制与控制测试的关系如表1-4所示。

表1-4 收款交易的内部控制目标、关键内部控制和控制测试一览表

内部控制目标	关键内部控制	常用的控制测试
登记入账的现金收入确实为企业已经实际收到的现金（存在或发生）	现金折扣必须经过适当的审批手续	观察 检查现金折扣是否经过恰当的审批
收到的现金收入已全部登记入账（完整性）	现金出纳与现金记账的职务分离 每日及时记录现金收入 定期向客户寄送对账单 现金收入记录的内部复核	观察 检查是否存在未入账的现金收入 检查是否向客户寄送对账单，了解是否定期进行 检查复核标记
已经收到的现金确实为企业所有（权利和义务）	定期盘点现金并与账面余额核对	检查是否定期盘点，检查盘点记录
每月核对实际收到的现金和登记入账的现金是否相符（计价与分摊）	定期取得银行对账单 编制银行存款余额调节表	检查银行对账单 检查银行存款余额调节表
现金收入在资产负债表中的披露正确（列报）	现金日记账与总账的登记职责分离	观察

1.1.2 销售与收款循环的控制测试

如果在评估认定层次重大错报风险时预期控制的运行是有效的，注册会计师应当实施控制测试，就控制在相关期间或时点的运行有效性获取充分/适当的审计证据。

1. 销售与收款交易实施控制时应注意的问题

（1）注册会计师应把测试重点放在被审计单位是否设计了由人工执行或计算机系统运行的更高水平的调节和比对控制，是否生成例外报告，管理层是否及时调查并采取措施，而不是全部只测试员工执行数据输入的预防性控制。

（2）注册会计师应当询问管理层用于监控销售与收款交易的关键业绩指标，如销售额和毛利率预算、应收账款平均收款期等。

（3）注册会计师应当考虑通过执行分析程序和截止测试，可以对应收账款的存在、准确性和计价等认定获取多大程度的保证。如果能够获得充分保证，则意味着不需要执行大量的控制测试。

（4）如果情况允许并且希望将固有风险和控制风险的组合（即重大错报风险）评估为低，注册会计师需要对被审计单位重要的控制，尤其是对易出现高舞弊风险的现金收款和存储的控制的有效运行进行测试。因为这些控制大多采取人工控制。注册会计师主要的审计程序可能包括观察控制的执行，检查每日现金汇总表上是否有执行比对控制的员工的签名，询问针对不一致的情况所采取的措施。

（5）如果注册会计师计划信赖的内部控制是由计算机执行的，那么需要就下列事项获取审计证据：相关一般控制的设计和运行的有效性；认定层次控制的特定应用，如收款折扣的计算；采用人工控制的后续措施，如将打印输出的现金收入日记账与对应的由银行盖章的存款记录进行比对，以及根据银行存款对账单按月调节现金收入日记账。

（6）在控制风险被评估为低时，注册会计师需要考虑评估的控制要素的所有方面和控制测试的结果，以便能够得出这样的结论：控制能够实施有效的管理，并发现和纠正重大错误和舞弊。

如果将固有风险和控制风险评估为中或高，注册会计师可能仅仅需要在对控制活动的处理情况进行询问时记录对控制活动的了解，并检查已实施控制的相关证据。

（7）如果在期中实施了控制测试，注册会计师应当在年末审计时选择项目测试控制在剩余期间的运行情况，以保证控制在整个会计期间持续运行有效。

（8）控制测试所使用的审计程序的类型主要包括询问、观察、检查、重新执行和穿行测试等。注册会计师应当根据特定控制的性质选择所需实施审计程序的类型。

上述有关实施销售与收款循环的控制测试时的基本要求，就其原理而言，对其他业务循环的控制测试同样适用，因此，在后面讨论其他业务循环的控制测试时将不再重复。

2. 以内部控制目标为起点的控制测试

在表1-2和表1-3中，以内部控制目标和相关认定为起点，列示了相应的关键内部控制和常用控制测试程序，并就销售与收款交易的内部控制结合上述表格进行了讨论。表1-5列示了销售与收款交易内部控制相应的测试方法。

表1-5　　　　　　　　　销售与收款交易内部控制相应的测试方法

内部控制	测试方法
（1）职责分离	观察被审计单位有关人员的活动，以及与这些人员进行讨论
（2）授权审批	检查凭证：①在销售发生之前，赊销是否已经正确审批；②非经正当审批，是否发出货物；③销售价格、销售条件、运费、折扣等必须是否经过审批；④是否超越审批权限
（3）充分的凭证和记录以及凭证预先编号	清点各种凭证。例如，从主营业务收入明细账中选取样本，追查至相应的销售发票存根，进而检查其编号是否连续，有无不正常的缺号发票和重号发票
（4）按月寄出对账单	观察指定人员寄送对账单并检查客户复函档案
（5）内部核查程序	检查内部注册会计师的报告，或检查其他独立人员在他们核查的凭证上的签字等

1.1.3　销售与收款循环内部控制工作底稿

销售与收款循环内部控制工作底稿参考格式如下：

我们采用询问、观察和检查等方法，了解并记录了销售与收款循环的主要控制流程，并已与×××、×××等确认下列所述内容。

1. 有关职责分工的政策和程序

```
                                                                    
```

注：此处应记录被审计单位的有关职责分工的政策和程序，并评价其是否有助于建立有效的内部控制。

2. 主要业务活动介绍

```
                                                                    
```

注：此处应记录对本循环主要业务活动的了解。例如，被审计单位主要销售内容和销售方式、相关文件记录、对销售与收款政策的制定和修改程序、对职责分工政策的制定和修改程序等。

（1）销售：

```
                                                                    
```

注：①此处应记录对被审计单位接受订单、审批、销售流程的了解。例如，订单的接受与审批、赊销申请的处理、销售合同的订立和授权、销售合同管理等。②存货发出环节控制活动记录于生产与仓储循环的审计工作底稿。

（2）确认、记录应收账款：

```
                                                                    
```

注：此处应记录对存货发出后至应收账款确认、记录流程的了解。例如，发票的开具和核对、核对及差异处理、单据流转及核对、与客户对账、应收账款调整及计提坏账准备等。

（3）记录税金：

```
                                                                    
```

注：此处应记录对税金的确认、申报、缴纳流程的了解。

（4）收款：

```
                                                                    
```

注：此处应记录对收款业务流程的了解。例如，收款的记录、收款方式、应收票据的取得和贴现以及期末对收款情况的监控等。

（5）维护客户档案：

```
                                                                    
```

注：①此处应记录对客户档案维护流程的了解。例如，维护申请、审批、处理以及期末审核等。②客户档案是指记录经批准的客户详细信息的文件，包括客户名称、银行账户、收货地址、邮寄地址、联系方式、赊销信用额度、收款折扣条件以及过去期间的交易情况等。

注册会计师根据前述方法了解到的销售与收款循环内部主要控制流程，及其对该循环业务活动控制穿行测试的状况，填写如表1-6所示的工作底稿。

表 1-6　　　　　　　**销售与收款循环控制执行情况的评价结果**

被审计单位：　　　　项目：风险评估　　　编制：　　　日期：　　　索引号：

财务报表截止日期/期间：　　　　复核：　　　日期：

主要业务活动	控制目标	受影响的相关交易和账户余额及其认定	被审计单位的控制活动	控制活动对实现控制目标是否有效（是/否）	控制活动是否得到执行（是/否）	是否测试该控制活动运行有效性（是/否）
销售	（1）仅接受在信用额度内的订单	应收账款计价和分摊	如果是新客户，销售经理＿＿＿将对其进行客户背景调查，获取包括信用评审机构对客户信用等级的评定报告等，填写"新客户基本情况表"，并附相关资料交至信用管理经理＿＿＿审批。信用管理经理＿＿＿将在"新客户基本情况表"上签字注明是否同意赊销。通常情况下，给予新客户的信用额度不超过人民币＿＿＿元；若高于该标准，应经总经理＿＿＿审批如果是现有客户，业务员＿＿＿将订单金额与该客户已被授权的信用额度以及至今尚欠的账款余额进行检查，经销售经理＿＿＿审批后，交至副总经理复核。如果是超过信用额度的采购订单，应由总经理审批			
	（2）管理层核准销售订单的价格、条件	应收账款：存在主营业务收入：发生	对于新客户的初次订单，不允许超过经审批的信用额度。如新客户能够及时支付货款，信用良好，则可视同"现有客户"进行交易收到现有客户的采购订单后，业务员＿＿＿将订单金额与该客户已被授权的信用额度以及至今尚欠的账款余额进行检查，经销售经理＿＿＿审批后，交至副总经理＿＿＿复核。如果是超过信用额度的采购订单，应由总经理＿＿＿审批			
	（3）已记录的销售订单的内容准确	应收账款：计价和分摊主营业务收入：准确性、分类	信息管理员＿＿＿负责将客户采购订单和销售合同信息输入新中大系统，由系统自动生成连续编号的销售订单（此时系统显示为"待处理"状态）。每周，信息管理员＿＿＿核对本周内生成的销售订单，对任何不连续编号的情况将进行检查，每周应收账款记账员＿＿＿汇总本周内所有签订的销售合同，并与销售订单核对，编制销售信息报告。如果有不符，应收账款记账员＿＿＿通知信息管理员＿＿＿，与其共同调查该事项			
	（4）销售订单均已得到处理	应收账款：完整性主营业务收入：完整性	信息管理员＿＿＿负责将客户采购订单和销售合同信息输入新中大系统，由系统自动生成连续编号的销售订单（此时系统显示为"待处理"状态）每周，信息管理员＿＿＿核对本周内生成的销售订单，对任何不连续编号的情况将进行检查			

主要业务活动	控制目标	受影响的相关交易和账户余额及其认定	被审计单位的控制活动	控制活动对实现控制目标是否有效（是/否）	控制活动是否得到执行（是/否）	是否测试该控制活动运行有效性（是/否）
记录应收账款	（1）已记录的销售均确已发出货物	应收账款：存在、权利和义务　主营业务收入：发生	船运公司在货船离岸后，开出货运提单，通知公司货物离岸时间，信息管理员 将商品离岸信息输入系统，系统内的销售订单状态由"已完工"自动更改为"已离岸"应收账款记账员_____根据系统显示的"已离岸"销售订单信息，将销售发票所载信息和报关单、货运提单等进行核对。如果所有单证核对一致，应收账款记账员_____在发票上加盖"相符"印戳并将有关信息输入系统，此时系统内的采购订单状态即由"已离岸"自动更改为"已处理"			
	（2）已记录的销售交易计价准确	应收账款：计价和分摊主营业务收入：准确性、分类	月末，会计主管_____编制应收账款账龄报告，其内容还应包括应收账款总额与应收账款明细账合计数以及应收账款明细账与客户对账单的核对情况。如果有差异，会计主管_____将立即进行调查			
	（3）与销售货物相关的权利均已记录至应收账款	应收账款：完整性	信息管理员_____根据系统显示的"已完工"销售订单信息和销售合同约定的交货日期，开具连续编号的销货发票（出口发票一式六联发票）交销售经理审核，发票存根联由销售部留存，其他联次分别用于报关、出口押汇、税务核销、外汇核销以及财务记账等			
		主营业务收入：完整性	应收账款记账员_____根据系统显示的"已离岸"销售订单信息，将销售发票所载信息和报关单、货运提单等进行核对。如果所有单证核对一致，应收账款记账员_____在发票上加盖"相符"印戳并将有关信息输入系统，此时系统内的采购订单状态即由"已离岸"自动更改为"已处理"			
	（4）销售货物交易均已于适当期间进行记录	应收账款：存在、完整性主营业务收入：截止	如果期末存在商品已经发出尚未离岸，则应收账款记账员_____根据货运提单等单证记录应收账款，并于下月月初冲回，当系统显示"已离岸"销售订单信息时，记录销售收入实现			

主要业务活动	控制目标	受影响的相关交易和账户余额及其认定	被审计单位的控制活动	控制活动对实现控制目标是否有效（是/否）	控制活动是否得到执行（是/否）	是否测试该控制活动运行有效性（是/否）
记录应收账款	（5）已记录的销售退回、折扣与折让均为真实发生的	应收账款：完整性　　主营业务收入：完整性	公司销售业务系以＿＿＿＿销售为主，与客户签订的销售合同中不允许退货，若发生质量纠纷，应采取索赔方式，根据双方确定的金额调整应收账款。业务员＿＿＿＿接到客户的索赔传真件等资料后，编制连续编号的客户索赔处理表，交至生产部门和技术部门，由生产经理＿＿＿＿技术经理＿＿＿＿确定是否确属产品质量问题，并签字确认。如果确属公司的责任，应收账款记账员＿＿＿＿在客户索赔处理表注明货款结算情况。对于索赔金额不超过人民币元＿＿＿＿的，由销售经理＿＿＿＿批准；如超过该标准，应经总经理＿＿＿＿审批			
	（6）已发生的销售退回、折扣与折让均确已记录	应收账款：存在　　主营业务收入：发生	月末，会计主管＿＿＿＿编制应收账款账龄报告，其内容还应包括应收账款总额与应收账款明细账合计数以及应收账款明细账与客户对账单的核对情况。如果有差异，会计主管将立即进行调查			
	（7）已发生的销售退回、折扣与折让均于恰当期间进行记录	主营业务收入：截止	应收账款记账员＿＿＿＿编制应收账款调整分录，后附经适当审批的客户索赔处理表，交会计主管＿＿＿＿复核后进行账务处理			
	（8）已发生的销售退回、折扣与折让均确已准确记录	应收账款：计价和分摊　　主营业务收入：准确性、分类	业务员＿＿＿＿接到客户的索赔传真件等资料后，编制连续编号的客户索赔处理表，交至生产部门和技术部门，由生产经理＿＿＿＿、技术经理＿＿＿＿确定是否确属产品质量问题，并签字确认。如确属×××公司的责任，应收账款记账员＿＿＿＿在客户索赔处理表中注明货款结算情况。对于索赔金额不超过人民币＿＿＿＿元的，由销售经理＿＿＿＿批准；如超过该标准，应经总经理＿＿＿＿审批			

主要业务活动	控制目标	受影响的相关交易和账户余额及其认定	被审计单位的控制活动	控制活动对实现控制目标是否有效（是/否）	控制活动是否得到执行（是/否）	是否测试该控制活动运行有效性（是/否）
记录应收账款	（9）准确计提坏账准备和核销坏账，并记录于恰当期间	应收账款：存在、完整性、权利和义务	公司董事会制定并批准了应收账款坏账准备计提方法和计提比例的会计估计每年年末，销售经理_____根据以往的经验、债务单位的实际财务状况和现金流量的情况，以及其他相关信息，编写应收账款可收回性分析报告，交财务部复核			
		坏账准备：计价和分摊、完整性、存在	会计主管_____根据应收账款可收回性分析报告，分析坏账准备的计提比例是否较原先的估计发生较大变化。如果发生较大变化，会计主管_____编写会计估计变更建议，经财务经理_____复核后报董事会批准公司坏账准备由系统自动计算生成，对于需要计提特别坏账准备以及拟核销的坏账，由业务员_____填写连续编号的坏账变更申请表，并附客户破产等相关资料，经销售经理_____审批后，金额在_____元以下的，由财务经理审批；金额在_____元以上的，由总经理_____审批；应收账款记账员_____根据经适当批准的更改申请表进行账务处理			
收款	（1）收款是真实发生的	应收账款：完整性、权利和义务	信用证到期或收到客户已付款通知，由出纳员前往银行办理托收。款项收妥后，应收账款记账员_____将编制收款凭证，并附相关单证，如银行结汇单、银行到款通知单等，提交会计主管_____复核。在完成对收款凭证及相关单证的复核后，会计主管_____在收款凭证上签字作为审批证据，并在所有单证上加盖"核销"印戳			
	（2）准确记录收款	应收账款：计价和分摊	应收账款记账员_____将编制收款凭证，并附相关单证，如银行结汇单、银行到款通知单等，提交会计主管_____复核。在完成对收款凭证及相关单证的复核后，会计主管_____在收款凭证上签字，作为复核证据，并在所有支持文件上加盖"核销"印戳，出纳员根据经复核无误的收款凭证及时登记现金和银行存款日记账			
	（3）收款均已记录	应收账款：完整性	每月月末，由会计主管指定出纳员_____以外的人员核对银行存款日记账和银行对账单，编制银行存款余额调节表，并提交给财务经理_____复核，财务经理_____在银行存款余额调节表中签字作为其复核的证据			

续表

主要业务活动	控制目标	受影响的相关交易和账户余额及其认定	被审计单位的控制活动	控制活动对实现控制目标是否有效（是/否）	控制活动是否得到执行（是/否）	是否测试该控制活动运行有效性（是/否）
收款	（4）收款均已于恰当期间进行记录	应收账款：存在、完整性	每月月末，由会计主管指定出纳员_____以外的人员核对银行存款日记账和银行对账单，编制银行存款余额调节表，并提交给财务经理_____复核，财务经理在银行存款余额调节表中签字作为其复核的证据			
	（5）监督应收账款及时收回	应收账款：权利和义务	月末，会计主管_____编制应收账款账龄报告			
维护客户档案	（1）对客户档案变更均为真实、有效的	应收账款：完整性、存在 主营业务收入：完整性、发生	信息管理员_____负责对更改申请表预先连续编配号码并在系统内进行更改财务经理_____核对月度客户更改信息报告、检查实际更改情况和更改申请表是否一致、所有变更是否得到适当审批以及编号记录表是否正确，在月度客户信息更改报告和编号记录表上签字作为复核的证据。如果发现任何异常情况，将进一步调查处理			
	（2）对客户档案变更均为准确的	应收账款：计价和分摊 主营业务收入：准确性、分类	如果需对系统内的客户信息做出修改，业务员_____填写更改申请表，经销售经理_____审批后交信息管理员_____负责对更改申请表预先连续编配号码并在系统内进行更改，财务经理_____核对月度客户更改信息报告、检查实际更改情况和更改申请表是否一致、所有变更是否得到适当审批以及编号记录表是否正确，在月度客户信息更改报告和编号记录表上签字作为复核的证据。如果发现任何异常情况，将进一步调查处理。每半年，销售经理_____复核一次客户档案			
	（3）对客户档案变更均已于适当期间进行处理	应收账款：权利和义务、存在、完整性 主营业务收入：完整性、发生	信息管理员_____负责对更改申请表预先连续编配号码并在系统内进行更改，财务经理_____核对月度客户更改信息报告、检查实际更改情况和更改申请表是否一致、所有变更是否得到适当审批以及编号记录表是否正确，在月度客户信息更改报告和编号记录表上签字作为复核的证据。如果发现任何异常情况，将进一步调查处理			

续表

主要业务活动	控制目标	受影响的相关交易和账户余额及其认定	被审计单位的控制活动	控制活动对实现控制目标是否有效（是/否）	控制活动是否得到执行（是/否）	是否测试该控制活动运行有效性（是/否）
维护客户档案	（4）确保客户档案数据及时更新	应收账款：权利和义务、存在、完整性 主营业务收入：完整性、发生	信息管理员_____每月复核客户档案。对两年内未与××公司发生业务往来的客户，通知业务员_____由其填写更改申请表，经销售经理_____审批后交信息管理部删除该客户档案。每半年，销售经理_____复核客户档案			

填制说明：

① 在审计实务中，本审计工作底稿中的"主要业务活动"、"控制目标"、"受影响的相关交易和账户余额及其认定"、"被审计单位的控制活动"以及"控制活动对实现控制目标是否有效"栏目的内容应来自工作底稿"评价内部控制设计"中的记录。"控制活动是否得到执行"一栏，应根据工作底稿"确定控制是否得到执行（穿行测试）"中的结论填写。本书未将"评价内部控制设计"和"确定控制是否得到执行（穿行测试）"工作底稿给出。

② 对"是否测试该控制活动运行有效性"一栏，应根据具体审计计划予以填写，其具体情况为：a. 控制设计不合理，或者虽然设计合理，但通过询问、观察、检查和穿行测试表明该控制未得到执行。注册会计师不需测试该控制活动运行的有效性（控制设计合理并一贯得到执行），而直接进行实质性程序。此时应在"是否测试该控制活动运行有效性"一栏中填写"否"，并注明理由。b. 控制设计合理，且得到了执行，注册会计师拟进一步信赖该内部控制，并计划以此为基础设计相关的实质性程序的性质、时间和范围。此时应在"是否测试该控制活动运行有效性"一栏中填写"是"。

③ 对"是否测试该控制活动运行有效性"一栏中确定为"是"的，在审计实务中应运用询问、观察、检查以及重新执行程序实施控制测试，根据控制测试结果，判断"控制测试结果是否支持实施风险评估程序获取的审计证据（支持/不支持）"；对"是否测试该控制活动运行有效性"一栏中确定为"否"的，注册会计师应直接执行实质性程序，对相关交易和账户余额的认定进行测试，以获取足够的保证程度。

④ 如果注册会计师拟信赖以前审计获取的某些控制活动运行有效性的审计证据，本期不再对该项控制活动实施控制测试，则应在"是否测试该控制活动运行有效性"一栏填写"否"，并注明理由。

任务2 销售与收款循环的实质性程序

1.2.1 销售与收款交易的实质性程序

1. 销售与收款交易的实质性分析程序

销售与收款交易和相关余额实质性分析程序的内容如下：

（1）识别需要运用实质性分析程序的账户余额或交易。就销售与收款交易和相关余额而言，通常需要运用实质性分析程序的是销售交易、收款交易、营业收入项目和应收账款项目。

（2）确定期望值。基于注册会计师对经营活动、市场份额、经济形势和发展历程的了解，注册会计师应确定与营业额、毛利率和应收账款等相关的期望值。

（3）确定可接受的差异额。在确定可接受的差异额时，注册会计师首先应当确定管理层使用的关键业绩指标，并考虑这些指标的适当性和监督过程。

（4）识别需要进一步调查的差异并调查异常数据关系。

（5）调查重大差异并做出判断。注册会计师在分析上述与预期相联系的指标后，如果认为存在未预期的重大差异，就可能需要对营业收入发生额和应收账款余额实施更加详细的细节测试。

（6）评价分析程序的结果。注册会计师应当就搜集的审计证据是否能支持其试图证实的审计目标和认定形成结论。

实例 1－1　×公司系公开发行 A 股的上市公司，主要经营计算机硬件的开发、集成与销售。其主要业务流程通常为：向客户提供技术建议书，签署销售合同，结合库存情况备货，委托货运公司送货，安装验收，根据安装验收报告开具发票并确认收入。注册会计师于2010 年初对×公司 2009 年度财务报表进行审计。经初步了解，×公司 2009 年度的经营形势、管理及经营架构与 2008 年度比较未发生重大变化，未发生重大重组行为。其他相关资料如下。

资料一：×公司 2009 年度未审利润表及 2008 年度已审利润表如表 1－7 所示。

表 1－7　　　　　　　　　　　　　　**公司利润表**　　　　　　　　　　　单位：万元

项　　　目	2009 年度（未审数）	2008 年度 （审定数，预期数据，确定期望值）
一、营业收入	104 300	58 900
减：营业成本	91 845	53 599
营业税金及附加	560	350
销售费用	2 800	1 610
管理费用	2 380	3 260
财务费用	180	150
加：公允价值变动收益	40	56
二、营业利润	6 575	－13
加：营业外收入	100	150
减：营业外支出	260	300
三、利润总额	6 415	－163
减：所得税费用（税率25%）	800	
四、净利润	5 615	－163

资料二：×公司 2009 年度 1~12 月份未审营业收入和营业成本如表 1－8 所示（本期各月营业收入的波动情况）。

表 1 – 8   ×公司营业收入和营业成本   单位：万元

月份	营业收入	营业成本
1	7 800	7 566
2	7 600	6 764
3	7 400	6 512
4	7 700	6 768
5	7 800	6 981
6	850	6 947
7	7 950	7 115
8	7 700	6 830
9	7 600	6 832
10	7 900	7 111
11	8 100	7 280
12	18 900	15 139
合计	104 300	91 845

要求：

（1）为确定重点审计领域，注册会计师拟实施实质性分析程序。请对资料一进行分析后，指出利润表中的重点审计领域，并简要说明理由。

（2）对资料二进行分析后，指出营业收入和营业成本的重点审计领域，并简要说明理由。（不要求列示分析过程）

分析：

（1）在实施实质性分析程序后，应将以下财务报表项目作为重点审计领域。

① 营业收入。营业收入在 2008 年度的基础上增长了 77.80%（或是发生了较大变化），而 2009 年度经营形式与 2007 年相比并未发生重大变化。

② 营业成本。营业成本在 2008 年基础上增长了 71.36%（或是发生了较大变化，或是毛利率有较大幅度的提高），而 2009 年度经营形式与 2007 年度相比并未发生重大变化。

③ 管理费用。在机构、人员未发生重大变化，且在营业收入大幅增长的情况下，管理费用由 3 260 万元下降到 2 380 万元，下降了 26.99%（或是大幅下降）。

④ 所得税费用。所得税费用占利润总额比例（为 12.47%）与 25%的所得税税率存在较大差异。

（2）在实施实质性分析程序后，应将以下月份营业收入和营业成本作为重点审计领域。

① 1 月份。该月份毛利率（为 3%）远远低于全年平均毛利率和其他各月毛利率。

② 12 月份。该月份营业收入占全年营业收入比例较高（达 18.12%），毛利率相对较高（达 19.90%）。

2. 销售交易的细节测试

有些交易细节测试程序与环境条件关系不大，适用于各审计项目；有些则不然，要取决于被审计单位内部控制的健全程度和注册会计师实施控制测试的结果。下面介绍销售交易常用的细节测试程序。这些细节测试程序并未包含销售交易全部的细节测试程序，有些程序可以实现多项控制目标，而非仅能实现一项控制目标。

（1）登记入账的销售交易是真实的。对这一目标，注册会计师一般关心错误的可能性：一是未曾发货却已将销售交易登记入账；二是销售交易的重复入账；三是向虚构的客户发货，并作为销售交易登记入账。前两类错误可能是有意的，也可能是无意的，而第三类错误肯定是有意的。不难想象，将不真实的销售登记入账的情况虽然极少，但其后果却很严重，因为这会导致高估资产和收入。

鉴别高估销售究竟是有意还是无意的，这一点非常关键。尽管无意的高估也会导致应收账款的明显增多，但注册会计师通常可以通过函证轻易发觉。对于有意的高估就不同了，由于作假者试图加以隐瞒，使得注册会计师较难发现。在这种情况下，注册会计师就有必要制定并实施适当的细节测试以发现这种有意的高估。

如何以适当的细节测试来发现不真实的销售。取决于注册会计师认为可能在何处发生错误。对"发生"一目标而言，注册会计师通常只在认为内部控制存在薄弱环节时才实施细节测试，因此，测试的性质取决于潜在的控制弱点的性质。

提示：

①　针对未曾发货却已将销售交易登记入账这类错误的可能性，注册会计师可以从主营业务收入明细账中抽取若干笔分录，追查有无发运凭证及其他佐证，借以查明有无事实上没有发货却已登记入账的销售交易。如果注册会计师对发运凭证等的真实性也有怀疑，就可能有必要再进一步追查存货的永续盘存记录，测试存货余额有无减少。

②　针对销售交易重复入账这类错误的可能性，注册会计师可以通过检查企业的销售交易记录清单以确定是否存在重号、缺号。

③　针对向虚构的客户发货并作为销售交易登记入账这类错误发生的可能性，注册会计师应当检查主营业务收入明细账中与销售分录相应的销货单，以确定销售是否履行赊销审批手续和发货审批手续。

检查上述三类高估销售错误的可能性的另一有效的办法是追查应收账款明细账中贷方发生额的记录。如果应收账款最终得以收回货款或者由于合理的原因收到退货，则记录入账的销售交易一开始通常是真实的；如果贷方发生额是注销坏账，或者直到审计时所欠货款仍未收回，就必须详细追查相应的发运凭证和客户订购单等，因为这些迹象都说明可能存在虚构的销售交易。当然，只有在注册会计师认为由于缺乏足够的内部控制而可能出现舞弊时，才有必要实施上述细节测试。

（2）已发生的销售交易均已登记入账。销售交易的审计一般侧重于检查高估资产与收入的问题，因此，通常无须对完整性目标实施交易的细节测试。但是，如果内部控制不健全，例如被审计单位没有由发运凭证追查至主营业务收入明细账这一独立内部核查程序，就有必要对完整性目标实施交易的细节测试。

提示：

　　从发货部门的档案中选取部分发运凭证，并追查至有关的销售发票副本和主营业务收入明细账，是测试未开票的发货的一种有效程序。为使这一程序成为一项有意义的测试，注册会计师必须能够确信全部发运凭证均已归档，这一点可以通过检查发运凭证的顺序编号来查明。

　　由原始凭证追查至明细账与从明细账追查至原始凭证是有区别的。前者用来测试遗漏的交易（"完整性"目标），后者用来测试不真实的交易（"发生"目标）。

　　测试发生目标时，起点是明细账，即从主营业务收入明细账中抽取一个发票号码样本，追查至销售发票存根、发运凭证以及客户订购单；测试完整性目标时，起点应是发运凭证，即从发运凭证中选取样本，追查至销售发票存根和主营业务收入明细账以确定是否存在遗漏事项。

　　（3）登记入账的销售交易均经正确计价。销售交易计价的准确性包括：按订货数量发货，按发货数量准确地开具账单以及将账单上的数额准确地记入会计账簿。对这三个方面，每次审计中一般都要实施细节测试，以确保其准确无误。

　　典型的细节测试程序包括复算会计记录中的数据。通常的做法是，以主营业务收入明细账中的会计分录为起点，将所选择的交易业务的合计数与应收账款明细账和销售发票存根进行比较核对。销售发票存根上所列的单价，通常还要与经过批准的商品价目表进行比较核对，对其金额小计和合计数也要进行复算。发票中列出的商品的规格、数量和客户代码等，则应与发运凭证进行比较核对。另外，往往还要审核客户订购单和销售单中的同类数据。

　　（4）登记入账的销售交易分类恰当。销售分类恰当的测试一般可与计价准确性测试一并进行。注册会计师可以通过审核原始凭证确定具体交易业务的类别是否恰当，并以此与账簿的实际记录作比较。

　　（5）销售交易的记录及时。在实施计价准确性细节测试的同时，一般要将所选取的提货单或其他发运凭证的日期与相应的销售发票存根、主营业务收入明细账和应收账款明细账上的日期作比较。如果有重大差异，被审计单位就可能存在销售截止期限上的错误。

　　（6）销售交易已正确地记入明细账并正确地汇总。加总主营业务收入明细账，并将加总数和一些具体内容分别追查至主营业务收入总账和应收账款明细账或库存现金、银行存款日记账，以检查在销售过程中是否存在有意或无意的错报问题。

　　从主营业务收入明细账追查至应收账款明细账，一般与为实现其他审计目标所实施的测试一并进行；而将主营业务收入明细账加总，并追查、核对加总数至其总账，则应作为一项单独的测试程序来执行。

1.2.2　收款交易的细节测试

　　与销售交易的细节测试一样，收款交易的细节测试范围在一定程度上取决于关键控制是否存在以及控制测试的结果。由于销售与收款交易同属一个循环，在经济活动中密切相连，因此，收款交易的一部分测试可与销售交易的测试一并执行，但收款交易的特殊性又决定了其另一部分测试仍需单独实施。

任务3　营业收入的实质性程序

营业收入项目核算企业在销售商品、提供劳务等主营业务活动中所产生的收入，以及企业确认的除主营业务活动以外的其他经营活动实现的收入，包括出租固定资产、出租无形资产、出租包装物和商品、销售材料、用材料进行非货币性交换（非货币性资产交换具有商业实质且公允价值能够可靠计量）或债务重组等实现的收入。营业收入包括主营业务收入和其他业务收入。

1. 营业收入审计目标与实质性程序

营业收入实质性程序表如表1-9所示。

表1-9　　　　　　　　　　　　　**营业收入的实质性程序**

被审计单位：_____　　编制：_____　　日期：_____　　索引号：_____

截止日期/期间：_____　　复核：_____　　日期：_____　　页　次：_____

一、审计目标与认定对应关系表

审计目标	财务报表认定					
	发生	完整性	准确性	截止	分类	列报
A. 利润表中记录的营业收入已发生，且与被审计单位有关	√					
B. 所有应当记录的营业收入均已记录		√				
C. 与营业收入有关的金额及其他数据已恰当记录			√			
D. 营业收入已记录于正确的会计期间				√		
E. 营业收入已记录于恰当的账户					√	
F. 营业收入已按照企业会计准则的规定在财务报表中做出恰当的列报						√

二、审计目标与审计程序对应关系表

审计目标	可供选择的审计程序	计划实施的审计程序	索引号
C	1. 取得或编制主营业务收入明细表 （1）复核加计是否正确，并与总账数和明细账合计数核对是否相符，结合其他业务收入账户与报表数核对是否相符 （2）检查以非记账本位币结算的主营业务收入的折算汇率及折算是否正确		
ABCD	2. 检查主营业务收入的确认条件、方法是否符合企业会计制度，前后期是否一致；关注周期性、偶然性的收入是否符合既定的收入确认原则和方法		

续表

审计目标	可供选择的审计程序	计划实施的审计程序	索引号
ABC	3. 必要时，实施以下实质性分析程序 （1）针对已识别需要运用分析程序的有关项目，并基于对被审计单位及其环境的了解，通过进行以下比较，同时考虑有关数据间关系的影响，以建立有关数据的期望值 ① 将本期的主营业务收入与上期的主营业务收入进行比较，分析产品销售的结构和价格变动是否异常，并分析异常变动的原因 ② 计算本期重要产品的毛利率，与上期比较，检查是否存在异常，各期之间是否存在重大波动，查明原因 ③ 比较本期各月各类主营业务收入的波动情况，分析其变动趋势是否正常，是否符合被审计单位季节性、周期性的经营规律，查明异常现象和重大波动的原因 ④ 将本期重要产品的毛利率与同行业其他企业进行对比分析，检查是否存在异常 ⑤ 根据增值税专用发票申报表或普通发票，估算全年收入，与实际收入金额比较 （2）确定可接受的差异额 （3）将实际的情况与期望值相比较，识别需要进一步调查的差异 （4）如果其差额超过可接受的差异额，调查并取得充分的解释和恰当的佐证性质的审计证据（如通过检查相关的凭证） （5）评估分析程序的测试结果		
C	4. 取得产品价格目录，抽查售价是否符合价格政策，并注意销售给关联方或关系密切的重要客户的产品价格是否合理，有无以低价或高价结算的方法相互之间转移利润的现象		
ABCD	5. 抽取____张发运凭证，审查存货出库日期、品名、数量等是否与销售发票、销售合同、记账凭证等一致		
ACD	6. 抽取____张记账凭证，审查入账日期、品名、数量、单价、金额等是否与销售发票、发运凭证、销售合同等一致		
AC	7. 结合对应收账款的审计，选择主要客户函证本期销售额		
A	8. 对于出口销售，应当将销售记录与出口报关单、货运提单、销售发票等出口销售单据进行核对，必要时向海关函证		
D	9. 实施销售的截止测试 （1）通过测试资产负债表日前后____天且金额大于____的发运凭证，将应收账款和收入明细账进行核对；同时，从应收账款和收入明细账选取在资产负债表日前后____天且金额大于____的凭证，与发运凭证核对，以确定销售是否存在跨期现象 （2）复核资产负债表日前后销售和发货水平，确定业务活动水平是否异常（如与正常水平相比）并考虑是否有必要追加实施截止程序 （3）取得资产负债表日后所有的销售退回记录，检查是否存在提前确认收入的情况 （4）结合对资产负债表日应收账款的函证程序，检查有无未取得对方认可的大额销售 （5）调整重大跨期销售		

续表

审计目标	可供选择的审计程序	计划实施的审计程序	索引号
A	10. 存在销货退回的，检查手续是否符合规定，结合原始销售凭证检查其会计处理是否正确。结合存货项目审计关注其真实性		
C	11. 销售折扣与折让 （1）取得或编制销售折扣与折让明细表，复核加计正确，并与明细账合计数核对相符 （2）取得被审计单位有关销售折扣与折让的具体规定和其他文件资料，并抽查较大的销售折扣与折让发生额的授权批准情况，与实际执行情况进行核对，检查其是否经授权批准，是否合法、真实 （3）销售折扣与折让是否及时足额提交对方，有无虚设中介、转移收入、私设账外"小金库"等情况 （4）检查折扣与折让的会计处理是否正确		
ABCDE	12. 检查有无特殊的销售行为，如附有销售退回条件的商品销售、委托代销、售后回购、以旧换新、商品需要安装和检验的销售、分期收款销售、出口销售、售后租回等，选择恰当的审计程序进行审核		
AC	13. 调查向关联方销售的情况，记录其交易品种、价格、数量、金额以及占主营业务收入总额的比例。对于合并范围内的销售活动，记录应予合并抵销的金额		
AC	14. 调查集团内部销售的情况，记录其交易价格、数量和金额，并追查在编制合并财务报表时是否已予以抵销 15. 根据评估的舞弊风险等因素增加的审计程序		
F	16. 确定主营业务收入的列报是否恰当		

2. 主营业务收入重点程序操作

（1）实施分析程序。审计人员为了在总体上对主营业务收入的真实性做出初步判断，一般还应采用分析程序，检查主营业务收入是否存在异常变动或重大波动。审计人员应根据主营业务收入明细表，编制主营业务收入分析表，并做如下比较分析：

①将本年度主营业务收入与上年度进行比较，分析商品销售结构和价格的变动是否正常；②比较本年度各月份主营业务收入的波动情况，分析其变动趋势是否正常；③比较本年度各月份销售利润率，并与企业历史数据和行业平均水平进行比较。如果发现异常现象和重大波动，应查明原因。

审计人员应特别注意年末前若干月份的收入变动情况，因为被审计单位管理层为了调节本年度和下一年度的赢利或为保持既定的赢利水平而操纵年末收入的可能性比较大，所以，对年末前若干月份的收入显著减少或增加必须重点审查，以核实是否存在漏记、隐瞒或虚记收入等情况。

（2）查明主营业务收入的确认原则和方法。对主营业务收入的审计，应当依照销售商品收入确认的 5 个条件，并结合货款结算方式来进行。下面说明几种基本销售方式确认收入的具体要求以及审计时应重点关注的问题。

①采用交款提货方式销售商品，以货款已经收到或取得收取货款的凭证，同时发票账单和提货单已交给购货方时确认收入实现。审计人员应审查被审计单位是否收到货款或取得收取货款的权利，并已将发票账单和提货单交付购货单位。

> **提示：**
> 应特别注意有无扣压结算凭证，将当期收入转入下期入账，或者开假发票，将虚列的收入记账，在下期予以冲销的情况。

②采用预收货款方式销售商品，在商品已经发出时确认收入实现。审计人员应审查被审计单位是否收到了货款，是否在货物发出之后确认收入。

> **提示：**
> 应注意是否存在开具虚假发运凭证、提前确认收入的情况。

③采用托收承付结算方式销售商品，在商品已经发出，并办妥托收手续时确认收入实现。审计人员应审查被审计单位是否发货，托收手续是否办妥。

> **提示：**
> 应注意发运凭证是否真实，托收承付结算回单是否正确。

④采用委托其他单位代销方式销售商品，应以代销商品已经销售，并收到代销清单时确认收入实现。审计人员应查明有无编制虚假代销清单、虚增本期收入的情况。

⑤采用分期收款方式销售商品，应按合同约定的收款日期分期确认收入。审计人员应审查本期是否收到货款，查明合同约定的本期应收款日期是否真实，是否存在已实现的收入不入账、少入账或缓入账的情况。

> **提示：**
> 《企业会计准则第14号——收入》第五条规定，合同或协议价款的收取采用递延方式，实质上具有融资性质的，应当按照应收的合同或协议价款的公允价值确定销售商品收入金额——应收的合同或协议价款与其公允价值之间的差额，应当在合同或协议期间内采用实际利率法进行摊销，计入当期损益。

⑥对长期工程合同收入，企业在资产负债表日提供劳务交易的结果能够可靠估计的，应当采用完工百分比法确认提供劳务收入。审计人员应审查收入的计算、确认方法是否符合规定，并核对应计收入与实际收入是否一致。

> **提示：**
> 企业在资产负债表日提供劳务交易结果不能够可靠估计的，应当分别按下列情况处理：已经发生的劳务成本预计能够得到补偿的，按照已经发生的劳务成本金额确认提供劳务收入，并按相同金额结转劳务成本；已经发生的劳务成本预计不能够得到补偿的，应当将已经发生的劳务成本计入当期损益，不确认提供劳务收入。应注意查明有无随意确认收入、虚增或虚减本期收入的情况。

⑦ 销售房地产的，与一般的销售商品类似，在房地产已经移交，并将发票结算账单提交对方时确认收入的实现。审计人员应审查已办理的移交手续是否符合规定要求，发票账单是否已交对方。

对上述主营业务收入确认的审查，主要是采用抽查法、核对法和验算法。

（3）审查主营业务收入的会计处理是否正确。主营业务收入的会计处理是否正确，直接影响到企业损益的计算。在审查主营业务收入时，应认真审查其会计处理过程。审计人员应抽取企业被审计期间内一定数量的销售发票，进行从原始凭证到记账凭证、主营业务收入明细账的全过程审查。审计人员应核实有关记录、过账、加总是否正确，并将抽取的收入与应收账款明细账、现金或银行存款日记账、库存商品明细账相核对，以进一步确定发货日期、销售数量、品名、单价、金额等是否相符，从而证实主营业务收入会计处理的正确性、真实性和完整性。同时，还应审查销售退回、折扣和折让的数额计算及会计处理是否正确。

（4）测试销售截止的正确性。对于主营业务收入的截止测试，注册会计师在审计中应该注意把握3个与主营业务收入确认有着密切关系的日期：一是发票开具日期或者收款日期；二是记账日期；三是发货日期（服务业则是提供劳务的日期）。这里的发票开具日期是指开具增值税专用发票或普通发票的日期；记账日期是指被审计单位确认主营业务收入实现并将该笔经济业务记入"主营业务收入"账户的日期；发货日期是指仓库开具出库单并发出库存商品的日期。检查三者是否归属于同一适当会计期间是主营业务收入截止测试的关键所在。围绕上述三个重要日期，在审计实务中，注册会计师可以考虑选择3条审计路径实施主营业务收入的截止测试。

① 以账簿记录为起点。从资产负债表日前后若干天的账簿记录查至记账凭证，检查发票存根与发运凭证，目的是证实已入账收入是否在同一期间已开具发票并发货，有无多记收入。这种方法的优点是比较直观，可以提高审计效率。缺点是缺乏全面性和连贯性，只能查多记，无法查漏记，尤其是当本期漏记收入延至下期而审计时被审计单位尚未及时登账时，不易发现应记入而未记入报告期收入的情况。因此，使用这种方法主要是为了防止多计收入。以账簿记录为起点主营业务收入截止测试表如表1-9所示。

② 以销售发票为起点。从资产负债表日前后若干天的发票存根查至发运凭证与账簿记录，确定已开具发票的货物是否已发货并于同一会计期间确认收入。具体做法是，抽取若干张在资产负债表日前后开具的销售发票的存根，追查至发运凭证和账簿记录，查明有无漏记收入现象。这种方法也有其优缺点，优点是较全面、连贯，容易发现漏记的收入；缺点是较费时费力，有时难以查找相应的发货及账簿记录，而且不易发现多记的收入。因此，使用这种方法主要是为了防止少计收入。

③ 以发运凭证为起点。从资产负债表日前后若干天的发运凭证查至发票开具情况与账簿记录，确定主营业务收入是否已记入恰当的会计期间。该方法的优缺点与方法二类似，具体操作中还应考虑被审计单位的会计政策才能做出恰如其分的处理。使用这种方法主要也是为了防止少计收入。

表 1 – 9 主营业务收入截止测试表

被审计单位：＿＿＿＿ 编制：＿＿＿＿ 日期：＿＿＿＿ 索引号：＿＿＿＿

期　　间：＿＿＿＿ 复核：＿＿＿＿ 日期：＿＿＿＿ 页　次：＿＿＿＿ 单位：万元

编号	明细账				发票内容					发运凭证		是否跨期√（×）
	日期	凭证号	主营业务收入	应交税费	日期	客户名称	货物名称	销售额	税额	日期	号码	

审计说明：

注：从明细账到发运凭证。

因此，为了提高审计效率，注册会计师应当凭借专业经验和所掌握的信息、资料做出正确判断，选择其中的一条或两条审计路径实施更有效的收入截止测试。

实例 1 – 2　A 和 B 注册会计师首次接受委托，负责审计上市公司甲公司 2008 年度财务报表。相关资料如下。

B 注册会计师对主营业务收入的发生认定进行审计，编制了审计工作底稿，部分内容如表 1 – 10 所示。

表 1 – 10 　　　B 注册会计师对主营业务收入的发生认定审计　　单位：万元

记账凭证日期	记账凭证编号	记账凭证金额	发票日期	出库单日期
2008 年 1 月 5 日	转字 10	12	2008 年 1 月 8 日	2008 年 1 月 8 日
2008 年 2 月 20 日	转字 30	– 120	2008 年 2 月 20 日	不适用
2008 年 2 月 28 日	转字 45	7	2008 年 2 月 27 日	2008 年 2 月 27 日
2008 年 3 月 20 日	转字 40	8	2008 年 3 月 19 日	2008 年 3 月 19 日
2008 年 11 月 3 日	转字 4	10	2008 年 11 月 2 日	2008 年 11 月 2 日
2008 年 11 月 15 日	转字 28	200	2008 年 11 月 14 日	2008 年 11 月 14 日
2008 年 12 月 10 日	转字 50	250	2008 年 12 月 10 日	2008 年 12 月 10 日

审计说明：

（1）根据销售合同约定，在客户收到货物、验收合格并签发收货通知后，甲公司取得收取货款的权利。审计中已检查销售合同。

（2）已检查记账凭证日期、发票日期和出库单日期，未发现异常。发票和出库单中的其他信息与记账凭证一致。

（3）11 月转字 28 号和 12 月转字 50 号记账凭证反映的销售额较高，财务经理解释系调整售价所致。

（4）2 月转字，30 号记账凭证反映，甲公司在 2007 年度销售并确认收入的一笔交易，于 2008 年 2 月发生。

销货退回。甲公司未按规定调整 2007 年度财务报表，前任注册会计师于 2008 年 3 月对甲公司 2007 年度财务报表出具了标准审计报告。

要求：针对资料中的审计说明第（1）~（3）项，逐项指出 B 注册会计师实施的审计程序中存在的不当之处，并简要说明理由。

分析：

审计程序设计恰当性分析。

① 第（1）项，注册会计师的审计程序存在不当之处，因为已经说明"在客户收到货物、验收合格并签发收货通知后，甲公司才取得收取货款的权利"，所以此时注册会计师在审计中仅仅检查了销售合同是不够的，还应该检查客户签发的收货通知单。

② 第（2）项，注册会计师的审计程序存在不当之处，因为已经说明"在客户收到货物、验收合格并签发收货通知后，甲公司才取得收取货款的权利"，所以此时注册会计师在审计中仅仅检查了发票和出库单中其他信息与记账凭证的一致，是不够的，还应该检查客户签发的收货通知单的日期。

③ 第（3）项，注册会计师的审计程序存在不当之处。不能够根据获取的财务经理的询问结果得出审计结论，应当进一步地了解行业状况、市场价格变化信息，并检查被审计单位关于价格调整的会议记录和相关文件。必要时向被审计单位的客户函证销售合同中的价格条款。

任务4 应收账款和坏账准备的实质性程序

应收账款余额包括应收账款账面余额和相应的坏账准备两部分。应收账款指企业因销售商品、提供劳务而形成的债权，即由于企业销售商品、提供劳务等原因，应向购货客户或接受劳务的客户收取的款项或代垫的运杂费，是企业在信用活动中所形成的各种债权性资产。

坏账是指企业无法收回或收回可能性极小的应收款项（包括应收票据、应收账款、预付款项、其他应收款和长期应收款等）。由于发生坏账而产生的损失称为坏账损失。

企业应当定期或者至少于每年年度终了对应收款项进行全面检查，预计各项应收款项可能发生的坏账，对于没有把握能够收回的应收款项，应当计提坏账准备。

1.4.1 应收账款的实质性程序

1. 应收账款审计目标与实质性程序

在实务中，应收账款审计目标与可选择的实质性程序如表 1-11 所示。

表 1 – 11   **应收账款实质性程序**

被审计单位：＿＿＿＿　　编制：＿＿＿＿　　日期：＿＿＿＿　　索引号：＿＿＿＿

截止日期：＿＿＿＿　　复核：＿＿＿＿　　日期：＿＿＿＿　　页　次：＿＿＿＿

一、审计目标与认定对应关系表

审计目标	财务报表认定				
	存在	完整性	权利和义务	计价和分摊	列报
A. 资产负债表中记录的应收账款是存在的	√				
B. 所有应当记录的应收账款均已记录		√			
C. 记录的应收账款由被审计单位拥有或控制			√		
D. 应收账款以恰当的金额包括在财务报表中，与之相关的计价调整已恰当记录				√	
E. 应收账款已按照企业会计准则的规定在财务报表中做出恰当列报					√

二、审计目标与审计程序对应关系表

审计目标	可供选择的审计程序	计划实施的审计程序	工作底稿索引号
D	1. 取得或编制应收账款明细表 （1）复核加计正确，并与总账数和明细账合计数核对是否相符；结合坏账准备科目与报表数核对是否相符 （2）检查非记账本位币应收账款的折算汇率及折算是否正确 （3）分析有贷方余额的项目，查明原因，必要时，建议做重分类调整 （4）结合其他应收款、预收款项等往来项目的明细余额，调查有无同一客户多处挂账、异常余额或与销售无关的其他款项（如代销账户、关联方账户或员工账户）。若有，应做出记录，必要时提出调整建议 （5）标志重要的欠款单位，计算其欠款合计数占应收账款余额的比例		
ABD	2. 检查涉及应收账款的相关财务指标 （1）复核应收账款借方累计发生额与主营业务收入是否配比，并将当期应收账款借方发生额占销售收入净额的百分比与管理层考核指标比较，如果存在差异应查明原因 （2）计算应收账款周转率、应收账款周转天数等指标，并与被审计单位以前年度指标、同行业同期相关指标对比分析，检查是否存在重大异常		
D	3. 检查应收账款账龄分析是否正确 （1）取得或编制应收账款账龄分析表（参见表 1 – 12） （2）如果应收账款账龄分析表由被审计单位编制，测试其计算的准确性 （3）将应收账款账龄分析表中的合计数与应收账款总分类账余额相比较，并调查重大调节项目 （4）检查原始凭证，如销售发票、运输记录等，测试账龄核算的准确性		

审计目标	可供选择的审计程序	计划实施的审计程序	工作底稿索引号
ACD	4. 对应收账款进行函证 （除非有充分证据表明应收账款对财务报表不重要或函证很可能无效，否则，应对应收账款进行函证。如果不对应收账款进行函证，应在工作底稿中说明理由。如果认为函证很可能无效，应当实施替代审计程序获取充分、适当的审计证据） （1）选取函证项目 （2）对函证实施过程进行控制，核对询证函（参见参考格式1-1、1-2）是否由注册会计师直接收发；被询证者以传真、电子邮件等方式回函的，应要求被询证者寄回询证函原件。如果未能收到积极式函证回函，应当考虑与被询证者联系，要求对方做出回应或再次寄发询证函 （3）编制"应收账款函证结果汇总表"（参见表1-14），对函证结果进行评价。核对回函内容与被审计单位账面记录是否一致，若不一致，分析不符事项的原因，检查销售合同、发运凭证等相关原始单据，分析被审计单位对于回函与账面记录之间差异的解释是否合理，编制"应收账款函证结果调节表"，并检查支持性凭证。如果不符事项构成错报，应重新考虑所实施审计程序的性质、时间和范围 （4）针对最终未回函的账户实施替代审计程序（如实施期后收款测试、检查运输记录、销售合同等相关原始资料及询问被审计单位有关部门等）		
A	5. 确定已收回的应收账款金额		
A	6. 对未函证应收账款实施替代审计程序。抽查有关原始凭据，如销售合同、销售订单、销售发票副本、发运凭证及回款单据等，以验证与其相关的应收账款的真实性		
D	7. 评价坏账准备计提的适当性 （1）取得或编制坏账准备计算表，复核加计正确，与坏账准备总账数、明细账合计数核对相符。将应收账款坏账准备本期计提数与管理费用相应明细项目的发生额核对，是否相符 （2）检查应收账款坏账准备计提和核销的批准程序，取得书面报告等证明文件。评价计提坏账准备所依据的资料、假设及方法；复核应收账款坏账准备是否按经股东大会或董事会批准的既定方法和比例提取，其计算和会计处理是否正确 （3）根据账龄分析表，选取金额大于_____的账户，逾期超过_____天账户，以及认为必要的其他账户（如有收款问题记录的账户、收款问题行业集中的账户）。复核并测试所选取账户期后收款情况。针对所选取的账户，与授信部门经理或其他负责人员讨论其可收回性，并复核往来函件或其他相关信息，以支持被审计单位就此做出的声明。针对坏账准备计提不足情况进行调整 （4）实际发生坏账损失的，检查转销依据是否符合有关规定，会计处理是否正确 （5）已经确认并转销的坏账重新收回的，检查其会计处理是否正确 （6）通过比较前期坏账准备计提数和实际发生数，以及检查期后事项，评价应收账款坏账准备计提的合理性		

续表

审计目标	可供选择的审计程序	计划实施的审计程序	工作底稿索引号
A	8. 抽查有无不属于结算业务的债权 抽查应收账款明细账，并追查至有关原始凭证，查证被审计单位有无不属于结算业务的债权。如果有，应建议被审计单位作适当调整		
A	9. 通过检查自资产负债表日至_____日止被审计单位授予欠款单位的、金额大于_____的减免应收账款凭证以测试其准确性检查资产负债表日前后销售退回和赊销水平，确定是否存在异常迹象（如与正常水平相比），并考虑是否有必要追加审计程序		
A	10. 复核应收账款和相关总分类账、明细分类账和现金日记账，调查异常项目。对大额或异常及关联方应收账款，即使回函相符，仍应抽查其原始凭证		
A	11. 检查应收账款减少有无异常，注意应收账款出售的会计处理是否正确		
D	12. 检查应收账款中是否存在债务人破产或者死亡，以其破产财产或者遗产清偿后仍无法收回，或者债务人长期未履行偿债义务的情况，如果是，应提请被审计单位处理		
ABCD	13. 标明应收关联方。【包括持股5%以上（含5%）股东】的款项，执行关联方及其交易审计程序，并注明合并报表时应予抵消的金额；对关联企业、有密切关系的主要客户的交易事项做专门核查 （1）了解交易事项目的、价格和条件，做比较分析 （2）检查销售合同、销售发票、货运单证等相关文件资料 （3）检查收款凭证等货款结算单据 （4）向关联方、有密切关系的主要客户或其他注册会计师函询，以确认交易的真实性、合理性		
C	14. 检查应收账款的贴现、质押或出售。 检查银行存款和银行借款等询证函的回函、会议纪要、借款协议和其他文件，确定应收账款是否已被贴现、质押或出售，应收账款贴现业务属质押还是出售，其会计处理是否正确		
	15. 根据评估的舞弊风险等因素增加的审计程序		
E	16. 检查应收账款是否已按照企业会计准则的规定在财务报表中做出恰当列报		

2. 重点审计程序操作

（1）应收账款账龄分析。应收账款的账龄，是指资产负债表中的应收账款从销售实现、产生应收账款之日起，至资产负债表日止所经历的时间。应收账款账龄分析表如表1－12所示。

表 1 - 12　　　　　　　　　　　应收账款账龄分析表

年　月　日　　　　　　　　　　　　　　　　单位：元

客户余额	期末余额	账龄			
		一年以内	1～2 年	2～3 年	3 年以上
合计					

> **提示：**
>
> 　　编制应收账款账龄分析表时，可以考虑选择重要的客户及其余额列示，而将不重要的或余额较小的汇总列示。应收账款账龄分析表的合计数减去已计提的相应坏账准备后的净额，应该等于资产负债表中的应收账款项目余额。

　　实例 1 - 3　公开发行 A 股的 MD 股份有限公司（以下简称 MD 公司）系安华会计师事务所的常年审计客户。注册会计师蒋三和洪涛负责对 MD 公司 2009 年度财务报表进行审计，并确定财务报表层次的重要性水平为 1 200 000 元。N 公司 2009 年度财务报告于 2010 年 2 月 25 日获董事会批准，并于同日报送证券交易所。MD 公司适用的增值税税率为 17%。在对 MD 公司的审计过程中蒋三和洪涛注意到以下事项。

　　MD 公司会计政策规定，对应收款项采用账龄分析法计提坏账准备。根据债务单位有财务状况、现金流量等情况，确定坏账准备计提比例分别为：账龄 1 年以内的（含 1 年，以下类推），按其余额的 10% 计提；账龄 1～2 年的，按其余额的 30% 计提；账龄 2～3 年的，按其余额的 50% 计提；账龄 3 年以上的，按其余额的 80% 计提。MD 公司 2009 年 12 月 31 日未经审计的应收账款账面余额为 51 929 000 元，相应的坏账准备余额为 6 364 900 元。应收账款账面余额明细情况如表 1 - 13 所示。

表 1 - 13　　　　　　　　　　　应收账款账面余额明细

2009 年 2 月 18 日　　　　　　　　　　　　　　　单位：元

客户名称	期末余额	账龄			
		1 年以内	1～2 年	2～3 年	3 年以上
a 公司	36 582 000	35 150 000	500 000	932 000	
b 公司	17 154 000	2 000 000	15 100 000	54 000	
c 公司	625 000	600 000		25 000	
d 公司	- 2 500 000	9 500 000	- 12 000 000		
e 公司	68 000				68 000
合计	51 929 000	47 250 000	3 600 000	1 011 000	68 000

　　要求：代注册会计师蒋三和洪涛提出审计调整建议。注意：审计调整分录均不考虑对 MD 公司 2009 年度的企业所得税、期末结转损益及利润分配的影响。

　　分析：

注册会计师蒋三和洪涛应提请 MD 公司做以下报表重分类调整分录。

借：应收账款——d 公司　　　　　　　　　　　　　　　　　12 000 000

　　贷：预收款项——d 公司　　　　　　　　　　　　　　　　　12 000 000

注册会计师蒋三和洪涛还应提请 MD 公司做以下审计调整分录。

借：资产减值损失——计提的坏账准备　　　　　　　　　　　　3 600 000

　　贷：应收账款——坏账准备　　　　　　　　　　　　　　　　3 600 000

（2）函证应收账款。函证应收账款的目的在于证实应收账款账户余额的真实性、正确性，防止或发现被审计单位及其有关人员在销售交易中发生的错误或舞弊行为。通过函证应收账款，可以比较有效地证明被询证者（即债务人）的存在和被审计单位记录的可靠性。

注册会计师应当考虑被审计单位的经营环境、内部控制的有效性、应收账款账户的性质、被询证者处理询证函的习惯做法及回函的可能性等，以确定应收账款函证的范围、对象、方式和时间。

① 函证的范围和对象。函证数量的多少、范围是由诸多因素决定的，主要有如下因素。

a. 应收账款在全部资产中的重要性。若应收账款在全部资产中所占的比重较大，则函证的范围应相应大一些。

b. 被审计单位内部控制的强弱。若内部控制制度较健全，则可以相应减少函证量；反之，则应相应扩大函证范围。

c. 以前期间的函证结果。若以前期间函证中发现过重大差异，或欠款纠纷较多，则函证范围应相应扩大一些。

一般情况下，注册会计师应选择以下项目作为函证对象：大额或账龄较长的项目，与债务人发生纠纷的项目，关联方项目，主要客户（包括关系密切的客户）项目，交易频繁但期末余额较小甚至余额为 0 的项目；可能产生重大错报或舞弊的非正常的项目。

② 函证的方式。注册会计师可采用积极的或消极的函证方式实施函证，也可将两种方式结合使用。

应收账款询证函的参考格式 1－1 为积极式询证函的格式；参考格式 1－2 为消极式询证函的格式。

参考格式 1－1　积极式询证函

往来款项询证函

索引号：

编　号：

地址：×××

单位：×××

本公司聘请的××会计师事务所正对本公司××年度财务报表进行审计，按照中国注册会计师执业准则和财政部、中国人民银行《关于做好企业的银行存款借款及往来款项函证工作的通知》（财协字 ［1999］1 号）的要求，应当询证本公司与贵公司的往来账项等事项。下列数据出自本公司账簿记录，如与贵公司记录相符，请在本函下端"信息证明无误"处签章证明；如果有不符，请在"信息不符"处签章并列明不符金额。

回函请直接寄至××会计师事务所××注册会计师。

通信地址：××××××　　　　　　　　　邮编：××××××

电话：×××××　　　　　　　传真：×××××

1. 本公司与贵公司的往来账项列示如下。

单位：元

会计科目	截止日期	贵公司欠	欠贵公司	备　注
应收账款				

2. 其他事项。

说明：本函仅为复核账目之用，并非催款结算。若款项在上述日期之后已付清，仍请及时函复为盼。

本公司签章：　　　日　期：

结论：1. 信息证明无误		2. 信息不符（请列明不符项目及具体内容）	
贵公司签章：　　日　期：		贵公司签章：　　日　期：	

说明：其他事项系如担保、抵押情况以及其他需要询证的事项。

参考格式1-2　消极式询证函格式

企业询证函

编号：

××（公司）：

本公司聘请的××会计师事务所正在对本公司××年度财务报表进行审计，按照中国注册会计师审计准则的要求，应当询证本公司与贵公司的往来账项等事项，下列数据出自本公司账簿记录，如果与贵公司记录相符，则无须回复；如果有不符，请直接通知会计师事务所，并请在空白处列明贵公司认为是正确的信息。回函请直接寄至××会计师事务所。

回函地址：

邮编：　　电话：　　传真：　　联系人：

1. 本公司与贵公司的往来账项列示如下。

单位：元

截止日期	贵公司欠	欠贵公司	备　注

2. 其他事项。

本函仅为复核账目之用，并非催款结算。若款项在上述日期之后已经付清，仍请及时核对为盼。

（公司盖章）
年　月　日

××会计师事务所：上面的信息不正确

差异如下：

（公司盖章）

年 月 日

经办人：

③ 函证时间的选择。注册会计师通常以资产负债表日为截止日，在资产负债表日后适当时间内实施函证。如果重大错报风险评估为低水平，注册会计师可选择资产负债表日前适当日期为截止日实施函证，并对所函证项目自该截止日起至资产负债表日止发生的变动实施实质性程序。

④ 函证的控制。注册会计师通常利用被审计单位提供的应收账款明细账户名称及客户地址等资料据以编制询证函，但注册会计师应当对选择被询证者、设计询证函以及发出和收回询证函保持控制。

注册会计师可通过函证结果汇总表的方式对询证函的收回情况加以控制。函证结果汇总表如表 1 - 14 所示。

表 1 - 14　　　　　　　　　　应收账款函证结果汇总表

被审计单位名称：　　　　　　　　　制表：　　　　　　　　日期：

结账日：　　　年　月　日　　　　　复核：　　　　　　　　日期：

询证函编号	债务人名称	债务人地址及联系方式	账面金额	函证方式	函证日期		回函日期	替代程序	确认余额	差异金额及说明	备注
					第一次	第二次					
合计											

⑤ 对不符事项的处理。注册会计师应当重新考虑所实施审计程序的性质、时间和范围。

⑥ 对函证结果的总结和评价。注册会计师对函证结果可进行如下评价。

a. 重新考虑对内部控制的原有评价是否适当，控制测试的结果是否适当，分析程序的结果是否适当，相关的风险评价是否适当等。

b. 如果函证结果表明没有审计差异，则可以合理地推论，全部应收账款总体是正确的。

c. 如果函证结果表明存在审计差异，则应当估算应收账款总额中可能出现的累计差错是多少，估算未被选中进行函证的应收账款的累计差错是多少。为取得对应收账款累计差错更加准确的估计，也可以进一步扩大函证范围。

实例 1 - 4　在对 HD 公司 2009 年度财务报表进行审计时，注册会计师李建负责审计应收账款。N 注册会计师对截止日为 2009 年 12 月 31 日之应收账款实施了函证程序，并于 2010 年 2 月 20 日编制了以下应收账款函证分析工作底稿。

HD 公司应收账款函证分析工作底稿

索引号 B - 3

编制人　　　　　　　　　　日期

资产负债表日：2009 年 12 月 31 日　　　　　复核人　　　　　日期

一、函证	笔数	金额/元	百分比
2009 年 12 月 31 日应收账款	4 000	4 000 000√★	100
其中：积极函证	108	520 000	13
消极函证	280	40 000	10
寄发询证函小计	388	560 000	23
选定函证但客户不同意函证的应收账款	12		
选择函证合计	400		

二、结果

（一）函证未发现不符			
积极函证：确认无误部分 W/P B – 4	88 C	36 000	9
消极函证：未回函或回函确认无误部分 W/P B – 4	240 C	32 000	0.8
函证未发现不符小计	328	392 000	9.8
（二）函证发现不符			
积极函证 W/P B – 5	4 CX	20 000	0.5
消极函证 W/P B – 5	40 CX	8 000	0.2
函证发现不符小计	44	28 000	0.7
（三）选定函证但客户不同意函证的应收账款	12		

标记说明：

√ --------- 与应收账款明细账核对相符；★ --------- 与应收账款明细账核对相符；C --------- 回函相符；CX --------- 回函不符。

总体结论：回函不符金额 28 000 元低于可容忍错报，应收账款得以公允反映。

要求：

假定选择函证的应收账款样本是恰当的，应收账款的可容忍错报是 30 000 元，指出注册会计师李建编制的上述工作底稿中存在哪些缺陷。

分析：

（1）工作底稿没有编制人和复核人的签名和日期。

（2）在"一、函证"部分，"消极函证金额"对应的百分比计算错误，应为 40 000 ÷ 4 000 000 ＝1% ，"寄发询证函小计"金额相对应的百分比计算错误，应为 560 000 ÷ 4 000 000 ＝14%

（3）"选定函证但客户不同意函证的应收账款"没有列示金额和百分比；"选择函证合计"也没有列示金额和百分比。

（4）没有从样本报结果推断总体错报，因此，形成应收账款得到公允反映的结论是不适当的。

（5）没有统计和列示通过积极函证而未回函的 16 封询证函。

1.4.2　坏账准备的实质性程序

1. 坏账准备审计目标与实质性程序

坏账准备审计目标与实质性程序如表 1 – 15 所示。

表 1 – 15　　　　　　　　　　　**坏账准备实质性程序**

被审计单位：＿＿＿＿　编制：＿＿＿＿　日期：＿＿＿＿　索引号：＿＿＿＿

截 止 日 期：＿＿＿＿　复核：＿＿＿＿　日期：＿＿＿＿　页 次：＿＿＿＿

一、审计目标与认定对应关系表

审计目标	财务报表认定				
	存在	完整性	权利和义务	计价和分摊	列报
A. 资产负债表中记录的坏账准备是存在的	√				
B. 应当记录的坏账准备均已记录		√			
C. 记录的坏账准备是被审计单位拥有或控制			√		
D. 坏账准备以恰当的金额包括在财务报表中，与之相关的计价调整已恰当记录				√	
E. 坏账准备是否已按照企业会计准则的规定在财务报表中做出恰当列报					√

二、目标与审计程序对应关系表

审计目标	可供选择的审计程序	计划实施的审计程序	工作底稿索引号
D	①取得或编制坏账准备计算表，复核加计正确，与坏账准备总账、明细账合计数核对相符		
AB	②将应收账款坏账准备本期计提数与资产减值损失相应明细项目的发生额核对是否相符		
ABCD	③了解被审计单位的坏账准备政策，检查坏账准备计提和核销的批准程序并取得书面报告等证明文件。评价计提坏账准备所依据的资料、假设及方法；复核应收账款坏账准备是否按经股东大会或董事会批准的既定方法和比例提取，其计算和会计处理是否正确		
ABD	④取得或编制坏账损失明细表，检查坏账损失的原因是否清楚、转销依据是否符合规定并办妥审批手续，有无已做坏账损失处理后又收回的账款会计处理是否正确		
D	⑤已经确认并转销的坏账重新收回的，检查其会计处理是否正确		
ACD	⑥检查函证结果。对债务人回函中反映的例外事项及存在争议的余额，注册会计师应查明原因并做记录。必要时，应建议被审计单位做相应的调整		
D	⑦实施分析程序。通过比较前期坏账准备计提数和实际发生数，以及检查期后事项，评价应收账款坏账准备计提的合理性		
E	⑧确定应收账款坏账准备的披露是否恰当		

2. 重点实质性程序操作

（1）取得或编制坏账准备计算表，复核加计正确，与坏账准备总账、明细账合计数核对相符。

（2）了解被审计单位的坏账准备政策，检查坏账准备计提和核销的批准程序，取得书面报告等证明文件。评价计提坏账准备所依据的资料、假设及方法复核应收账款坏账准备是否按经股东大会或董事会批准的既定方法和比例提取，其计算和会计处理是否正确。

（3）取得或编制坏账损失明细表，检查坏账损失的原因是否清楚、转销依据是否符合规定并办妥审批手续，有无已做坏账损失处理后又收回的账款，会计处理是否正确。

实例1-5 安华会计师事务所对南方动力公司2009年度财务报表审计时，注册会计师王强负责审查应收账款和坏账准备。其坏账准备检查明细表如表1-16所示。

表1-16 坏账准备检查明细

年初余额		本年增加		本年减少		年末金额		已审应收账款余额	已审坏账准备余额	已审余额与原余额差异	审计意见
账龄	金额/元	计提	坏账收回	坏账冲销	冲回	账龄	金额/元				
一年以内	516 070.98	280 591.99				一年以内	796 662.97	17 433 259.34	871 662.97	75 000.00	补提
1~2年	356 736.84				247 736.84	1~2年	109 000.00	109 000.00	109 000	0	
2~3年	105 000				105 000	2~3年	0	0	0	0	
3年以上	0	175 000.00				3年以上	175 000.00	350 000.00	175 000		
合计	97 780 782	455 591.99			352 736.84		1 080 662.97	18 873 259.34	1 155 662.97	75 000.00	

审计说明

（1）坏账准备的提取采用账龄分析法：账龄在一年以内的按5%提取；1~2年的按10%提取，超过3年的按50%提取。

（2）经查，年内未发生坏账事项，也无已做坏账损失处理后又收回的款项；年末由于应收账款调整（将一笔预收账款1 500 000.00元抵减了应收账款）而相应调整的坏账准备为75 000.00元。年末坏账准备审定余额 = 17 433 259.34 × 5% + 1 090 000 × 10% + 350 000 × 50% = 1 155 662.97（元）

年末应补提坏账准备如下。

借：资产减值损失——计提的坏账准备　　　　　　　　　　　　　　75 000

　　贷：应收账款——坏账准备　　　　　　　　　　　　　　　　　　　75 000

任务5　应交税费的实质性程序

企业在一定时期内取得的营业收入和实现的利润，要按规定向国家缴纳相应的税费。

这些应交的税费通常应按权责发生制原则预提记入有关账户,在尚未缴纳前就形成了企业的一项负债。在审查应交税费时,应当注意搜集有关审计证据,包括销售合同、退货处理单、折让协议、销售发票等。特别要注意一些特殊情况下最容易少计或多计增值税的情况。少计或多计增值税的情况主要有:一是销货退回、折让、折扣是否同时冲减了应交税费;二是虚增销售收入或虚减销售收入时,同时虚增或虚减的应交税费;三是应税和免税产品同时销售时,是否合理分开允许抵扣的进项税额与免税产品不得抵扣的进项税额。

1. 审计目标与认定对应关系

应交税费审计目标与认定对应关系如表 1 – 17 所示。

表 1 – 17　　　　　　　　　应交税费审计目标与认定对应关系

审计目标	财务报表认定				
	存在	完整性	权利和义务	计价和分摊	列报
A. 资产负债表中记录的应交税费是存在的	√				
B. 所有应当记录的应交税费均已记录		√			
C. 记录的应交税费是被审计单位应当履行的现时义务			√		
D. 应交税费以恰当的金额包括在财务报表中,与之相关的计价调整已恰当记录				√	
E. 应交税费已按照企业会计准则的规定在财务报表中做出恰当列报					√

2. 实质性程序

(1)取得或编制应交税费明细表。

① 复核加计是否正确,并与报表数、总账数和明细账合计数核对是否相符。

② 注意印花税、耕地占用税以及其他不需要预计应交数的税金有无误入应交税费项目。

③ 分析存在借方余额的项目,查明原因,判断是否由被审计单位预交税款引起。

(2)首次接受委托时,取得被审计单位的纳税鉴定、纳税通知、减免税批准文件等,了解被审计单位适用的税种、附加税费、计税基础、税率,以及征、免、减税的范围与期限。如果被审计单位适用特定的税基式优惠或税额式优惠、或减低适用税率的,且该项税收优惠需办理规定的审批或备案手续的,应检查相关的手续是否完整、有效。连续接受委托时,关注其变化情况。

(3)核对期初未交税金与税务机关受理的纳税申报资料是否一致,检查缓期纳税及延期纳税事项是否经过主管税务机关批准。

(4)取得税务部门汇算清缴或其他确认文件、有关政府部门的专项检查报告、税务代理机构专业报告、被审计单位纳税申报资料等,分析其有效性,并与上述明细表及账面数据进行核对。对于超过法定缴纳期限的税款,应取得主管税务机关的批准文件。

（5）检查应交增值税。

① 取得或编制应交增值税明细表，加计复核其正确性，并与明细账核对相符。

② 将应交增值税明细表与被审计单位增值税纳税申报表进行核对，比较两者是否总体相符，并分析其差额产生的原因。

③ 通过"原材料"等相关科目匡算进项税是否合理。

④ 抽查一定期间的进项税抵扣汇总表，与应交增值税明细表相关数额合计数核对，如果有差异，查明原因并做适当处理。

⑤ 抽查重要进项税发票、海关完税凭证、收购凭证或运费发票，并与网上申报系统进行核对，并注意进口货物、购进的免税农产品或废旧物资、支付运费、接受投资或捐赠、接受应税劳务等应计的进项税额是否按规定进行了会计处理；因存货改变用途或发生非常损失应计的进项税额转出数的计算是否正确，是否按规定进行了会计处理。

⑥ 根据与增值税销项税额相关账户审定的有关数据，复核存货销售，或将存货用于投资、无偿馈赠他人、分配给股东（或投资者）应计的销项税额，以及将自产、委托加工的产品用于非应税项目的计税依据确定是否正确以及应计的销项税额是否正确计算，是否按规定进行会计处理。

⑦ 检查适用税率是否符合税法规定。

⑧ 取得"出口货物退（免）税申报表"及办理出口退税有关凭证，复核出口货物退税的计算是否正确，是否按规定进行了会计处理。

⑨ 对经主管税务机关批准实行核定征收率征收增值税的被审计单位，应检查其是否按照有关规定正确执行。如果申报增值税金额小于核定征收率计算的增值税金额。应注意超过申报额部分的会计处理是否正确。

⑩ 抽查本期已交增值税资料，确定已交款数的正确性。

（6）检查应交营业税的计算是否正确。结合营业税金及附加等项目的审计，根据审定的当期营业额，检查营业税的计税依据是否正确，适用税率是否符合税法规定，是否按规定进行了会计处理，并分项复核本期应交数；抽查本期已交营业税资料，确定已交数的正确性。

（7）检查应交消费税的计算是否正确。结合营业税金及附加等项目，根据审定的应税消费品销售额（或数量），检查消费税的计税依据是否正确。适用税率（或单位税额）是否符合税法规定，是否按规定进行了会计处理，并分项复核本期应交消费税税额；抽查本期已交消费税资料，确定已交数的正确性。

（8）检查应交资源税的计算是否正确，是否按规定进行了会计处理。

（9）检查应交土地增值税的计算是否正确，是否按规定进行了会计处理。

① 根据审定的预售房地产的预收账款，复核预交税款是否准确。

② 对符合项目清算条件的房地产开发项目，检查被审计单位是否按规定进行土地增值税清算；如果被审计单位已聘请中介机构办理土地增值税清算鉴证的，应检查、核对相关鉴证报告。

③ 如果被审计单位被主管税务机关核定征收土地增值税的，应检查、核对相关的手续。

（10）检查应交城市维护建设税的计算是否正确。结合营业税金及附加等项目的审计，根据审定的计税基础和按规定适用的税率，复核被审计单位本期应交城市维护建设税的计算是否正确，是否按规定进行了会计处理；抽查本期已交城市维护建设税资料，确定已交数的正确性。

（11）检查应交车船使用税和房产税的计算是否正确。获取被审计单位自有车船数量、吨位（或座位）及自有房屋建筑面积、用途、造价（购入原价）、购建年月等资料，并与固定资产（含融资租入固定资产）明细账复核一致；了解其使用、停用时间及其原因等情况；通过审核本期完税单，检查其是否如实申报和按期缴纳，是否按规定进行了会计处理。

（12）检查应交土地使用税的计算是否正确，是否按规定进行了会计处理。

（13）获取或编制应交所得税测算表，结合所得税项目。确定应纳税所得额及企业所得税税率，复核应交企业所得税的计算是否正确，是否按规定进行了会计处理；抽查本期已交所得税资料，确定已交数的正确性。汇总纳税企业所得税汇算清缴，并按税法规定追加相应的程序。

（14）检查除上述税项外的其他税项及代扣税项的计算是否正确，是否按规定进行了会计处理。

（15）检查被审计单位获得税金减免或返还时的依据是否充分、合法和有效，会计处理是否正确。

（16）抽查应交税金相关的凭证，检查是否有合法依据，会计处理是否正确。

（17）根据评估的舞弊风险等因素增加的审计程序。

（18）确定应交税金是否已按照企业会计制度的规定在财务报表中做出恰当列报。

实例 1-6 注册会计师李建在审计 AT 公司销货退回、折让、折扣是否同时冲减应交税费时，查阅了相关的记账凭证，发现 AT 公司于 7 月底销售给 JP 公司的钢材不含税金额为20 000 元，增值税税率为 17%，代垫运费 1 000 元，向银行办妥了托收手续，该批钢材的成本为 14 000 元。但 8 月初因质量不符合要求，JP 公司寄来了"拒付理由书"、"拒收商品通知单"，同时退回了货物 AT 公司做出的会计处理如下。

借：主营业务收入　　　　　　　　　　　　　　　　　　20 000
　　销售费用　　　　　　　　　　　　　　　　　　　　 1 000
　　　贷：应收账款　　　　　　　　　　　　　　　　　　　　21 000
借：库存商品　　　　　　　　　　　　　　　　　　　　14 000
　　　贷：主营业务成本　　　　　　　　　　　　　　　　　　14 000

分析：

销货退回不仅应根据红字增值税专用发票冲减主营业务收入、应收账款，根据退货入库单冲减主营业务成本和增加库存商品，同时还应冲减应交税费——应交增值税（销项税额）。于是，注册会计师李建提请 AT 公司做如下相应的会计调整。

借：应交税费——应交增值税（销项税额）　　　　　　3 400
　　　贷：应收账款　　　　　　　　　　　　　　　　　　　　 3 400

任务 6　销售费用的实质性程序

销售费用，是指企业在销售商品过程中发生的费用，包括企业销售商品过程中发生的运输费、装卸费、包装费、保险费、展览费和广告费，以及为销售本企业商品而专设的销售机构的职工薪酬、业务费等经营费用。销售费用审计的重点应是关注费用的真实性，企业所有发生的费用支出都应当对应着资产或服务的获得，并有合法原始凭证支持，否则，企业的费用支出不实，势必影响财务报表的公允反映。

1. 审计目标与认定对应关系

销售费用审计目标及认定对应关系如表 1-18 所示。

表 1-18   **销售费用审计目标与认定对应关系**

审计目标	财务报表认定					
	发生	完整性	准确性	截止	分类	列报
A. 利润表中记录的销售费用已发生，且与被审计单位有关	√					
B. 所有应当记录的销售费用均已记录		√				
C. 与销售费用有关的金额及其他数据已恰当记录			√			
D. 销售费用已记录于正确的会计期间				√		
E. 销售费用已记录于恰当的账户					√	
F. 销售费用已按照企业会计准则的规定在财务报表中做出恰当的列报						√

2. 实质性程序

（1）取得或编制销售费用明细表。

① 复核其加计数是否正确，并与报表数、总账数和明细账合计数核对是否相符。

② 将销售费用中的工资、折旧等与相关的资产、负债科目核对，检查其勾稽关系的合理性。

（2）对销售费用进行分析。

① 计算分析各个月份销售费用总额及主要项目金额占主营业务收入的比率，并与上一年度进行比较，判断变动的合理性。

② 计算分析各个月份销售费用中主要项目发生额及占销售费用总额的比率，并与上一年度进行比较，判断其变动的合理性。

（3）检查各明细项目是否与被审计单位销售商品、提供劳务以及专设的销售机构发生的各种费用有关。

（4）检查销售佣金支出是否符合规定，审批手续是否健全，是否取得有效的原始凭证。如果超过规定，是否按规定进行了纳税调整。

（5）检查广告费、宣传费、业务招待费的支出是否合理，审批手续是否健全，是否取得有效的原始凭证。如果超过规定限额，应在计算应纳税所得额时调整。

（6）检查由产品质量保证产生的预计负债，是否按确定的金额进行会计处理。

（7）选择重要或异常的销售费用项目，检查各项目开支标准是否符合有关规定。开支内容是否与被审计单位的产品销售或专设销售机构的经费有关，计算是否正确，原始凭证是否合法，会计处理是否正确。

（8）抽取资产负债表日前后数张凭证，实施截止测试，若存在异常迹象，应考虑是否有必要追加审计程序，对于重大跨期项目的应做必要调整。

（9）根据评估的舞弊风险等因素增加相应的审计程序。

（10）检查销售费用是否已按照企业会计准则的规定在财务报表中做出恰当的列报。

实例1-7 注册会计师徐虹在审查DX公司2009年度的财务报表时，取得的DX，公司2009年度利润表和2008年度利润表如表1-19所示。

表1-19　　　　　　　　　　2009年度及2008年度利润表　　　　　　　　　单位：万元

项　　目	2009年度（未审数）	2008年度（审定数）
一、营业收入	50 000	40 000
减：营业成本	40 000	33 000
营业税金及附加	1 000	900
销售费用	4 000	3 200
管理费用	-5 000	2 000
财务费用	1 000	900
加：投资收益	5 000	2 000
二、营业利润	14 000	2 000
加：营业外收入	1 000	1 500
减：营业外支出	2 000	2 000
三、利润总额	13 000	1 500
减：所得税费用（税率25%）	3 250	375
四、净利润	9 750	1 125

取得的DX公司2009年度及2008年度销售费用明细如表1-20所示。

表1-20　　　　　　　　　2009年度及2008年度销售费用明细　　　　　　　　单位：万元

项　　目	2009年度（未审数）	2008年度（审定数）
广告费用	1 400	1 200
产品质量保证	500	—
运输费用	1 100	1 000
职工薪酬	1 000	1 000
合计	4 000	3 200

要求：对上述资料进行分析后，指出需重点审计的销售费用项目。

分析：

报表显示，"营业收入"比上年增加了10 000万元，增幅为2%；"销售费用"比上年增加了800万元，增幅为25%；由于产品质量保证费用一般按销售额的百分比提取，2008

年的主营业务收入为 40 000 万元，没有质量保证费用，而 2009 年的销售额为 50 000 万元，却增加了质量保证费用 500 万元，因此需重点审计的销售费用项目是产品质量保证费用，检查是否存在人为调节费用的情况。

任务7 其他账户的实质性程序

1.7.1 应收票据的实质性程序

应收票据，是指企业在采用商业汇票结算方式时，因销售商品、产品或提供劳务而收到的商业汇票。其款项具有一定的保证，经持有人背书后可以提交银行贴现，具有较大的灵活性。由于应收票据是在企业赊销业务中产生的，因此，对应收票据的审计也必须结合企业赊销业务一起进行。注册会计师在进行应收票据审计时，应检查被审计单位资产负债表中应收票据项目的数额是否与审定数相符，是否剔除了已贴现票据。如果被审计单位是一般企业，其已贴现的商业承兑汇票应在报表下端补充资料的"已贴现的商业承兑汇票"项目中加以反映；如果被审计单位是上市公司，其财务报表附注通常应披露贴现或用做抵押的应收票据情况和原因说明，以及持有其 5%（含 5%）以上股份的股东单位欠款情况。

1. 审计目标与认定对应关系

应收票据审计目标与认定对应关系如表 1－21 所示。

表 1－21 应收票据审计目标与认定对应关系

审计目标	财务报表认定				
	存在	完整性	权利和义务	计价和分摊	列报
A. 资产负债表中记录的应收票据是存在的	√				
B. 所有应当记录的应收票据均已记录		√			
C. 记录的应收票据由被审计单位拥有或控制			√		
D. 应收票据以恰当的金额包括在财务报表中，与之相关的计价调整已恰当记录				√	
E. 应收票据已按照企业会计准则的规定在财务报表中做出恰当列报					√

2. 实质性程序

（1）取得或编制应收票据明细表。

① 复核加计是否正确，并与总账数和明细账合计数核对是否相符；结合坏账准备科目与报表数核对是否相符。

② 检查非记账本位币应收票据的折算汇率及折算是否正确。

③ 检查逾期票据是否已转为应收账款。

（2）取得被审计单位"应收票据备查簿"，核对其是否与账面记录一致。在应收票据明细表上标出至审计时已兑现或已贴现的应收票据，检查相关收款凭证等资料，以确认其真实性。

（3）监盘库存票据，并与"应收票据备查簿"的有关内容核对；检查库存票据，注意票据的种类、号数、签收的日期、到期日、票面金额、合同交易号、付款人、承兑人、背书人姓名或单位名称，以及对于已背书转让或贴现的票据的贴现率、收款日期、收回金额等是否与"应收票据备查簿"的记录相符；关注是否对背书转让或贴现的票据负有连带责任；注意是否存在已做质押的票据和银行退回的票据。

（4）对应收票据进行函证，并对函证结果进行汇总、分析，同时对不符事项做出适当处理。

（5）对于大额票据，应取得相应销售合同或协议、销售发票和出库单等原始交易资料并进行核对，以证实是否存在真实交易。

（6）复核带息票据的利息计算是否正确，并检查其会计处理是否正确。

（7）对贴现的应收票据，复核其贴现息计算是否正确，会计处理是否正确。编制已贴现和已转让但未到期的商业承兑汇票清单，并检查是否存在贴现保证金。

（8）标明应收关联方［包括持股5%以上（含5%）股东］的款项，执行关联方及其交易审计程序，并注明合并报表时应予抵销的金额。对关联企业、有密切关系的主要客户的交易事项做专门核查。

① 了解交易事项目的、价格和条件，做比较分析。

② 检查销售合同、销售发票、货运单证等相关文件资料。

③ 检查收款凭证等货款结算单据。

④ 向关联方、有密切关系的主要客户或其他注册会计师函证，以确认交易的真实性、合理性。

（9）根据评估的舞弊风险等因素增加的审计程序。

（10）检查应收票据是否已按照企业会计准则的规定在财务报表中做出恰当列报。

实例 1-8 注册会计师王强在审查 M 公司 2009 年度截至 12 月 31 日应收票据项目时，通过审阅 M 公司财务提供的应收票据备查簿，发现：存有 H 公司开具的于 11 月 20 日已到期的带息商业承兑汇票 300 万元，M 公司不仅未按规定将未到期的应收票据转入应收账款，并且于年度终了时按票面利率计提应收利息。注意：M 公司执行企业会计制度。

分析：

根据现行会计制度的规定：到期不能收回的带息的应收票据，转入"应收账款"科目核算后，中期期末或年度终了时不再计提利息。对于 M 公司已逾期的应收票据要查实情况，应提请 M 公司将"应收票据"中 H 公司开具的 300 万元到期未能支付的带息商业承兑汇票转入"应收账款"科目核算，将计提的利息冲回进行调整，并根据逾期原因和债务方信用情况，评价可收回性。

1.7.2 预收款项的实质性程序

预收款项是在企业销售交易成立以前，预先收取的部分货款。由于预收款项是随着企业销售交易的发生而发生的，注册会计师应结合企业销售交易对预收款项进行审计。在审计实务中，注册会计师应结合销货业务对预收账款进行审计。在审计预收账款时，要关注被审计单位以下项目：是否与预收租金、预收利息等相混淆；是否将预收账款作为销售收入入账；是否利用"预收账款"截留收入；是否利用"预收账款"账户进行舞弊行为。

1. 审计目标与认定对应关系

预收款项审计目标与认定对应关系如表1-22所示。

表1-22   预收款项审计目标与认定对应关系

审计目标	财务报表认定				
	存在	完整性	权利和义务	计价和分摊	列报
A. 资产负债表中记录的预收账款是存在的	√				
B. 所有应当记录的预收账款均已记录		√			
C. 记录的预收账款是被审计单位应当履行的现时义务			√		
D. 预收账款以恰当的金额包括在财务报表中，与之相关的计价调整已恰当记录				√	
E. 预收账款已按照企业会计准则的规定在财务报表中做出恰当列报					√

2. 实质性程序

（1）取得或编制预收账款明细表。

① 复核加计是否正确，并与报表数、总账数和明细账合计数核对是否相符。

② 以非记账本位币结算的预收账款，检查其采用的折算汇率及折算是否正确。

③ 检查是否存在借方余额，必要时进行重分类调整。

④ 结合应收账款等往来款项目的明细余额，检查是否存在应收、预收两方挂账的项目，必要时做出调整。

⑤ 标志重要客户。

（2）分析预收账款的账龄，检查预收账款长期挂账的原因，并做出记录，必要时提请被审计单位予以调整。

（3）抽查预收账款有关的销货合同、仓库发货记录、货运单据和收款凭证，检查已实现销售的商品是否及时转销预收账款，确定预收账款期末余额的正确性和合理性。

（4）对预收账款进行函证。

（5）通过货币资金的期后测试，以确定预收账款是否已记入恰当期间。

（6）标明预收关联方［包括持股5%以上（含5%）股东］的款项，执行关联方及其交易审计程序，并注明合并报表时应予抵销的金额。

（7）对税法规定应予纳税的预收账款，结合应交税费项目，检查是否及时、足额计交有关税金。

（8）根据评估的舞弊风险等因素增加的审计程序。

（9）检查预收款项是否已按照企业会计准则的规定在财务报表中做出恰当列报。

实例1-9 注册会计师王强审计M公司2009年度财务报表预收账款项目时，发现2009

年 12 月 25 日 M 公司根据银行存款未达账项调整 1 000 万元记入"预收账款"。王强逐笔核对了记账凭证及其后附的销售合同等，随后又根据合同所列产品名称及数量，到仓库审查了库存商品明细账，证实以上各批产品已发货，有关原始凭证已传递到会计部门。注意：M 公司执行企业会计制度、增值税率 17%，上述预收账款 1 000 万元的该批产品成本为 750 万元。

分析：

根据会计制度的规定，上述预收账款，1 000 万元的经济事项已表明销售收入的成立，应该做销售收入处理。注册会计师王强应提请 M 公司进行账务调整，并把查证的情况客观地记录在审计工作底稿中。

借：预收款项　　　　　　　　　　　　　　　　10 000 000
　　贷：营业收入　　　　　　　　　　　　　　　　　8 547 000
　　　　应交税费——应交增值税（销项税）　　　　1 453 000
同时结转成本：
借：营业成本　　　　　　　　　　　　　　　　7 500 000
　　贷：库存商品　　　　　　　　　　　　　　　　7 500 000

1.7.3　营业税金及附加的实质性程序

营业税金及附加项目反映企业经营主要业务应负担的营业税、消费税、城市维护建设税、资源税、土地增值税和教育税附加等。营业税金及附加项目的增加与应交税费项目相关，因此应结合应交税费项目进行审计。

1. 审计目标与认定对应关系

营业税金及附加审计目标与认定对应关系如表 1 – 23 所示。

表 1 – 23　　　　　　　　　营业税金及附加审计目标与认定对应关系

审计目标	财务报表认定					
	发生	完整性	准确性	截止	分类	列报
A. 利润表中记录的营业税金及附加已发生，且与被审计单位有关	√					
B. 所有应当记录的营业税金及附加均已记录		√				
C. 与营业税金及附加有关的金额及其他数据已恰当记录			√			
D. 营业税金及附加记录于正确的会计期间				√		
E. 营业税金及附加中的交易和事项已记录于恰当的账户					√	
F. 营业税金及附加已按照企业会计准则的规定在财务报表中做出恰当的列报						√

2. 实质性程序

（1）取得或编制营业税金及附加明细表，复核加计是否正确，并与报表数、总账数和明细账合计数核对是否相符。

（2）根据审定的本期应纳营业税的营业收入和其他纳税事项，按规定的税率，分项计算、复核本期应纳营业税税额，检查会计处理是否正确。

（3）根据审定的本期应税消费品销售额（或数量），按规定适用的税率，分项计算、复核本期应纳消费税税额，检查会计处理是否正确。

（4）根据审定的本期应纳资源税产品的课税数量，按规定适用的单位税额，计算、复核本期应纳资源税税额，检查会计处理是否正确。

（5）检查城市维护建设税、教育费附加等项目的计算依据是否和本期应纳增值税、营业税、消费税合计数一致，并按规定适用的税率或费率计算、复核本期应纳城建税、教育费附加等，检查会计处理是否正确。

（6）检查被审计单位的减免税项目是否真实，免税手续是否完备，会计处理是否正确。

（7）结合应交税费科目的审计，复核其勾稽关系。

（8）根据评估的舞弊风险等因素增加的审计程序。

（9）检查营业税金及附加是否已按照企业会计准则的规定在财务报表中做出恰当列报。

技能训练

一、单项选择题

1. 注册会计师计划测试被审计单位 2009 年度主营业务收入的真实性。以下各项审计程序中，可以实现上述审计目标的是（　　）。

A. 抽取 2009 年 12 月 31 日开具的销售发票，检查相应的发运凭证和账簿记录

B. 抽取 2009 年 12 月 31 日的发运凭证，检查相应的销售发票和账簿记录

C. 从主营业务收入明细账中抽取 2009 年 12 月 31 日的明细记录，检查相应的记账凭证、发运凭证和销售发票

D. 从主营业务收入明细账中抽取 2009 年 12 月 31 日的明细记录，检查相应的记账凭证、发运凭证和销售发票

2. 注册会计师检查被审计单位销售截止时，下列各项问题中，最可能发现的问题是（　　）。

A. 应收账款在财务报表上的列示不正确　　　B. 当年未入账的销售业务

C. 销售退回的产品未入库　　　D. 是否存在过多的销售折扣

3. 下列各项中，预防员工贪污、挪用销货款的最有效的方法是（　　）。

A. 记录应收账款明细账的人员不得兼任出纳

B. 收取客户支票与收取客户现金由不同人担任

C. 请客户将货款直接汇入公司所指定的银行账户

D. 公司收到客户支票后立即寄送收据给客户

4. 为了证实应收账款是否存在，下列各项书面证据中可靠性最强的是（ ）。

A. 注册会计师向被审计单位债务人函证应收账款的回函

B. 销货发票副本

C. 被审计单位提供的债务人的对账单

D. 被审计单位应收账款账簿

5. 在对坏账损失进行审计时，A 注册会计师发现被审计单位存在以下处理情况，其中不正确的是（ ）。

A. 某债务人失踪，在取得相关法律文件予以证实后，确认为坏账损失

B. 某债务人被撤销，尽管尚未完成清算，但根据政府相关部门责令关闭的文件等有关资料，确认坏账损失

C. 对某债务人提起诉讼，虽然胜诉但因无法执行被裁定终止执行，确认坏账损失

D. 某债务人已经注销，在取得相关法律文件予以证实后，确认为坏账损失

二、多项选择题

1. 在关于销售业务的审计中，注册会计师在以下（ ）时可以运用抽样方法。

A. 确认赊销是否均经过批准

B. 确认销货发票是否均附有发运凭证副本

C. 审查大额或异常的销售业务

D. 确认销货发票副本上是否表明账户号码

2. 向客户开具销售发票，这项控制与销售交易的（ ）认定有关。

A. 完整性认定 　　　　　　　　　　B. 权利和义务认定

C. 估价或分摊认定 　　　　　　　　D. 存在或发生认定

3. 注册会计师对被审计单位已发生的销售业务是否均已登记入账进行审计时，常用的控制测试程序有（ ）。

A. 检查发运凭证连续编号的完整性 　　B. 检查赊销业务是否经过授权批准

C. 检查销售发票连续编号的完整性 　　D. 观察已经寄出的对账单的完整性

4. 在对特定会计期间主营业务收入进行审计时，注册会计师应关注的与主营业务收入确认有密切关系的日期包括（ ）。

A. 发货日期或劳务提供日期 　　　　B. 发票开具日期

C. 记账日期 　　　　　　　　　　　D. 销售截止测试日期

5. 注册会计师在确定应收账款函证样本数量的大小、范围时，应考虑的因素有（ ）。

A. 应收账款在全部资产中所占的比重 　B. 被审计单位内部控制的强弱

C. 以前年度的函证结果 　　　　　　D. 函证方式的选择

三、判断题

1. 对营业收入项目实施截止期测试，其目的主要在于确定被审计单位营业收入是否真实。 （ ）

2. 在对被审计单位连续编号的订购单进行测试时，注册会计师可以以订购单的编号作为所测试订购的识别特征。 （ ）

3. 在实施主营业务收入的实质性程序中，测试真实性目标时，起点应是发运凭证；测试完整性目标时，起点应是明细账。 （ ）

4. 追查销售发票上的详细信息至发运凭证，经批准的商品价目表和客户订购单，是注册会计师获取被审计单位销售交易登记入账金额正确性的有效程序。　　　　（　　）

5. 注册会计师了解被审计单位销售业务循环后认为销售价格、销售条件、运费、折扣由销售人员根据客户情况进行谈判是一项"授权"控制活动的缺陷。　　　　（　　）

四、操作题

1. 资料：京信会计师事务所接受委托，审计雅安公司 2009 年度的财务报表。注册会计师任某了解和测试了与应收账款相关的内部控制，并将控制风险评估为高水平。注册会计师任某取得了 2009 年 12 月 31 日的应收账款明细表，并于 2010 年 1 月 15 日采用积极的函证方式对所有重要客户寄发了询证函。注册会计师任某将与函证结果相关的重要异常情况汇总于表 1 - 24。

表 1 - 24　　　　　　　　　　与函证结果相关的重要异常情况

异常情况	函证编号	客户名称	函证金额	回函日期	回函内容
（1）	22	甲	30 万元	2010 年 1 月 22 日	购买雅安公司 30 万元货物属实，但款项已于 2009 年 12 月 25 日用支票支付
（2）	56	乙	50 万元	2010 年 1 月 19 日	因产品质量不符合要求，根据购货合同，于 2009 年 12 月 28 日将货物退回
（3）	64	丙	6 464 万元	2010 年 1 月 19 日	2009 年 12 月 10 日收到雅安公司委托本公司代销的货物 64 万元，尚未销售
（4）	82	丁	90 万元	2010 年 1 月 18 日	采用分期付款方式购货 90 万元，根据购货合同，已于 2009 年 12 月 25 日首付 30 万元
（5）	134	戊	60 万元	因地址错误被邮局退回	—

要求：针对上述异常情况，分析注册会计师任某应分别实施哪些重要审计程序。

2. 资料：注册会计师李文在审计红光机械制造有限公司 2008 年财务报表时，以发运凭证为起点，对主营业务收入实施截止测试。测试时间 2009 年 3 月 5 日，复核人张劲，复核时间 2009 年 3 月 9 日。测试内容如下。

测试顺序编号 1，发运凭证日期，2008 年 12 月 25 日，号码，10557；发票日期 2008 年 12 月 25 日，客户名称金工锁具厂，销售额 300 000 元，税额 51 000 元；明细账日期 2009 年 1 月 9 日，凭证号 32#，主营业务收入 300 000 元，应交税费 51 000 元。

经查 32#凭证，发现会计分录如下。

借：银行存款　　　　　　　　　　　　　　　　　　　　351 000
　　贷：预收账款　　　　　　　　　　　　　　　　　　　　　　351 000

后附增值税销售发票一张，银行转账支票进账单一张。

该笔销售业务生产成本 210 000 元，未结转。

要求：

（1）请根据以上资料填写主营业务收入截止测试表（见表 1-25）。

（2）根据测试中发现的问题提出审计建议（红光机械制造有限公司所得税适用税率为 25%，执行企业会计制度）。

表 1-25　　　　　　　　　　主营业务收入截止测试表

被审计单位：＿＿＿＿　编制：＿＿＿＿　日期：＿＿＿＿　索引号：＿＿＿＿

期　间：＿＿＿＿　复核：＿＿＿＿　日期：＿＿＿＿　页　次：＿＿＿＿

编号	发运凭证		发票内容					明细账				是否跨期√（×）
	日期	号码	日期	客户名称	货物名称	销售额	税额	日期	凭证号	主营业务收入	应交税费	

审计说明

注：从发运凭证到明细账。

项目二

采购与付款循环的审计

【学习目标】

◆ 了解采购与付款循环的特性。

◆ 了解采购与付款循环涉及的主要账户和会计记录。

◆ 了解采购与付款循环内部控制规范的要求及控制测试方法。

◆ 了解采购与付款循环交易的审计目标和实质性程序。

【能力目标】

◆ 能对采购与付款循环进行控制测试。

◆ 能对固定资产、在建工程、工程物资、应付账款、预付账款、应付票据、长期应付款、管理费用等账户实施实质性程序。

◆ 能正确填写采购与付款循环业务审计工作底稿。

【引例】

美国巨人零售公司审计案[①]

美国巨人零售公司是一家大型零售折扣商店，创建于 1959 年，总部设在马萨诸塞州的詹姆斯福特，公司在 20 年的时间内迅速发展，到 1971 年，已经拥有了 112 家零售批发商店。但就在那一年，巨人公司的管理部门面临着历史上第一次重大经营损失。为了掩盖这一真相，它们决定篡改公司的会计记录，把 1971 年发生的 250 万美元的经营损失篡改为 150 万美元收益，并且提高与之相关的流动比率和周转率。

罗斯会计师事务所担任巨人零售公司 1972 年年报审计工作，签发了无保留意见的审计报告。

1972 年 4 月 28 日，巨人零售公司把经过审计的财务报表提交给美国证券交易委员会，申请并获准发行了 300 万美元的股票，并贷到了 1200 万美元的流动资金。但 1973 年初，罗斯会计师事务所撤回了其签发的无保留意见的审计报告，1973 年 8 月，巨人零售公司向波士顿法院提交破产申请，两年后法院宣告公司破产。

根据法庭查证事实，巨人零售公司蓄意调整 1972 年 1 月 29 日结束的会计年度的应付账款余额的情况，如表 2 - 1 所示。

---

① 本案例引自巨人零售公司审计案：http://doc.mbalib.com/view/630193ca0db308ffbd9e7d80e5c46fff.html

表 2 - 1 巨人零售公司对应付账款的蓄意调整

相关方	应付账款减少金额（美元）	应付账款减少的理由
1100 家广告商	300 000	以前未入账的预付广告费用
米尔布鲁克公司	257 000	（1）商品退回；（2）总购折扣；（3）折扣优惠
罗斯盖尔公司	130 000	商品退回
健身器材公司	170 000	以前购买货物索价过高
健美产品制造商	163 000	商品退回

巨人零售公司舞弊行为与罗斯会计师事务所审计行为列示如下：

1. 巨人零售公司的总裁和财务主管，在 1972 年 1 月 29 日结束的会计年度中，命令下属广告部门的经理，准备了 14 页的备忘录，虚构了大约 1 100 家的广告商名单，记载着巨人零售公司以前曾向它们预付广告费用但并未入账。

罗斯事务所的审计师为验证这些预付广告费是否属实，抽取了 24 个样本，向其中 4 个广告商发函询证，并要求巨人零售公司为另外 20 笔未入账的费用提供证明文件。虽然 4 个广告商的回函曾指出预付广告费是错误的，但审计师并没有进一步追查，反而根据巨人零售公司提供的证明文件以及发的询证函确认了巨人零售公司预付 30 万美元广告费。

2. 巨人零售公司的财务副总裁伪造了 28 个虚假的贷方通知单（红字发票），以此来抵减外发的应付给米尔布鲁克公司的账款 25.7 万美元。

审计师注意到这些贷项通知单，询问公司的职员，得到先后三个不同的解释。为证实这一事项，审计师要求向米尔布鲁克公司的高级行政人员求证此事。为了满足这个要求，巨人零售公司的财务副总裁当着审计师的面，打电话给一个听起来像是米尔布鲁克公司总裁的人，短暂交谈后，巨人零售公司的财务副总裁把电话递给了审计师，电话另一头的那个人口头上证实了这一事项，并同意递交罗斯会计师事务所一份书面证明。但几天后，巨人零售公司的财务副总裁告诉审计师，米尔布鲁克公司总裁改变了签发书面证明的主意，审计师对此很生气，为此，审计师写了一份备忘录，附在工作底稿中，对贷项通知单的真实性提出质疑。但负责巨人零售公司审计工作的事务所合伙人却认为已经搜集到充分的证据，可以证实贷项通知单的真实性，就不再深入追查此事。

3. 巨人零售公司通过发出 35 份假造的贷项通知单蓄意减少了 13 万美元的应付给另一个供应商罗斯盖尔公司的账款。

审计师在审阅这些通知单的复印件时，发现有种特殊标志被隐藏在单据中，当把这些通知单高举在光线下观察时，他发现了单据中被隐藏起来的句子："只有在收到货物时才可以记账"。于是，审计师打电话给罗斯盖尔公司的一位会计人员，询问他有关这些商品退回的问题，回答是并无任何商品曾被巨人零售公司退回。因此，审计师将这件事情报告给了事务所的合伙人。当合伙人与巨人零售公司副总裁交流时，巨人零售公司副总裁解释道，审计师误解了有关贷项通知单的电话询问，并断言的确是由于退回货物，才发出通知单，但却以巨人零售公司和罗斯盖尔公司即将产生法律诉讼为理由，拒绝合伙人和罗斯盖尔公司联系。最终，合伙人由于收到了信件证实了这些由巨人零售公司收到的、然后又退回罗斯盖尔公司的有争议的货物确实"存在"，从而接受了巨人零售公司对此项贷项通知单的解释。

4. 巨人零售公司虚构几百个曾被供应商索价过高的赊购事项，减少应收账款 17 万美元。

　　罗斯会计师事务所为调查这些问题，从巨人零售公司提供的名单中，随意抽取几个供应商，然后给他们打电话，求证索价过高是否真实。然而，在 15 个电话求证过程中，会计师居然允许巨人公司先同供应商联系并通知此事，接着又打了个电话，再一次解释事务所要询问的事项。随后才把电话递给会计师，直至那时，罗斯会计师事务所的会计师才能与供应商通话。罗斯会计师事务所据此有限测试接受了巨人零售公司因索价过高而抵减应付账款的理由。

　　5. 巨人零售公司假造了发给健美产品制造商的贷款通知单，用根本没被确认的 16.3 万美元的商品退回来减少应付账款。

　　1978 年，巨人零售公司的四位管理者被陪审团以舞弊罪名起诉，经联盟法院审判定为有罪。1979 年 1 月，美国证券交易委员会在经过调查后，严厉谴责了罗斯会计师事务所，并在联邦法院处理此事前，暂停负责该公司审计的合伙人执业 5 个月。证券交易委员会同时要求：由独立专家中的一位陪审员，对罗斯事务所的审计程序，进行一次大规模的检查。

　　企业的采购与付款循环包括购买商品、劳务和固定资产，以及企业在经营活动中为获取收入而发生的直接或间接支出。由于企业性质不同，各类企业发生的支出类型也不完全相同，本项目主要关注与购买货物和劳务以及应付账款的支付有关的控制活动以及重大交易。有关存货购入审计在项目 3 介绍。

任务 1　采购与付款循环的内部控制与控制测试

2.1.1　采购与付款循环的特性及内部控制

　　注册会计师在对采购与付款循环审计时，首先要了解该循环的业务特性以及内部控制设计的合理性，然后据以决定采取的进一步审计程序的性质、时间和范围。一般而言，采购与付款循环的主要业务活动、所涉及的凭证、记录和控制程序如表 2 - 1 所示。

表 2 - 1　　采购与付款循环中主要业务活动及对应的凭证、记录和控制程序

主要业务活动	涉及的凭证及记录	相关的主要部门	相关的认定	内部控制要点
1. 请购商品或劳务	请购单	仓库、资产使用部门填写	发生	请购与审批岗位分离，请购单需经负预算责任的主管人员签字批准
2. 编制订购单	请购单、已经批准的请购单	采购部门编制	发生和完整性	根据已经批准的请购单编制，并预先编号
3. 验收商品	验收单、订购单	验收部门编制	存在、发生和完整性	将商品与订购单核对，验收单预先编号
4. 储存已验收的存货	验收单	仓库保管部门编制	存在	储存与验收岗位分离，限制无关人员接近
5. 编制付款凭单	付款凭单、请购单、订购单、验收单和卖方发票	应付凭单部门编制	存在、发生、完整性、权利和义务以及计价和分摊	核对卖方发票、订购单、验收单，据以编制付款凭单；付款凭单由被授权人签字；付款凭单预先编号

续表

主要业务活动	涉及的凭证及记录	相关的主要部门	相关的认定	内部控制要点
6. 确认与记录负债	卖方发票及相关凭证、应付凭单登记簿、转账凭证、付款凭证、应付账款明细账	会计部门	发生、完整性、权利和义务以及计价和分摊	记录应付账款前应核对卖方发票、验收单、订购单、付款凭证；记录现金支出的人员不得经受现金、有价证券
7. 付款	付款凭单登记簿、支票、卖方月末登记单	会计部门	完整性、权利和义务以及计价和分摊	付款时，对卖方发票、结算凭证、验收单等凭证核查；付款凭单应经批准；支票应连续编号，并经签字
8. 记录现金、银行存款支出	付款凭证、库存现金和银行存款日记账、应付账款明细账	会计部门	发生、完整性、权利和义务以及计价和分摊	现金或银行存款支出与应付账款一致，独立编制银行存款余额调节表

在审计实务中，对业务循环内部控制的了解，往往是通过编制"了解内部控制设计"工作底稿来完成的。

实例2-1　了解并记录采购与付款循环控制流程。

某电力开关公司，主要经营高压器、低压电器及元件制造与销售、电器开关修理等业务。注册会计师在对该公司年度报表审计时，了解了采购与付款循环主要业务活动，记录内容如表2-3所示。

表2-3　　　　　　　　了解内部控制设计____控制流程

被审计单位：某电力开关公司　编制：卢夏萍　　日期：_____　　索引号：_____

业务循环：采购与付款循环

截止日期/期间：_____　　　复核：_____　　　日期：_____　　页　次：_____

本业务循环涉及的主要人员

职　务	姓　名	职　务	姓　名
生产副总经理	赵勇山	供应科科长	唐勇
技术科科长	刘基鸿	质检班班长	张冬凌
开发科科长	王力源	财务科科长	朱莉

我们采用询问、观察和检查等方法，了解并记录了采购与付款循环的主要控制流程，并已与总经理王平确认下列所述内容。

1. 有关职责分工的政策和程序

生产副总经理负责计划外材料工具的审批。技术科负责物料计划的编制和审批，并负责提供订单设计中需购物资的技术资料。开发科负责新产品开发中需购物资的技术资料。供应科负责材料采购的组织和实施。质检班负责对采购物资的检验。财务科负责对采购物资的资金结算。

2. 主要业务活动介绍

公司采购流程：采购要求确认→材料采购计划单的编制及审批→采购实施→进货检验→财务结算。

（1）采购要求确认。开发科、技术科的材料清单及各部门的"物资请购单"必须正确、完整。所需的劳保、工具需填写"物资请购单"经生产副总批准后交由供应科采购；其他由开发科和技术科填写的"物资请购单"由技术副总批准；各车间班组填写的"物资请购单"，如果副总不在应由授权人代为批准。

（2）材料采购计划单的编制及审批。应依据技术科网络上的材料清单和各部门的"物资请购单"，结合生产任务、库存等情况编制"材料采购计划单"，报供应科科长批准后交由材料采购员采购。

（3）采购实施。采购员在接到"材料采购计划单"后，应立即着手实施采购。原则上所有生产材料采购在供方处进行，若由于生产急需或供方不能满足采购要求，则供应科应会同技术部门选择两家以上供方，按优质优价原则，最后确认一家临时供方。

（4）进货检验。采购的所有物资都必须经过进货检验程序。元器件一般由供应科以网上"入库单"的形式向质检班报检，进货检验员根据 Q2004 进行检验，检验合格并在"入库单"上签字后，所购物资方可入库。工件和其他在网上报检困难的物资由仓管员填写"物资请检单"报质检班检验，质检员在"物资请检单"上签字后，所报物资方可入库。检验中检验不合格的物资不得入库，供应科及时与供方联系，以质检班开具的"不合格物资清单"为依据，向供方提出退货、更换、返工、索赔等要求。

（5）物资检验合格后，材料采购员应尽快做好物资入库工作，将入库凭证交到财务科。财务科按隔月结算原则，由总经理批准一次性付款或分期付款。

在记录内部控制流程后，注册会计师应观察控制流程的设计是否合理，尤其是在职责分离、授权审批、文档记录、核对等方面是否得到合理控制，并进行适当的穿行测试（见表 2-4），以检查内部控制是否得到执行。

表 2-4　　**采购与付款穿行测试＿＿＿与采购材料有关的业务活动的控制**

主要业务活动	测试内容	测试结果
	请购内容	购买真空开关
采购	是否编制采购计划并得到适当的审批（是/否）	是
	采购合同编号#（日期）	#2009-07-10_ 043（09.7.10）
	采购发票编号#（日期）	#00303747（09.7.24）
记录应付账款	材料是否经检验（是/否）	是
	是否有入库单（是/否）	是
	采购发票所载内容与采购计划、入库单的内容是否相符（是/否）	是
	转账凭证编号#（日期）	#30027（09.8.10）
	转账凭证是否得到适当复核（是/否）	是

2.1.2 了解固定资产的内部控制

由于固定资产与一般的商品在内部控制上有不少特殊性，所以有必要单独说明。为了确保固定资产的真实、完整、安全和有效利用，被审计单位应当建立和健全固定资产的内部控制。

1. 固定资产的预算制度

预算制度是固定资产内部控制中最重要的部分。通常，大中型企业应编制旨在预测与控制固定资产增减和合理运用资金的年度预算；小规模企业即使没有正规的预算，对固定资产的购建也要事先加以计划。

2. 授权批准制度

完善的授权批准制度包括：企业的资本性预算只有经过董事会等高层管理机构批准方可生效，所有固定资产的取得和处置均需经企业管理层书面认可。

3. 账簿记录制度

除固定资产总账外，被审计单位还需设置固定资产明细分类账和固定资产登记卡，按固定资产类别、使用部门和每项固定资产进行明细分类核算。固定资产的增减变化均应有充分的原始凭证。

4. 职责分工制度

对固定资产的取得、记录、保管、使用、维修、处置等，均应明确划分责任，由专门部门和专人负责。

5. 资本性支出和收益性支出的区分制度

企业应制定区分资本性支出和收益性支出的书面标准。通常需明确资本性支出的范围和最低金额，凡不属于资本性支出的范围、金额低于下限的任何支出，均应列为费用并抵减当期收益。

6. 固定资产的处置制度

固定资产的处置，包括投资转出、报废、出售等，均要有一定的申请报批程序。

7. 固定资产的定期盘点制度

对固定资产的定期盘点，是验证账面各项固定资产是否真实存在、了解固定资产放置地点和使用状况以及发现是否存在未入账固定资产的必要手段。

8. 固定资产的维护保养制度

固定资产应有严格的维护保养制度，以防止其因各种自然和人为的因素而遭受损失，并应建立日常维护和定期检修制度，以延长其使用寿命。

2.1.3 采购与付款循环的控制测试

1. 以内部控制目标为起点的控制测试

注册会计师在了解采购与付款循环内部控制的基础上，要做出是否需要控制测试的判断，因为控制测试并非在任何情况下都需要实施。如果注册会计师在评估认定层次重大错报风险时，预期采购与付款循环控制是有效的；或者仅实施采购与付款循环的实质性程序不足以提供认定层次充分、适当的审计证据的，那么，就要执行控制测试程序。

下面主要列示采购交易内部控制目标、关键内部控制和控制测试的关系，如表 2 - 5 所示。

表 2 - 5　　　　　　采购交易的控制目标、关键内部控制和控制测试的关系

内部控制目标	关键内部控制	常用的控制测试
所记录的采购都确已收到商品或已接受劳务，并符合采购方的最大利益（存在）	请购单、订购单、验收单和卖方发票一应俱全，并附在付款凭单后 采购经适当级别批准 注销凭证以防止重复使用 对卖方发票、验收单、订购单和请购单做内部核查	查验付款凭单后是否附有完整的相关单据 检查批准的采购标记 检查内部核查的标记
已发生的采购交易均已记录（完整性）	订购单均经事先连续编号并已登记入账 验收单均经事先连续编号并已登记入账 应付凭单均经事先连续编号并已登记入账	检查订购单连续编号的完整性 检查验收单连续编号的完整性 检查应付凭单连续编号的完整性
所记录的采购交易估价正确（准确性、计价和分摊）	对计算准确性进行内部核查 采购价格和折扣的批准	检查内部核查的标记 检查批准采购价格和折扣的标记
采购交易的分类正确（分类）	采用适当的会计科目表	检查工作手册和会计科目表 检查有关凭证上内部核查的标记
采购交易按正确的日期记录（截止）	要求收到商品或接受劳务后及时记录采购交易 内部核查	检查工作手册并观察有无未记录的卖方发票存在 检查内部核查的标记
采购交易被正确记入应付账款和存货等明细账中，并正确汇总（准确性、计价和分摊）	应付账款明细账内容的内部核查	检查内部核查的标记

2. 控制测试应注意的问题

注册会计师在实施采购与付款交易的常用控制测试程序时，应当注意以下几点。

（1）应当通过控制测试获取支持将被审计单位的控制风险评价为中或低的证据。如果能够获取这些证据，注册会计师就可以接受较高的检查风险，并在很大程度上可以通过实施实质性分析程序获取进一步的审计证据，同时减少对采购与付款交易和相关余额实施细节测试的依赖。

（2）考虑到采购与付款交易控制测试的重要性，注册会计师通常对这一循环采用属性抽样审计方法。在测试该循环中的大多数属性时，注册会计师通常选择相对较低的可容忍误差。另外，由于采购与付款循环中各财务报表项目所涉及的交易业务量和金额的大小往往相差悬殊，使得注册会计师在审计时常将其中大额的和不寻常的项目筛选出来，百分之百地加

以测试。

（3）对于请购商品和劳务、编制订购单、验收商品的测试。注册会计师在实施控制测试时，应抽取请购单、订购单和商品验收单，检查请购单、订购单是否得到适当审批，验收单是否有相关人员的签名，订购单和验收单是否按顺序编号。

（4）对于编制付款凭单、确认与记录负债这两项主要业务活动，被审计单位的内部控制通常要求应付账款记账员将采购发票所载信息与验收单、订购单进行核对，核对相符应在发票上加盖"相符"印戳。对此，注册会计师在实施控制测试时，应抽取订购单、验收单和采购发票，检查所载信息是否核对一致，发票上是否加盖了"相符"印戳。

（5）对于付款这项主要业务活动，有些被审计单位内部控制要求，由应付账款记账员负责编制付款凭证，并附相关单证，提交会计主管审批。在完成对付款凭证及相关单证的复核后，会计主管在付款凭证上签字，作为复核证据，并在所有单证上加盖"核销"印戳。对此，注册会计师在实施控制测试时，应抽取付款凭证，检查其是否经由会计主管复核和审批，并检查款项支付是否得到适当人员的复核和审批。

> **提示：**
>
> 　　注册会计师通常将实施固定资产内控测试的重点放在以下两个方面。
>
> 　　① 固定资产的取得和处置是否与预算相符，有无重大差异。审计人员应注意检查固定资产的取得和处置是否均依据预算，对实际支出与预算之间的差异以及未列入预算的特殊事项，应检查其是否履行特别的审批手续。如果固定资产增减均能处于良好的经批准的预算控制之下，注册会计师即可适当减少对固定资产增加、减少审计实质性程序的样本量。
>
> 　　② 固定资产的取得和处置是否经过授权批准。注册会计师不仅要检查被审计单位固定资产授权批准制度本身是否完善，还要关注授权批准制度是否得到切实执行。

任务 2　采购与付款循环的实质性程序

采购与付款交易的主要重大错报风险通常是低估费用和应付账款，从而高估利润、粉饰财务状况。因此，实施实质性程序，如对收到的商品和付款实施截止测试，以获取交易是否已被记入正确的会计期间的证据就显得非常重要。另一个重大错报风险是采购的商品、资产被错误分类，即对本应资本化的予以费用化，或对本应费用化的予以资本化。

2.2.1　采购与付款循环交易的实质性程序

针对前述重大错报风险实施实质性程序的目标在于获取关于发生、完整性、准确性、截止、存在、权利和义务、计价和分摊、分类等多项认定的审计证据。因此对采购与付款循环交易实施的实质性程序通常包括以下两个方面。

1. 实质性分析程序

（1）根据对被审计单位的经营活动、供应商的发展历程、贸易条件和行业惯例的了解，确定应付账款和费用支出的期望值。

（2）根据本期应付账款余额组成与以前期间交易水平和预算的比较，定义采购和应付账款可接受的重大差异额。

（3）识别需要进一步调查的差异并调查异常数据关系。

（4）通过询问管理层和员工，调查重大差异是否表明存在重大错报风险，是否需要设计恰当的细节测试程序以识别和应对重大错报风险。

（5）形成结论，即实质性分析程序是否能够提供充分、适当的审计证据，或需要对交易和余额实施细节测试以获取进一步的审计证据。

2. 采购与付款交易和相关余额的细节测试

如果出现下列情况，注册会计师应考虑对采购与付款交易和相关余额实施细节测试。①重大错报风险评估为高。②实质性分析程序显示未预期的趋势。③需要在财务报表中单独披露的金额或很可能存在错报的金额。④对需要在纳税申报表中单独披露的事项进行分析。⑤需要为有些项目单独出具审计报告。

2.2.2 应付账款的实质性程序

1. 应付账款审计目标与实质性程序

应付账款是企业在正常经营活动中因购买材料、商品和接受劳务供应等经营活动而应付给供应商的款项。应付账款实质性程序如表2-6所示。

表2-6 应付账款实质性程序

被审计单位：_____ 编制：_____ 日期：_____ 索引号：_____

截止日期：_____ 复核：_____ 日期：_____ 页 次：_____

一、审计目标与认定对应关系表

审计目标	财务报表认定				
	存在	完整性	权利和义务	计价和分摊	列报
A. 资产负债表中记录的应付账款是存在的	√				
B. 所有应当记录的应付账款均已记录		√			
C. 资产负债表中记录的应付账款是被审计单位应当履行的现实义务			√		
D. 应付账款以恰当的金额包括在财务报表中，与之相关的计价调整已恰当记录				√	
E. 应付账款已按照企业会计制度的规定在财务报表中做出恰当的列报					√

二、审计目标与审计程序对应关系表

审计目标	可供选择的审计程序	计划实施的审计程序	工作底稿索引号
D	1. 获取或编制应付账款明细表 （1）复核加计是否正确，并与报表数、总账数和明细账合计数核对是否相符 （2）检查非记账本位币应付账款的折算汇率及折算是否正确 （3）分析出现借方余额的项目，查明原因，必要时做重分类调整 （4）结合预付账款等往来项目的明细余额，调查有无同时挂账的项目、异常余额或与购货无关的其他款项（如关联方账户或员工账户），若有，应予以记录，必要时做调整		
BD	2. 获取被审计单位与其供应商之间的对账单（应从非财务部门，如采购部门获取），并将对账单和被审计单位财务记录之间的差异进行调节（如在途款项、在途货物、付款折扣、未记录的负债等），查找有无未入账的应付账款，确定应付账款金额的准确性		
BD	3. 检查债务形成的相关原始凭证，如供应商发票、验收报告和入库单等，检查有无未及时入账的应付账款，确定应付账款金额的准确性		
AE	4. 对应付账款进行账龄分析，检查应付账款长期挂账的原因并做出记录，注意其是否可能无须支付；对确实无须支付的应付账款的会计处理是否正确，依据是否充分，关注账龄超过 3 年的大额应付账款在资产负债表日后是否偿还，检查偿还记录及单据，并披露		
B	5. 针对资产负债表日后付款项目，检查银行对账单及有关付款凭证（如银行划款通知、供应商收据等），询问被审计单位内部或外部的知情人员，查找有无未及时入账的应付账款		
B	6. 复核截止审计现场工作日的全部未处理的供应商发票，并询问是否存在其他未处理的供应商发票，确认所有的负债都记录在正确的会计期间内		
AC	7. 选择应付账款的重要项目（包括零账户）函证其余额和交易条款，对未回函的再次发函或实施替代的检查程序（检查原始凭单，如合同、发票、验收单，核实应付账款的真实性）		
B	8. 针对已偿付的应付账款，追查至银行对账单、银行付款单据和其他原始凭证，检查其是否在资产负债表日前真实偿付		
AB	9. 检查资产负债表日后应付账款明细账贷方发生额的相应凭证，关注其购货发票的日期，确认其入账时间是否合理		

续表

审计目标	可供选择的审计程序	计划实施的审计程序	工作底稿索引号
AB	10. 结合存货监盘程序，检查被审计单位在资产负债日前后的存货入库资料（验收报告或入库单），检查是否有大额料到单未到的情况，确认相关负债是否记入了正确的会计期间		
AB	11. 针对异常或大额交易及重大调整事项（如大额的购货折扣或退回，会计处理异常的交易，未经授权的交易，或缺乏支持性凭证的交易等），检查相关原始凭证和会计记录，以分析交易的真实性、合理性		
D	12. 检查带有现金折扣的应付账款是否按发票上记载的全部应付金额入账，在实际获得现金折扣时再冲减财务费用		
ABCD	13. 被审计单位与债权人进行债务重组的，检查不同债务重组方式下的会计处理是否正确		
ABCD	14. 检查应付关联方款项的真实性、完整性 15. 根据评估的舞弊风险等因素增加的审计程序		
E	16. 检查应付账款是否已按照企业会计制度的规定在财务报表中做出恰当列报		

2. 应付账款主要实质性程序

（1）获取或编制应付账款明细表。审计人员应首先获取或编制应付账款明细表，复核加计是否正确，并与报表数、总账余额和明细账余额合计数核对相符。如果不符，应查明原因并做出相应的调整。

课堂训练：

安华会计师事务所接受星湖公司委托，注册会计师王强对该公司 2009 年财务报表的应付账款项目进行审查。审查时，获取该公司应付账款明细账（假设客户均为非关联关系）和总分类账如表 2 - 6、表 2 - 7 所示。

表 2 - 6　　　　　　　　　　星湖公司应付账款明细账户情况　　　　　　　　单位：元

明细账户	期初余额		本期发生额		期末余额	
	借方	贷方	借方	贷方	借方	贷方
东方公司		260 000	650 200	870 200		480 000
明源公司		82 600	20 600	550 000		612 000
天鸿公司		68 000	125 200	129 000		71 800
威陆公司		50 500	116 800	120 100		53 800
远大公司		260 000	1 563 000	2 600 300		1 297 300
正阳公司		249 000	1 000 000	852 000		101 000
超力公司		380 000	188 000	355 200		547 200

续表

明细账户	期初余额		本期发生额		期末余额	
	借方	贷方	借方	贷方	借方	贷方
五羊公司		76 800	445 000	358 200	10 000	
		1 426 900	4 108 800	5 835 000	10 000	3 163 100

表 2 - 7 　　　　　　　　　　　　　**星湖公司应付账款总账** 　　　　　　单位：元

期初余额		本期发生额		期末余额	
借方	贷方	借方	贷方	借方	贷方
	1 426 900	4 108 800	5 835 000		3 153 100

　　根据以上资料，请你代王强填制如表 2 - 8 所示的应付账款明细表，并与总账核对。并考虑对于明细账期末借方余额该怎么处理。

表 2 - 8 　　　　　　　　　　　　　**应付账款明细表（简式）**

户名及款项内容	账面余额			
	本位币			
	期初余额	本期增加	本期减少	期末余额
一、关联方				
二、非关联方				
小计				
合计				

审计说明：

　　（2）实施分析性复核。审计人员可根据被审计单位实际情况，对应付账款进行分析性复核。审计人员应做如下比较分析：

　　①比较本期期末应付账款余额与上期期末余额，并分析其波动原因；②计算应付账款占购货总额的比率、应付账款占流动负债的比率，并与预算数、以前期间数进行对比分析，评价应付账款整体的合理性；③分析长期挂账的应付账款，要求被审计单位做出解释，判断被审计单位是否缺乏偿债能力。通过比较分析，可以确定是否存在异常变动情况，以发现需要加以关注的领域。

　　（3）函证应付账款。一般情况下，应付账款不需要函证，这是因为函证不能保证查出未入账的应付账款，而且审计人员能够取得购货发票等证明力比较强的外部凭证来证实应付账款的余额，但如果控制风险较高，某个应付账款账户金额较大或被审计单位处于财务困难阶段，则应进行应付账款的函证。

进行函证时，注册会计师应选择较大金额的债权人，以及那些在资产负债表日金额不大，甚至为0，但为被审计单位重要供应商的债权人，作为函证对象。对未回函的重大项目，注册会计师应采用替代审计程序。

（4）查找未入账的应付账款。为了防止企业低估负债，注册会计师应检查被审计单位有无故意漏记应付账款行为。检查时，注册会计师应检查债务形成的相关原始凭证，如供应商发票、验收报告或入库单等，查找有无未及时入账的应付账款，确认期末应付账款余额的完整性；结合存货监盘程序，检查资产负债表日前后的存货入库资料，是否有验收入库凭证但未收到购货发票的经济业务，确认相关负债是否记入了正确的会计期间；检查资产负债表日后应付账款明细账贷方发生额的相应凭证，关注其购货发票日期，确认其入账时间是否正确；针对资产负债表日后付款项目，检查银行对账单及有关付款凭证，查找有无未及时入账的应付账款。检查时，注册会计师还可以通过询问被审计单位的会计和采购人员，查阅资本预算、工作通知单和基建合同来进行。

如果注册会计师通过这些审计程序发现某些未入账的应付账款，应将有关情况详细记入审计工作底稿，然后根据其重要性确定是否需建议被审计单位进行相应的调整。

（5）检查应付账款是否存在借方余额。如果有应查明原因，必要时建议被审计单位做重分类调整。

（6）结合预付账款的明细余额，查明是否有应付账款和预付账款同时挂账的项目；结合其他应付款的明细余额，查明有无不属于应付账款的其他应付款。

（7）检查应付账款长期挂账的原因，做出记录，注意其是否可能发生呆账收益。

（8）查明应付账款在资产负债表上的披露是否恰当。一般来说，"应付账款"项目应根据"应付账款"和"预付账款"科目所属明细科目的期末贷方余额的合计数填列。

实例2-2　审计人员李林和陈斌在审计D公司年度财务报表时，注意到与购货和付款循环相关的内部控制存在缺陷，没有及时记录发生的应付账款。他们认为D公司管理层在资产负债表日故意推迟记录发生的应付账款，于是决定实施审计程序进一步查找未入账的应付账款。

要求：指出注册会计师李林和陈斌应如何查找未入账的应付账款。

分析：

注册会计师李林和陈斌查找未入账应付账款的审计程序如下。

① 检查D公司在资产负债表日未处理的不相符购货发票及有材料入库凭证但未收到购货发票的经济业务。

② 检查D公司在资产负债表日后收到的购货发票，确认其入账时间是否正确。

③ 检查D公司在资产负债表日后应付账款明细账贷方发生额的相应凭证，确认其入账时间是否正确。

实例2-3　审计人员于2010年1月23日审查甲企业应付账款明细账时，发现2009年12月份应付账款中有一笔贷方记录应付乙公司工程款80 000元。

要求：查明此项业务的真实性。

分析：

审计人员首先抽取这笔业务的记账凭证，编号为38#记录内容如下。

借：制造费用　　　　　　　　　　　　　　　　　　　　　　　　　80 000

　　贷：应付账款——乙工程公司　　　　　　　　　　　　　　　　　　80 000

然后，查看所附的原始凭证是一张自制接受乙公司劳务费单据，再与乙公司联系，结果并不存在。后经询问财务人员，才道出缘由。原来甲企业当年经济效益较好，为了给今后留有余地，年终以车间修理为名，虚列提供劳务单位，虚列劳务费用 8 万元，作为应付款项处理，从而使当年 12 月的产品成本增加了 8 万元。

审计结论：

问题查清后，应根据具体情况调账。假设 12 月份生产的产品全部完工入库，并已销售了 60%。

请根据以上查证情况，填写如表 2 – 9 所示的工作底稿，并做调账分录。

表 2 – 9   **凭证抽查**

被审计单位：_____   编制：_____   日期：_____   索引号：_____
截止日期/期间：_____   复核：_____   日期：_____   页　次：_____

日　期	凭证编号	单位或明细项目	业务内容	对应科目	金　额		备　注
					借方	贷方	

审计说明：

2.2.3　固定资产与累计折旧的实质性程序

1. 固定资产审计目标及实质性程序

固定资产实质性程序如表 2 – 10 所示。

表 2 – 10   **固定资产实质性程序**

被审计单位：_____   编制：_____   日期：_____   索引号：_____
截止日期：_____   复核：_____   日期：_____   页　次：_____

一、审计目标与认定对应关系表

审计目标	财务报表认定				
	存在	完整性	权利和义务	计价和分摊	列报
A. 资产负债表中记录的固定资产是存在的	√				
B. 所有应记录的固定资产均已记录		√			
C. 记录的固定资产由被审计单位拥有或控制			√		
D. 固定资产以恰当的金额包括在财务报表中，与之相关的计价或分摊已恰当记录				√	
E. 固定资产已按照企业会计制度的规定在财务报表中做出恰当列报					√

二、审计目标与审计程序对应关系表

审计目标	可供选择的审计程序	计划实施的审计程序	工作底稿索引号
D	1. 获取或编制固定资产分类汇总表，复核加计是否正确，并与总账数和明细账合计数核对是否相符，结合累计折旧和固定资产减值准备与报表数核对是否相符		
ABD	2. 实质性分析程序 （1）基于对被审计单位及其环境的了解，通过进行以下比较，并考虑有关数据间关系的影响，建立有关数据的期望值 ① 分类计算本期计提折旧额与固定资产原值的比率，并与上期比较 ② 计算固定资产修理及维护费用占固定资产原值的比例，并进行本期各月、本期与以前各期的比较 （2）确定可接受的差异额 （3）将实际情况与期望值相比较，识别需要进一步调查的差异 （4）如果其差额超过可接受的差异额，调查并获取充分的解释和恰当的佐证审计证据（例如，通过检查相关的凭证） （5）评估分析程序的测试结果		
A	3. 实地检查重要固定资产（如果为首次接受审计，应适当扩大检查范围），确定其是否存在，关注是否存在已报废但仍未核销的固定资产		
C	4. 检查固定资产的所有权或控制权 对各类固定资产，获取、搜集不同的证据以确定其是否归被审计单位所有。对于外购的机器设备等固定资产，审核采购发票、采购合同等；对于房地产类固定资产，查阅有关的合同、产权证明、财产税单、抵押借款的还款凭证、保险单等书面文件；对于融资租入的固定资产，检查有关融资租赁合同；对于汽车等运输设备，检查有关运营证件等；对于受留置权限制的固定资产，结合有关负债项目进行检查		
ABCD	5. 检查本期固定资产的增加 （1）询问管理层当年固定资产的增加情况，并与获取或编制的固定资产明细表进行核对 （2）检查本年度增加固定资产的计价是否正确，手续是否齐备，会计处理是否正确 ① 对于外购固定资产，通过核对采购合同、发票、保险单、发运凭证等资料，抽查测试其入账价值是否正确，授权批准手续是否齐备，会计处理是否正确；如果购买的是房屋建筑物，还应检查契税的会计处理是否正确；检查分期付款购买固定资产入账价值及会计处理是否正确 ② 对于在建工程转入的固定资产，应检查固定资产确认时点是否符合企业会计制度的规定，入账价值与在建工程的相关记录是否核对相符，是否与竣工决		

续表

审计目标	可供选择的审计程序	计划实施的审计程序	工作底稿索引号
ABCD	算、验收和移交报告等一致；对于已经达到预定可使用状态，但尚未办理竣工决算手续的固定资产，检查其是否已按估计价值入账，并按规定计提折旧 　　③ 对于投资者投入的固定资产，检查投资者投入的固定资产是否按投资各方确认的价值入账，并检查确认价值是否公允，交接手续是否齐全；涉及国有资产的，检查是否有评估报告并经国有资产管理部门评审备案或核准确认 　　④ 对于更新改造增加的固定资产，检查通过更新改造而增加的固定资产增加的原值是否符合资本化条件，是否真实，会计处理是否正确；检查重新确定的剩余折旧年限是否恰当 　　⑤ 对于融资租赁增加的固定资产，获取融资租入固定资产的相关证明文件，检查融资租赁合同的主要内容，并结合长期应付款、未确认融资费用科目检查相关的会计处理是否正确 　　⑥ 对于企业合并、债务重组和非货币性资产交换增加的固定资产，检查产权过户手续是否齐备，检查固定资产入账价值及确认的损益和负债是否符合规定 　　⑦ 如果被审计单位为外商投资企业，检查其采购国产设备退还增值税的会计处理是否正确 　　⑧ 对于通过其他途径增加的固定资产，应检查增加固定资产的原始凭证，核对其计价及会计处理是否正确，法律手续是否齐全		
ABD	6. 检查本期固定资产的减少 　　（1）结合固定资产清理科目，抽查固定资产账面转销额是否正确 　　（2）检查出售、盘亏、转让、报废或毁损的固定资产是否经授权批准，会计处理是否正确 　　（3）检查因修理、更新改造而停止使用的固定资产的会计处理是否正确 　　（4）检查投资转出固定资产的会计处理是否正确 　　（5）检查债务重组或非货币性资产交换转出固定资产的会计处理是否正确 　　（6）检查其他减少固定资产的会计处理是否正确		
AB	7. 检查固定资产的后续支出 　　检查固定资产有关的后续支出是否满足资产确认条件；若不满足，检查该支出是否在该后续支出发生时计入当期损益		

审计目标	可供选择的审计程序	计划实施的审计程序	工作底稿索引号
ABCD	8. 检查固定资产的租赁 （1）固定资产的租赁是否签订了合同、租约，手续是否完备，合同内容是否符合国家规定，是否经相关管理部门的审批 （2）租入的固定资产是否确属企业必需，或出租的固定资产是否确属企业多余、闲置不用的 （3）租金收取是否签有合同，有无多收、少收现象 （4）租入固定资产有无久占不用、浪费损坏的现象；租出的固定资产有无长期不收租金、无人过问，是否有变相馈赠、转让等情况 （5）租入固定资产是否已登记备查簿 （6）如果被审计单位的固定资产中融资租赁占有相当大的比例，复核新增加的租赁协议，检查租赁是否符合融资租赁的条件，会计处理是否正确（资产的入账价值、折旧、相关负债）。检查以下内容： ① 复核租赁的折现率是否合理 ② 检查租赁相关税费、保险费、维修费等费用的会计处理是否符合企业会计准则的规定 ③ 检查融资租入固定资产的折旧方法是否合理 ④ 检查租赁付款情况 ⑤ 检查租入固定资产的成新程度 （7）向出租人函证租赁合同及执行情况 （8）租入固定资产改良支出的核算是否符合规定		
D	9. 获取暂时闲置固定资产的相关证明文件，并观察其实际状况，检查是否已按规定计提折旧，相关的会计处理是否正确		
D	10. 获取已提足折旧仍继续使用固定资产的相关证明文件，并做相应记录		
A	11. 获取持有待售固定资产的相关证明文件并做相应记录		
B	12. 检查固定资产保险情况，复核保险范围是否足够		
ABD	13. 检查有无与关联方的固定资产购售活动，是否经适当授权，交易价格是否公允。对于合并范围内的购售活动，记录应予合并抵销的金额		
DE	14. 检查购置固定资产时是否存在与资本性支出有关的财务承诺		
CE	15. 检查固定资产的抵押、担保情况。结合对银行借款等的检查，了解固定资产是否存在重大的抵押、担保情况。如果存在，应取证，并做相应的记录，同时提请被审计单位做恰当披露		

续表

审计目标	可供选择的审计程序	计划实施的审计程序	工作底稿索引号
D	16. 检查累计折旧 （1）获取或编制累计折旧分类汇总表，复核加计是否正确，并与总账数和明细账合计数核对 （2）检查被审计单位制定的折旧政策和方法是否符合相关企业会计制度的规定，确定其所采用的折旧方法能否在固定资产预计使用寿命内合理分摊其成本，前后期是否一致，预计使用寿命和预计净残值是否合理 （3）复核本期折旧费用的计提和分配 ① 了解被审计单位的折旧政策是否符合规定，计提折旧范围是否正确，确定的使用寿命、预计净残值和折旧方法是否合理。如果采用加速折旧法，是否取得批准文件 ② 检查被审计单位折旧政策前后期是否一致 ③ 复核本期折旧费用的计提是否正确，尤其关注已计提减值准备的固定资产的折旧 ④ 检查折旧费用的分配方法是否合理，是否与上期一致；分配计入各项目的金额占本期全部折旧计提额的比例与上期比较是否有重大差异 ⑤ 注意固定资产增减变动时，有关折旧的会计处理是否符合规定，查明通过更新改造、接受捐赠或融资租入而增加的固定资产的折旧费用计算是否正确 （4）将"累计折旧"账户贷方的本期计提折旧额与相应的成本费用中的折旧费用明细账户的借方相比较，检查本期所计提折旧金额是否已全部摊入本期产品成本或费用。若存在差异，应追查原因，并考虑是否应建议做适当调整； （5）检查累计折旧的减少是否合理，会计处理是否正确		
	17. 检查固定资产的减值准备 （1）获取或编制固定资产减值准备明细表，复核加计正确，并与总账数和明细账合计数核对相符 （2）检查被审计单位计提固定资产减值准备的依据是否充分，是否存在应提未提的情况，会计处理是否正确 （3）计算本期末固定资产减值准备占期末固定资产原值的比率，并与期初该比率比较，分析固定资产的质量状况 （4）检查被审计单位处置固定资产时原计提的减值准备是否同时结转，会计处理是否正确 （5）检查转回固定资产减值准备的依据是否充分		
	18. 根据评估的舞弊风险等因素增加的审计程序		
E	19. 检查固定资产是否已按照企业会计制度的规定在财务报表中做出恰当列报		

2. 实施固定资产主要实质性程序

（1）索取或编制固定资产及累计折旧分类汇总表。固定资产及其累计折旧分类汇总表，是分析固定资产账户余额变动情况的重要依据，是固定资产审计的重要工作底稿。其格式详见表2－11。注册会计师应注意验证固定资产明细账与总账的金额是否相符，如果不符，则应将明细分类账与有关的原始凭证进行核对，查出差异原因并予以更正。对各项固定资产的累计折旧，注册会计师也要加计汇总与总账核对，揭示并查明差异原因，予以更正。核对无误后，索取或编制固定资产及累计折旧分类汇总表。

表 2－11 固定资产及累计折旧分类汇总表

被审计单位：宏达股份有限公司　　编制：周仪　　日期：2010 年 1 月 15 日
截止日期：2009 年 12 月 31 日　　复核：张芳　　日期：2010 年 1 月 18 日　　单位：元

账号编号	固定资产类别	固定资产					累计折旧				
		期初余额	增加	减少	期末余额	折旧方法	折旧率	期初余额	增加	减少	期末余额
143	房屋建筑物	850 000			850 000	直线法	5%	85 000	42 500		127 500
144	机器设备	146 000	34 000		180 000	直线法	10%	29 200	1 700	4 000	30 900
145	运输工具	86 000	12 000	8 000	90 000	直线法	20%	34 400	1 200		31 600
146	办公设备	12 000	3 000		15 000	直线法	20%	4 800	300		5 100
合计		1 094 000	49 000	8 000	1 135 000			153 400	45 700	4 000	195 100

（2）分析性复核。根据被审计单位业务的性质，选择以下方法对固定资产实施分析性复核程序。

① 分类计算本期计提折旧额与固定资产原值的比率，将此比率同上期比较，旨在发现本期折旧额计算上的错误。

② 计算固定资产的修理及维护费用占固定资产原值的比例，并进行本期各月、本期与以前各期的比较，旨在发现资本性支出和收益性支出区分以上可能存在的错误。注册会计师在计算期望值的基础上，确定可接受的差异额，然后将实际情况与期望值比较，识别需要进一步调查的差异，最后评估实质性分析程序的测试结果。

（3）固定资产增加的审查。被审计单位如果不能正确核算固定资产的增加，将对资产负债表和利润表产生长期的影响，因此，审计固定资产的增加，是固定资产实质性程序中的重要内容。固定资产的增加有多种途径，有购置、自制自建、投资者投入、更新改造增加、债务人抵债增加等。注册会计师审计中应注意以下几点。

① 询问管理层当年固定资产的增加情况，并与获取或编制的固定资产明细表进行核对。

② 检查本年度增加固定资产的计价是否正确，手续是否齐备，会计处理是否正确。

a. 对于外购固定资产，通过核对采购合同、发票、保险单、发运凭证等资料，抽查测试其入账价值是否正确，授权批准手续是否齐备，会计处理是否正确。如果购买的是房屋建筑物，还应检查契税的会计处理是否正确，检查分期付款购买固定资产的入账价值及会计处理是否正确。

b. 对于在建工程转入的固定资产，应检查固定资产确认时点是否符合会计准则的规定，入账价值与在建工程的相关记录是否核对相符，是否与竣工决算、验收和移交报告等一致。对已经达到预定可使用状态，但尚未办理竣工决算手续的固定资产，检查其是否已按估计价值入账，并按规定计提折旧。

c. 对于投资者投入的固定资产，检查投资者投入的固定资产是否按投资各方确认的价值入账，并检查确认价值是否公允，交接手续是否齐全；涉及国有资产的，检查是否有评估报告并经国有资产管理部门评审备案或核准确认。

d. 对于更新改造增加的固定资产，检查通过更新改造而增加的固定资产，增加的原值是否符合资本化条件，是否真实，会计处理是否正确，重新确定的剩余折旧年限是否恰当。

e. 对于融资租赁增加的固定资产，获取融资租入固定资产的相关证明文件，检查融资租赁合同的主要内容，并结合长期应付款、未确认融资费用科目检查相关的会计处理是否正确。

f. 对于企业合并、债务重组和非货币性资产交换增加的固定资产，检查产权过户手续是否齐备，检查固定资产入账价值及确认的损益和负债是否符合规定。

g. 如果被审计单位为外商投资企业，检查其采购国产设备退还增值税的会计处理是否正确。

h. 对于通过其他途径增加的固定资产，应检查增加固定资产的原始凭证，核对其计价及会计处理是否正确，法律手续是否齐全。

③ 检查固定资产是否存在弃置费用。

课堂训练

注册会计师李虹在 2010 年 2 月 10 日审查宏达公司 2009 年固定资产增加业务过程中，审阅"固定资产"账簿记录时发现 2009 年 11 月份有一笔固定资产购进业务，金额是 98 920元。抽调相应凭证，进行账证核对。购入业务的原始凭证是一张金额为 93 600 元的转账支票存根和一张增值税专用发票，发票上注明买价是 80 000 元，税额是 13 600 元；安装调试的原始凭证是一张金额为 4 000 元的原材料领料单和一张支付其他费用的金额为 1 320 元的转账支票存根。其账务处理如下。

借：在建工程		93 600
贷：银行存款		93 600
借：在建工程		5 320
贷：原材料		4 000
银行存款		1 320

借：固定资产　　　　　　　　　　　　　　　　　　　　　　　　　98 920

　　贷：在建工程　　　　　　　　　　　　　　　　　　　　　　　98 920

由于未发现购进固定资产运杂费的处理，于是就此事项对会计主管进行面询，得知该笔 5 000 元的费用（其中运费 4 000 元，其他杂费 1 000 元）被计入 11 月份的管理费用。分录如下。

借：管理费用　　　　　　　　　　　　　　　　　　　　　　　　　5 000

　　贷：银行存款　　　　　　　　　　　　　　　　　　　　　　　5 000

要求：请将抽查结果记录在工作底稿中（见表 2 - 12），并分析以上账务处理是否正确，提出审计处理意见。

表 2 - 12　　　　　　　　　　　　　凭证抽查

被审计单位：_____　　编制：_____　　日期：_____　　索引号：_____

截止日期/期间：_____　　复核：_____　　日期：_____　　页次：_____

日期	凭证编号	单位或明细项目	业务内容	对应科目	金额		备　注
					借方	贷方	

审计说明：

（4）固定资产减少的审查。企业固定资产的减少，大致有以下去向：出售、报废、毁损、向其他单位投资转出、盘亏等。为了保护固定资产的安全和完整，必须对固定资产的减少进行严格的审查，从而确定固定资产减少的合理性、合法性。由于固定资产减少的原因不同，注册会计师在审查时应区分不同情况，抓住审计重点。对于各种固定资产减少的审计，注册会计师的审计重点有如下几点。

① 结合固定资产清理科目，抽查固定资产账面转销额是否正确。

② 检查出售、盘亏、转让、报废或毁损的固定资产是否经授权批准，会计处理是否正确。

③ 检查因修理、更新改造而停止使用的固定资产的会计处理是否正确。

④ 检查投资转出固定资产的会计处理是否正确。

⑤ 检查债务重组或非货币性资产交换转出固定资产的会计处理是否正确。

⑥ 检查转出的投资性房地产账面价值及会计处理是否正确。

⑦ 检查其他减少固定资产的会计处理是否正确。

实例 2 - 4　注册会计师李虹在审阅宏达公司 2009 年度"固定资产"账簿记录过程中，发现 6 月 12 日一项业务贷方发生额为 10 000 元，摘要为"报废固定资产"，对应科目是"累计折旧"和"营业外支出"。从不正确的对应关系中可初步判断此业务有问题，于是调出相关凭证，其会计分录如下。

借：营业外支出——非常损失　　　　　　　　　　　　　　　　　8 000

　　累计折旧　　　　　　　　　　　　　　　　　　　　　　　　2 000

　　贷：固定资产　　　　　　　　　　　　　　　　　　　　　　10 000

从凭证记录中可以看出，该项固定资产的成新率高达80%，却提前报废。经了解，公司在此期间没有发生过火灾、地震等意外事故。随后又调阅了该项固定资产卡片，发现该项固定资产仅使用了两年，且无大修的记录，说明它性状良好。经反复与公司财务主管及该固定资产的保管人员交谈得知，该项业务是经领导批准，将该项固定资产按账面净值进行了转让，所获款项为有关人员私分。

分析：

根据企业会计制度的规定，企业因出售、报废和毁损等原因减少的固定资产，应通过"固定资产清理"科目核算。"固定资产清理"科目的借方归集固定资产的账面净值和清理过程中发生的费用及税金；贷方归集收回出售固定资产的价款、残料价值和变价收入等。因此，该项业务属于虚报固定资产毁损。

审计结论

鉴于该固定资产已被变卖，建议做如下调整分录。

借：其他应收款　　　　　　　　　　　　　　　　　　　　　　　　　8 000

　　贷：营业外支出——非常损失　　　　　　　　　　　　　　　　　　　8 000

对于变卖所收款项应该追回。

（5）对固定资产进行实地观察。实施实地观察审计程序时，注册会计师可以以固定资产明细分类账为起点，进行实地追查，以证明会计记录中所列固定资产确实存在，并了解其目前的使用状况；也可以以实地为起点，追查至固定资产明细分类账，以获取实际存在的固定资产均已入账的证据。

> **提示：**
>
> 　　注册会计师实地观察的重点是本期新增加的重要固定资产，有时，观察范围也会扩展到以前期间增加的固定资产。观察范围的确定需要依据被审计单位内部控制的强弱、固定资产的重要性和注册会计师的经验来判断。如果为初次审计，则应适当扩大观察范围。

（6）调查未使用和不需用的固定资产。注册会计师应调查被审计单位有无已完工或已购建但尚未交付使用的新增固定资产，因改扩建等原因暂停使用的固定资产，以及多余或不适用的需要进行处理的固定资产。如果有，应做彻底调查，以确定其是否真实。同时，还应调查未使用、不需用固定资产的购建启用及停用时点，并做出记录。

（7）检查固定资产的所有权或控制权。对于各类固定资产，注册会计师应获取、搜集不同的证据以确定其是否确归被审计单位所有。对于外购的机器设备等固定资产，通常经审核采购发票、采购合同等予以确定；对于房地产类固定资产，需查阅有关的合同、产权证明、财产税单、抵押借款的还款凭据、保险单等书面文件；对于融资租入的固定资产，应验证有关融资租赁合同，证实其并非经营租赁；对于汽车等运输设备，应验证有关运营证件等；对于受留置权限制的固定资产，通常还应审核被审计单位的有关负债项目等予以证实。

（8）检查固定资产的后续支出。确定固定资产有关的后续支出是否满足资产确认条件。如果不满足，该支出是否在该后续支出发生时计入当期损益。

> **提示：**
>
> 　在具体实务中，对于固定资产发生的下列各项后续支出，通常的处理方法如下。
>
> 　① 固定资产修理费用，应当直接计入当期费用。
>
> 　② 固定资产改良支出，应当计入固定资产账面价值，其增计后的金额不应超过该固定资产的可收回金额。
>
> 　③ 如果不能区分是固定资产修理还是固定资产改良，或固定资产修理和固定资产改良结合在一起，则企业应按上述原则进行判断，将发生的后续支出分别计入固定资产价值或计入当期费用。
>
> 　④ 固定资产装修费用，符合上述原则可予资本化的，在两次装修期间与固定资产尚可使用年限两者中较短的期间内，采用合理的方法单独计提折旧。如果在下次装修时，该固定资产相关的固定资产装修项目仍有余额，应将该余额一次全部计入当期营业外支出。

（9）检查固定资产是否已在资产负债表上恰当披露。财务报表附注通常应说明固定资产的标准、分类、计价方法和折旧方法，各类固定资产的预计使用年限、预计净残值和折旧率，分类别披露固定资产在本期的增减变动情况，并应披露用做抵押、担保和本期从在建工程转入数、本期出售固定资产数、本期置换固定资产数等情况。

3. 实施累计折旧实质性程序

企业计提固定资产折旧，是为了把固定资产的成本分配于各个受益期，实现期间收入与费用的正确配比。折旧核算是一个成本分配过程。折旧计提和核算的正确性、合规性就成了固定资产审计中一项重要的内容。固定资产折旧的审查，就是为了确定固定资产折旧的计算、提取和分配是否合法与公允。

（1）获取或编制累计折旧分类汇总表，复核加计是否正确，并与总账数和明细账合计数核对是否相符。

（2）检查被审计单位制定的折旧政策和方法是否符合相关会计准则的规定，确定其所采用的折旧方法能否在固定资产预计使用寿命内合理分摊其成本，前后期是否一致，预计使用寿命和预计净残值是否合理。

> **提示：**
>
> 　《企业会计准则第 4 号——固定资产》明确规定：企业应当根据与固定资产有关的经济利益的预期实现方式，合理选择固定资产折旧方法。可选用的折旧方法包括年限平均法、工作量法、双倍余额递减法和年数总和法等；除非由于与固定资产有关的经济利益的预期实现方式有重大改变，应当相应改变固定资产折旧方法，折旧方法一经选定，不得随意调整；企业至少应当于每年年度终了对固定资产的使用寿命、预计净残值和折旧方法进行复核，如果固定资产使用寿命预计数和净残值预计数与原先估计数有差异，应当做相应调整。

（3）复核本期折旧费用的计提和分配。

① 了解被审计单位的折旧政策是否符合规定，计提折旧的范围是否正确，确定的使用寿命、预计净残值和折旧方法是否合理。如果采用加速折旧法，是否取得批准文件。

② 检查被审计单位折旧政策前后期是否一致。

③ 复核本期折旧费用的计提是否正确。

a. 已计提部分减值准备的固定资产，计提的折旧是否正确。

> **提示：**
>
> 　　按照《企业会计准则第4号——固定资产》的规定，已计提减值准备的固定资产的应计折旧额应当扣除已计提的固定资产减值准备累计金额，按照该固定资产的账面价值以及尚可使用寿命重新计算确定折旧率和折旧额。

b. 已全额计提减值准备的固定资产，是否已停止计提折旧。

c. 因更新改造而停止使用的固定资产是否已停止计提折旧，因大修理而停止使用的固定资产是否照提折旧。

d. 对按规定予以资本化的固定资产装修费用是否在两次装修期间与固定资产尚可使用年限两者中较短的期间内，采用合理的方法单独计提折旧，并在下次装修时将该项固定资产装修余额一次全部计入了当期营业外支出。

e. 对融资租入固定资产发生的、按规定可予以资本化的固定资产装修费用，是否在两次装修期间、剩余租赁期与固定资产尚可使用年限三者中较短的期间内，采用合理的方法单独计提折旧。

f. 对采用经营租赁方式租入的固定资产发生的改良支出，是否在剩余租赁期与租赁资产尚可使用年限两者中较短的期间内，采用合理的方法单独计提折旧。

g. 未使用、不需用和暂时闲置的固定资产是否按规定计提折旧。

h. 持有待售的固定资产折旧计提是否符合规定。

④ 检查折旧费用的分配方法是否合理，是否与上期一致；分配计入各项目的金额占本期全部折旧计提额的比例与上期比较是否有重大差异。

⑤ 注意固定资产增减变动时，有关折旧的会计处理是否符合规定，查明通过更新改造、接受捐赠或融资租入而增加的固定资产的折旧费用计算是否正确。

（4）将累计折旧账户贷方的本期计提折旧额与相应的成本费用中的折旧费用明细账户的借方相比较，以查明所计提折旧金额是否已全部摊入本期产品成本或费用。若存在差异，应追查原因，并考虑是否应建议做适当调整。

（5）检查累计折旧的减少是否合理，会计处理是否正确。

（6）确定累计折旧的披露是否恰当。

如果被审计单位是上市公司，通常应在其财务报表附注中按固定资产类别分项列示累计折旧期初余额、本期计提额、本期减少额及期末余额。

实例2-5　安华会计师事务所注册会计师张红审计甲股份有限公司2009年度"固定资产"和"累计折旧"项目时发现下列情况。

（1）"未使用固定资产"中有固定资产-A设备已于本年度6月份投入使用，该公司未按规定转入"使用固定资产"和计提折旧。

（2）对所有的空调器，按其实际使用的时间（5月至9月）计提折旧。

（3）公司有融资租入的设备4台，租赁期为6年，尚可使用时间为8年，该公司确定的折旧期为8年。

（4）对已提足折旧继续使用的某设备，仍计提折旧。

（5）8月初购入吊车2辆，价值为550万元，当月已投入使用并同时开始计提折旧。

（6）该公司采用平均年限法计提折旧，但于本年度9月改为工作量法。这一改变已经股东大会批准，但未报财政及有关部门备案，也未在财务报表附注中予以说明。

要求：请代注册会计师张红指出上述各项中存在的问题，并提出改进建议。

分析：

注册会计师张红对此应指出以下问题，并提出以下建议。

（1）根据企业会计制度的规定，房屋、建筑物以外的未使用、不需用的固定资产不计提折旧，但果如根据生产经营的需要重新投入使用，则应自投入的次月开始计提折旧。该公司应把A设备及时转入"使用固定资产"，并自7月份开始计提折旧。

（2）固定资产使用年限是指固定资产的实际使用寿命，作为一种具有特殊性质的空调器，其性质属于"季节性使用的固定资产"，按照制度规定停用期间应照常计提折旧；如果停用期间不提折旧，则使用期间所计提的折旧应当是折旧年限应提折旧金额。因此，该公司计提折旧的方法或按月份平均计提年折旧额的1/12，或者是按实际使用月份平均分摊计提年折旧额。

（3）融资租入固定资产的折旧年限，应根据不同情况确定。若能合理确定租赁期期满时将取得租赁资产的所有权，则应在租赁资产尚可使用年限内计提折旧；若无法合理确定租赁期满时能否取得租赁资产的所有权，则应在租赁期与租赁资产尚可使用年限两个中较短的期间内计提折旧。该公司应区别不同情况，确定融资租赁固定资产的时间期，而不应不分情况一律在租赁资产尚可使用年限内计提折旧。

（4）根据企业会计制度规定，已提足折旧继续使用的固定资产，不再计提折旧。该公司对其继续计提，造成多提折旧，应对多提的折旧进行冲回。

（5）根据企业会计制度规定，当月增加的固定资产从下月开始计提折旧。该公司的550万元的吊车应从9月份开始计提折旧，而不是8月份。

（6）企业会计制度规定，固定资产折旧方法一经确定，不得随意变更；如果需要变更，应经股东大会批准，并应在财务报表附注中予以披露。该公司变更折旧方法后，未按规定程序披露，应加以纠正。

实例2-6　注册会计师在审查华润股份有限公司2009年度固定资产折旧时，发现2008年度12月份新增已投入生产使用的机床一台，原价为1 000 000元，预计净残值为100 000元，预计使用年限为5年，使用年数总和法对该项固定资产进行折旧，其余各类固定资产均用直线法折旧，且该公司对这一事项在财务报表附注中未做披露。

要求：根据上述情况，注册会计师应确定这一事项对被审计单位资产负债和损益表的影响，并提请被审计单位在财务报表附注中做充分披露。

分析：

注册会计师认为该公司的固定资产折旧方法本期出现不一致，且未充分揭示，这是违反现行会计制度的。由此计算的该事项对资产负债表和损益表影响如下。

用年数总和法计算的机床年折旧额 = （1 000 000 - 100 000）× 5 ÷ 15 = 300 000（元）

用直线法计算的机床年折旧额 = （1 000 000 - 100 000）÷ 5 = 180 000（元）

所以，由于折旧方法的改变，使本年度多提折旧额120 000元（即300 000 - 180 000），致使资产负债表中的"累计折旧"项目增加 120 000 元，损益表中的"利润总额"项目减少 120 000 元。

对此，注册会计师要求被审计单位在财务报表附注中做这样的披露："本公司由于对原值为 1 000 000 元，预计净残值 100 000 元，预计使用年限为 5 年的机床采用年数总和法计提折旧，与采用直线法相比，使本年度的折旧额增加 120 000 元，利润总额减少 120 000 元，特予以揭示。"

4. 实施固定资产减值准备的实质性程序

企业应当在资产负债表日判断固定资产是否存在可能发生减值的迹象，如果存在导致固定资产可收回金额低于账面价值的，应当将固定资产账面价值减记至可收回金额，将减记的金额确认为固定资产减值损失，计入当期损益，同时计提相应的固定资产减值准备。注册会计师对固定资产项目审计中，包括了对固定资产减值准备的审查，查明企业是否按规定计提固定资产减值准备，计提是否正确。固定资产减值准备查证表如表 2 - 13 所示。

表 2 - 13　　　　　　　　　　　固定资产减值准备查证表

被审计单位：_____　　编制：_____　　日期：_____　　索引号：_____
截止日期：_____　　复核：_____　　日期：_____　　页　次：_____

固定资产明细内容	审定净值		账面减值准备				审定数			调整数		
	数量	金额	期初数	本期提取	本期转销	期末数	预计单位可收回价值	可收回价值合计	应提减值准备	期初调整	提取调整	转销调整

审计说明：

固定资产减值准备的实质性程序主要如下。

（1）获取或编制固定资产减值准备明细表，复核加计是否正确，并与总账数和明细账合计数核对是否相符。

（2）检查被审计单计提固定资产减值准备的依据是否充分，会计处理是否正确。

（3）计算本期末固定资产减少占期末固定资产原值的比率，并与期初该比率比较，分析固定资产的质量状况。

（4）检查被审计单位处置固定资产时原计提的减值准备是否同时结转，会计处理是否正确。

（5）检查是否存在转回固定资产减值准备的情况。按照企业会计准则的规定，固定资产减值损失一经确认，在以后会计期间不得转回。

（6）确定固定资产减值准备的披露是否恰当。

2.2.4　管理费用的实质性程序

管理费用，是指企业为组织和管理企业生产经营所发生的费用，包括企业在筹建期间的开办费、董事会和行政管理部门在企业的经营管理中发生的或者应由企业统一负担的公司经费、工会经费、董事会会费、聘请中介机构费、咨询费、诉讼费、业务招待费、房产税、车船税、土地使用税、印花税、技术转让费、矿产资源补偿费、研究费用、排污费等。管理费用项目较多，发生频繁，易产生弊端。

1. 管理费用审计目标及实质性程序

管理费用实质性程序如表 2 - 14 所示。

表 2 - 14　　　　　　　　　　　**管理费用实质性程序**

被审计单位：_____　　编制：_____　　日期：_____　　索引号：_____

期　　　间：_____　　复核：_____　　日期：_____　　页　次：_____

一、审计目标与认定对应关系表

审计目标	财务报表认定					
	发生	完整性	准确性	截止	分类	列报
A. 利润表中记录的管理费用已发生，且与被审计单位有关	√					
B. 所有应当记录的管理费用均已记录		√				
C. 与管理费用有关的金额及其他数据已恰当记录			√			
D. 管理费用已记录于正确的会计期间				√		
E. 管理费用已记录于恰当的账户					√	
F. 管理费用已按照企业会计制度的规定在财务报表中做出恰当的列报						√

二、审计目标与审计程序对应关系表

审计目标	可供选择的审计程序	计划实施的审计程序	索引号
C	1. 获取或编制管理费用明细表 （1）复核加计是否正确，并与报表数、总账数及明细账合计数核对是否相符 （2）将管理费用中的职工工资、福利费、折旧、无形资产、长期待摊费用摊销额等项目与各有关账户进行核对，分析其勾稽关系的合理性，并做出相应记录		
ABC	1. 对管理费用进行分析 （1）计算分析管理费用中各项目发生额及占费用总额的比率，将本期、上期管理费用各主要明细项目做比较分析，判断其变动的合理性 （2）比较本期各月份管理费用，对有重大波动和异常情况的项目应查明原因，必要时做出适当处理		

审计目标	可供选择的审计程序	计划实施的审计程序	索引号
E	3. 检查管理费用的明细项目的设置是否符合规定的核算内容与范围，结合成本费用的审计，检查是否存在费用分类错误。若有，应提请被审计单位调整		
ABC	4. 检查公司经费（包括行政管理部门职工工资、修理费、物料消耗、低值易耗品摊销、办公费和差旅费等）是否系经营管理中发生或应由公司统一负担，检查相关费用报销内部管理办法，是否有合法原始凭证支持		
ABC	5. 检查董事会费（包括董事会成员津贴、会议费和差旅费等），检查相关董事会及股东会决议，是否在合规范围内开支费用		
ABC	6. 检查聘请中介机构费、咨询费（含顾问费），检查是否按合同规定支付费用，有无涉及诉讼及赔偿款项支出		
ABC	7. 检查诉讼费用并结合或有事项审计，检查涉及相关重大诉讼事项是否已在附注中进行披露，还需进一步关注诉讼状态，判断有无或有负债，或是否存在损失已发生而未入账的事项		
C	8. 结合坏账准备，审查坏账损失核算是否正确		
C	9. 检查业务招待费的支出是否合理。如果超过规定限额，应在计算应纳税所得额时调整		
C	10. 检查研究开发的内容是否符合规定		
C	11. 检查外资机构的特许权使用费支出是否超过规定限额，必要时应进行应纳税所得额调整		
C	12. 检查上交母公司或其他关联方的管理费用是否有合法的单据及证明文件		
C	13. 复核本期发生的印花税、耕地占用税等税费是否正确		
C	14. 注意管理费用中的其他支出内容，有无不正常开支		
AC	15. 检查大额支出和有疑问的支出的内容和审计手续、权限是否符合有关规定，计算是否正确，原始凭证是否合法，会计处理是否正确		
D	16. 抽取资产负债表日前后____天的____张凭证。实施截止性测试。若存在异常迹象，需考虑是否有必要追加审计程序。对于重大跨期项目，应作必要调整		
	17. 根据评估的舞弊风险等因素增加的其他审计程序		
F	18. 确定管理费用是否已按照企业会计制度的规定在财务报表中做出恰当的列报		

2. 实施管理费用主要实质性程序

（1）检查管理费用的明细项目的设置是否符合规定的核算内容与范围。

> **提示：**
>
> 　　结合成本费用的审计，检查是否存在费用分类错误，有无将不由管理费用开支的项目挤入管理费用，重点检查管理费用中的其他项目。若有，应提请被审计单位调整。

（2）实施分析程序。

① 计算分析管理费用中各项目发生额及占费用总额的比率，将本期、上期管理费用各主要明细项目做比较分析，判断其变动的合理性。

② 比较本期各月份管理费用，对有重大波动和异常情况的项目应查明原因，必要时做适当处理。

课堂训练

安华会计师事务所接受星湖公司委托，注册会计师王强对该公司 2009 年财务报表的管理费用项目进行审查，获取该公司管理费用明细账，并填写下列管理费用明细表如表 2 - 15 所示。请代王强根据管理费用明细表进行分析，确定管理费用审计的重点。

表 2 -15　　　　　　　　　　　　　　管理费用明细表　　　　　　　　　　　　　　单位：元

月份	合计	工资	差旅费	业务招待费		其他	各月占全年的比重
1	459 375.85	89 336.52	11 640.02	82 745.10		7 491.87	6.93%
2	433 625.26	101 155.13	3 107.00	49 568.40		103 007.06	6.53%
3	666 046.05	121 530.19	69 267.26	33 778.10		138 582.69	10.04%
4	484 053.46	75 399.28	38 048.98	43 126.50		88 676.63	7.30%
5	457 869.68	76 895.93	31 696.64	51 587.40		96 053.16	6.9%
6	338 019.81	83 318.39	55 260.71	43 522.60		66 769.16	5.10%
7	525 689.06	116 551.37	20 147.20	57 096.00		101 771.24	7.92%
8	839 452.53	65 710.18	63 713.73	60 817.60	略	73 171.26	12.66%
9	455 823.03	78 257.45	49 352.14	58 892.2		102 868.60	6.87%
10	487 920.35	82 444.94	10 002.84	48 871.00		88 223.75	7.35%
11	725 836.08	138 001.62	29 747.10	55 096.50		106 673.80	10.94%
12	823 568.25	224 698.93	36 121.16	38 595.20		90 159.23	12.42%
合计	6 627 279.41	1 253 299.93	272 007.16	623 699.60		1 130 448.40	100%
上期数	5 176 231.21	1 271 179.99	310 436.03	539 574.18		510 278.50	—
变动数	1 551 048.20	- 17 880.06	- 38 428.87	94 095.42		1 551 048.20	—
变动比例	29.96%	- 1.41%	- 12.38%	17.44%		29.96%	—

审计说明：（略）

审计分析：

2.2.5 其他账户的实质性程序

1. 应付票据的实质性程序

应付票据的实质性程序一般包括以下内容。

（1）获取或编制应付票据明细表。审计人员应首先获取或编制应付票据明细表，复核加计是否正确，并与应付票据备查簿、报表数、总账和明细账的余额核对相符。

> **提示：**
>
> 应付票据明细表通常包括票据种类、票据编号、出票日、到期日、票面金额和利率、收款人名称、付息条件、抵押担保品等资料。在核对时，审计人员应注意被审计单位有无漏报或错报票据，有无漏列作为抵押担保的资产，有无漏计、多计或少计应付利息等情况。

（2）函证应付票据。审计人员应选择应付票据的重要项目（包括余额为0的债权人）进行函证，以确定余额是否正确。

> **提示：**
>
> 询证函的内容一般应包括出票日、到期日、票面金额、未付金额、已付息期间、利率以及票据的抵押担保品等。审计人员应根据回函情况，编制与分析函证结果汇总表。对未回函的可再次函证，也可采取其他替代审计程序以确定应付票据的真实性。

（3）实施分析性复核。为了证实应付票据的完整性和合理性，审计人员可计算各种比率，如计算应付票据占流动负债的比率，并同前期比较，以发现需要加以特别关注的方面。

（4）抽查部分业务。审查应付票据备查簿，并抽查若干重要凭证，以确定其是否真实，会计处理是否正确。

① 检查该笔债务的相关合同、发票、货物验收单等资料，核实交易事项的真实性。

② 抽查资产负债表日后应付票据明细账及现金、银行存款日记账，核实其是否已付款并转销。

③ 对截止报表日已偿付的应付票据，注意其凭证入账日期的合理性。

（5）复核票据利息。如果开出的是带息应付票据，审计人员应复核带息应付票据利息是否足额计提，检查其会计处理是否正确。

（6）查明应付票据逾期未兑付的原因。检查逾期未兑付应付票据的原因，如果有抵押的票据，应做出记录，并提请被审计单位做必要的披露。

（7）核对非记账本位币结算采用的折算汇率及其会计处理。对于用非记账本位币结算的应付票据，检查其采用的折算汇率是否正确，折算差额是否按规定进行会计处理。

（8）恰当披露应付票据。确定应付票据是否已在资产负债表上恰当披露。

2. 预付账款的实质性程序

预付账款是企业根据购货合同预先支付给供货单位的货款。预付账款是企业在购货环节中产生的一项流动资产。注册会计师应实施以下预付账款实质性程序。

（1）获取或编制预付账款明细表。向被审计单位索取或自行编制预付账款明细表，以确定被审计单位资产负债表上预付账款的数额与其明细表是否相符。

> **提示：**
>
> 　　在审计时，审计人员应将明细表上的数额复核汇总，并与报表金额、总账金额和明细账合计金额相核对相符。同时请被审计单位协助，在预付账款明细表上标出截至审计日已收到货物并冲销预付账款的项目。

（2）函证预付账款。审计人员应选择大额或异常的预付账款重要项目（包括零账户），函证其余额是否正确，并根据回函情况编制函证结果汇总表。对回函金额不相符的，要查明原因，做出记录或建议做适当调整；对未回函的，可再次复函，也可采用替代方法进行检查，如检查该笔债权的相关凭证资料，或抽查报表日后预付账款明细账及存货明细账，核实是已收到货物并转销，并根据替代程序检查结果判断其债权的真实性或出现坏账的可能性。对未发询证函的预付账款，应抽查有关原始凭证。

（3）审查同时挂账的预付账款。抽查入库记录，查核有无重复付款或将同一笔已付清的账款在预付账款和应付账款这两个账户同时挂账的情况。

（4）审查预付账款是否存在贷方余额。分析预付账款明细账余额，对于出现贷方余额的项目，应查明原因，必要时建议做重分类调整。

（5）确认预付账款是否已在资产负债表上恰当披露。一般来说，资产负债表中的"预付账款"项目应根据"应付账款"和"预付账款"科目所属明细科目的期末借方余额的合计数填列。审计人员应将被审计单位资产负债表对预付账款的反映同会计准则相比较，以确认有无不当之处。

3. 固定资产清理的实质性程序主要如下

（1）获取或编制固定资产清理明细表，复核加计正确，并与报表数、总账数和明细账合计数核对相符。

（2）检查固定资产清理的发生是否有正当理由，是否经有关技术部门鉴定，固定资产清理的发生和转销是否经授权批准，相应的会计处理是否正确。

① 结合固定资产等账项的审计，检查固定资产、累计折旧等的账面转入额是否正确。

② 检查固定资产清理收入和清理费用的发生是否真实、准确，清理结果（净损益）的计算是否正确；与施工有关的是否计入工程成本；属于筹建期间的，是否计入长期待摊费用属于生产经营期间的，是否计入营业外收支；属于清算期间的，是否计入清算损益。

（3）检查固定资产清理是否长期挂账。如果有，应做出记录，必要时建议做适当调整。

（4）检查固定资产清理是否已在资产负债表上恰当披露。

技能训练

一、单项选择题

1. 固定资产折旧审计的主要目标不包括（　　　）。

A. 确定固定资产的增加减少是否符合预算和经过授权批准

B. 确定折旧政策和方法是否符合国家有关财会法规的规定

C. 确定适当的折旧政策和方法是否得到一贯遵守

D. 确定折旧额的计算是否正确

2. 注册会计师有理由认为被审计单位固定资产折旧计提不足的迹象是（　　）。

A. 经常发生大额的固定资产清理净损失

B. 经常发生大额的固定资产清理净收益

C. 固定资产实际使用年限往往大于预计使用年限

D. 固定资产实际残值往往大于预计残值

3. 助理人员对采购与付款循环的内部控制进行了了解和测试，下列内部控制中构成重大缺陷的是（　　）。

A. 仓库负责根据需要填写请购单，并经预算主管人员签字批准

B. 采购部门根据经批准的请购单编制订购单采购货物

C. 货物到达，由独立的验收部门验收，并填制一式多联未连续编号的验收单

D. 记录采购交易之前，由应付凭单部门编制付款凭证

4. 注册会计师通过计算固定资产原值与全年产量的比率，并与以前期间相关指标进行比较，可能对查找下属问题无效的是（　　）。

A. 存在闲置的固定资产　　　　　　　　B. 增加的固定资产尚未做出会计处理

C. 减少的固定资产尚未做出会计处理　　D. 本期折旧计算和累计折旧上的错误

5. XYZ 公司于 2009 年 6 月，以 400 万元的价格转让了一项固定资产。该项固定资产的账面原价为 800 万元，已计提折旧为 200 万元，已计提减值准备为 250 万元。假定固定资产转让使用的营业税率为 5%（不考虑其他税费），XYZ 公司转让该固定资产实现的收益为（　　）万元。

A. 220　　　　　　　B. -200　　　　　　C. 50　　　　　　D. 30

二、多项选择题

1. 应付账款一般不需要函证，但出现（　　）时，注册会计师还应实施函证程序。

A. 应付账款存在借方余额　　　　　B. 控制风险较高

C. 某应付账款的账户金额较大　　　D. 被审计单位处于经济困难阶段

2. 注册会计师应获取、汇集不同的证据以确定固定资产是否确实归被审计单位所有。地产类固定资产，需要查阅（　　）等文件。

A. 合同产权证明　　　　　　　B. 财产税单

C. 抵押贷款的还款凭证　　　　D. 财产保险单

3. 注册会计师在对 A 股份有限公司 2009 年度会计报表进行审计时发现有出售的固定资产。下列各项审计程序中，注册会计师可能执行的有（　　）。

A. 审查有关的批准文件

B. 审查相关的会计记录

C. 函证固定资产的购买单位

D. 审查固定资产的所有权是否属于 A 股份有限公司

4. 注册会计师在审计 A 公司 2009 年度报表时发现固定资产的以下项目，其中可能引起固定资产账面价值发生变化的有（　　）。

A. 计提固定资产减值准备　　　　　　B. 计提固定资产折旧

C. 固定资产改扩建   D. 固定资产大修理

5. 注册会计师对固定资产的取得和处置实施控制测试的重点包括（　　）。

A. 审查固定资产的取得是否与预算相符，有无重大差异

B. 审查固定资产的取得和处置是否经过授权批准

C. 审查是否正确划分资本性支出和收益性支付

D. 审查与固定资产取得和处置相关的项目，如应付账款、银行存款、固定资产清理和营业外收支等的会计记录的适当性

三、判断题

1. 因为多数舞弊企业在低估应付账款时，是以漏记赊购业务为主，所以函证无益于查找未入账的应付账款。   （　　）

2. 注册会计师对固定资产进行实地观察时，可以固定资产明细分类账为起点，重点观察本期新增的重要固定资产。   （　　）

3. 期末余额为 0 的应付账款明细账户不需要进行函证。   （　　）

4. 一般而言，在建工程完工交付使用或者办理竣工决算之后的利息应计入当期财务费用，不应计入固定资产的成本。   （　　）

5. 固定资产采购、付款、保管、记账应由不同人员分别负责，实行必要的职务分离。
                                  （　　）

四、操作题

1. 振华会计师事务所接受星艺公司委托，注册会计师张雄对该公司 2009 年财务会计报表的应付账款项目进行审查。审查时，获取该公司应付账款明细账（假设客户均为非关联关系）和总分类账如表 2 - 16 和 2 - 17 所示。

表 2 - 16   **星艺公司应付账款明细账户情况**   单位：元

明细账户	期初余额		本期发生额		期末余额	
	借方	贷方	借方	贷方	借方	贷方
威达公司		360 000	650 200	870 200		580 000
兴元公司		72 600	10 600	550 000		612 000

表 2 - 17   **星艺公司应付账款总账**   单位：元

期初余额		本期发生额		期末余额	
借方	贷方	借方	贷方	借方	贷方
	779 400	1 393 800	2 133 600		1 519 200

要求：根据以上资料，请填制如表 2 - 18 所示的应付账款明细表，并与总账核对。并考虑对于明细账期末借方余额该怎么处理。

表 2 - 18　　　　　　　　　　　**应付账款明细表（简式）**　　　　　　　　　　单位：元

户名及款项内容	账面余额			
	本位币			
	期初余额	本期增加	本期减少	期末余额
一、关联方				
二、非关联方				
威达公司				
兴元公司				
大理公司				
三泰公司				
小计				
合计				

审计说明：

2. 注册会计师王宏负责审查宏远公司 2009 年度固定资产项目。他于 2010 年 3 月 2 日审查本年度固定资产折旧，取得如下资料。

（1）固定资产明细记录及本期计提折旧（见表 2 - 19）。

表 2 - 19　　　　　　　　　**固定资产明细记录及本期计提折旧**　　　　　　　　单位：元

账户编号	固定资产类别	固定资产				本年账面已提折旧
		期初余额	本期增加	本期减少	期末余额	
123	房屋建筑物	650 000		650 000	42 500	
124	机器设备	246 000	24 000		270 000	1 700
125	运输工具	76 000	12 000	10 000	78 000	1 200
126	办公设备	22 000	4 000		26 000	300
合计		994 000	40 000	1 000	1 024 000	45 700

其中，机器设备于 2009 年 6 月份购置投入使用，运输工具为 11 月份购置投入使用，办公设备为 2 月份投入使用，运输工具报废时间是当年 8 月份。

（2）经询问会计主管，了解到该公司按直线法计提折旧，采用分类折旧率，年折旧率房屋建筑物 5%、机器 10%、运输工具 20%、办公设备 20%。

（3）假设办公设备折旧费计入管理费用，其他固定资产折旧费计入制造费用。

要求：根据以上资料填制如表 2 - 20 所示的本期应提折旧查证表，并复核本期计提折旧额是否正确。如果不正确，请提出调账建议。

表 2－20　　　　　　　　　　**本期应提折旧查证表**

被审计单位：_____　　编制：_____日期：_____索引号：1502－____

截止日期：_____　　复核：_____日期：_____页次：_____

固定资产类别	年折旧率（%）	期初原值	期初应提折旧	本期增加应提折旧	本期减少、已提足应提折旧	本期应提折旧合计	本期账面已提折旧	差异（+）（－）
合计								

审计说明：

项目三

生产与存货循环的审计

【知识目标】

◆ 了解生产与存货循环的内部控制及控制测试。

◆ 掌握存货的监盘。

◆ 掌握存货计价测试。

◆ 掌握生产成本等账户的审计。

【能力目标】

◆ 能够进行生产与存货循环的控制测试。

◆ 能够进行生产与存货循环的实质性程序。

【引例】

法尔莫公司案例①

从孩提时代开始，米奇·莫纳斯就喜欢几乎所有的运动，尤其是篮球。但是因天资及身高所限，他没有机会到职业球队打球。然而，莫纳斯确实拥有一个所有顶级球员共有的特征，那就是他有一种无法抑制的求胜欲望。

莫纳斯把他无穷的精力从球场上转移到他的董事长办公室里。他首先设法获得了位于（美）俄亥俄州阳土敦市的一家药店，在随后的十年中他又收购了另外299家药店，从而组建了全国连锁的法尔莫公司。不幸的是，这一切辉煌都是建立在资产造假——未检查出来的存货高估和虚假利润的基础上的，这些舞弊行为最终导致了莫纳斯及其公司的破产。同时也使为其提供审计服务的"五大"事务所损失了数百万美元。下面是这起案件的经过：

自获得第一家药店开始，莫纳斯就梦想着把他的小店发展成一个庞大的药品帝国。其所实施的策略就是他所谓的"强力购买"，即通过提供大比例折扣来销售商品。莫纳斯首先做的就是把实际上并不盈利且未经审计的药店报表拿来，用自己的笔为其加上并不存在的存货和利润。然后凭着自己空谈的天分及一套夸大了的报表，在一年之内骗得了足够的投资用以收购了8家药店，奠定了他的小型药品帝国的基础。这个帝国后来发展到了拥有300家连锁店的规模。一时间，莫纳斯成为金融领域的风云人物，他的公司则在阳土敦市赢得了令人崇拜的地位。

在一次偶然的机会导致这个精心设计的、至少引起5亿美元损失的财务舞弊事件浮出水面之时，莫纳斯和他的公司炮制虚假利润已达十年之久。这实在并非一件容易的事。当时法尔莫公司的财务总监认为因公司以低于成本出售商品而招致了严重的损失，但是莫纳斯认为通过"强力购买"，公司完全可以发展得足够大以使得它能顺利地坚持它的销售方式。最终

---

① 本案例引自张加学，李若山，存货"奥秘"——美国法尔莫公司计报表舞弊案例分析［J］．财务会计，2002.（02）。

在莫纳斯的强大压力下，这位财务总监卷入了这起舞弊案件。在随后的数年之中，他和他的几位下属保持了两套账簿，一套用以应付注册会计师的审计，一套反映糟糕的现实。

他们先将所有的损失归入一个所谓的"水桶账户"，然后再将该账户的金额通过虚增存货的方式重新分都到公司的数百家成员药店中。他们仿造购货发票、制造增加存货并减少销售成本的虚假记账凭证、确认购货却不同时确认负债、多计或加倍计算存货的数量。财务部门之所以可以隐瞒存货短缺是因为注册会计师只对300家药店中的4家进行存货监盘，而且他们会提前数月通知法尔莫公司他们将检查哪些药店。管理人员随之将那4家药店堆满实物存货，而把那些虚增的部分分配到其余的296家药店。如果不考虑其会计造假，法尔莫公司实际已濒临破产。在最近一次审计中，其现金已紧缺到供应商因其未能及时支付购货款而威胁取消对其供货的地步。

注册会计师们一直未能发现这起舞弊，他们为此付出了昂贵的代价。这项审计失败使会计师事务所在民事诉讼中损失了3亿美元。那位财务总监被判33个月的监禁，莫纳斯本人则被判入狱5年。

生产与存货循环由将原材料转化为产成品的有关活动组成，该循环包括制订生产计划、控制、保持存货水平，以及与制造有关交易和事项，涉及领料、生产加工、销售产品等主要环节。

任务1　生产与存货循环的内部控制与控制测试

3.1.1　生产与存货循环业务的特征及内部控制

总体上看，生产与存货循环的内部控制主要包括生产的内部控制和成本会计制度的内部控制两项内容。

生产与存货循环业务特征及相应的会计记录和控制程序如表3-1所示。

表3-1　　生产与存货循环中主要业务活动及对应的凭证、记录和控制程序

内部控制目标	关键内部控制	常用的控制测试
生产业务是根据管理层一般或特定的授权进行的（发生）	对以下3个关键点，应履行恰当手续，经过特别审批或一般授权：①生产指令的授权批准；②领料单的授权批准；③工薪的授权批准	检查凭证中是否包括这3个关键点的恰当审批
记录的成本为实际发生的而非虚构的（发生）	成本的核算是以经过审核的生产通知单、领发料凭证、产量和工时记录、工薪费用分配表、材料费用分配表、制造费用分配表为依据的	检查有关成本的记账凭证是否附有生产通知单、领发料凭证、产量和工时记录、工薪费用分配表、材料费用分配表、制造费用分配表等，原始凭证的顺序编号是否完整

内部控制目标	关键内部控制	常用的控制测试
所有耗费和物化劳动均已反映在成本中（完整性）	生产通知单、领发料凭证、产量和工时记录、工薪费用分配表、材料费用分配表、制造费用分配表均事先编号并已经登记入账	检查生产通知单、领发料凭证、产量和工时记录、工薪费用分配表、材料费用分配表、制造费用分配表编号是否完整
成本以正确的金额，在恰当的会计期间及时记录于适当的账户（发生、完整性、准确性、计价和分摊）	采用适当的成本核算方法，并且前后各期一致；采用适当的费用分配方法，并且前后各期一致；采用适当的成本核算流程和账务处理流程；内部核查	选取样本测试各种费用的归集和分配以及成本的计算；测试是否按照规定的成本核算流程和账务处理流程进行核算和账务处理
对存货实施保护措施、保管人员与记录、批准人员相互独立（完整性）	存货保管人员与记录人员职务相分离	询问和观察存货与记录的接触控制以及相应的批准程序

审计人员在了解了生产循环内部控制之后，应对内部控制进行初步评价，并初步估计其控制风险水平，以确定生产循环内部控制是否可以依赖，决定是否进行符合性测试以及符合性测试的时间、性质和范围。

3.1.2 成本会计制度的内部控制

表3-2列示了成本会计制度的目标、关键内部控制和控制测试的关系。

表3-2　　成本会计制度的目标、关键内部控制和控制测试一览表

内部控制目标	关键内部控制	常用的控制测试
生产业务是根据管理层一般或特定的授权进行的（发生）	对以下3个关键点，应履行恰当手续，经过特别审批或一般授权：①生产指令的授权批准；②领料单的授权批准；③工薪的授权批准	检查凭证中是否包括这3个关键点的恰当审批
记录的成本为实际发生的而非虚构的（发生）	成本的核算是以经过审核的生产通知单、领发料凭证、产量和工时记录、工薪费用分配表、材料费用分配表、制造费用分配表为依据的	检查有关成本的记账凭证是否附有生产通知单、领发料凭证、产量和工时记录、工薪费用分配表、材料费用分配表、制造费用分配表等，原始凭证的顺序编号是否完整

续表

内部控制目标	关键内部控制	常用的控制测试
所有耗费和物化劳动均已反映在成本中（完整性）	生产通知单、领发料凭证、产量和工时记录、工薪费用分配表、材料费用分配表、制造费用分配表均事先编号并已经登记入账	检查生产通知单、领发料凭证、产量和工时记录、工薪费用分配表、材料费用分配表、制造费用分配表编号是否完整
成本以正确的金额，在恰当的会计期间及时记录于适当的账户（发生、完整性、准确性、计价和分摊）	采用适当的成本核算方法，并且前后各期一致；采用适当的费用分配方法，并且前后各期一致；采用适当的成本核算流程和账务处理流程；内部核查	选取样本测试各种费用的归集和分配以及成本的计算；测试是否按照规定的成本核算流程和账务处理流程进行核算和账务处理
对存货实施保护措施、保管人员与记录、批准人员相互独立（完整性）	存货保管人员与记录人员职务相分离	询问和观察存货与记录的接触控制以及相应的批准程序
账面存货与实际存货定期核对相符（存在、完整性、计价和分摊）	定期进行存货盘点	询问和观察存货盘点程序

提示：

　　审计人员在对成本内部控制的了解中，可以形成以下工作底稿：①了解内部控制设计——控制流程；②评价内部控制——设计及执行情况；③穿行测试表。具体格式参见4.1节，在此不再赘述。

　　注册会计师在了解成本内部控制的基础上，应对内部控制进行初步评价，并初步估计其控制风险水平，决定进一步审计程序的性质、时间和范围。

3.1.3　生产与存货循环的控制测试

　　在表3-2中，以内部控制目标和相关认定为起点，列示了相应的关键内部控制和常用的控制测试程序，这里不再赘述。下面主要介绍实施生产与存货交易的控制测试时应当注意的问题。

　　（1）注册会计师应当通过控制测试获取支持被审计单位的控制风险评价为中或低的证据。如果能够获取这些证据，注册会计师就可以接受较高的检查风险，并在很大程度上可以通过实施实质性分析程序获取进一步的审计证据，减少对生产与存货交易和营业成本、存货等相关项目的细节测试的依赖。

　　（2）对于计划和安排生产这项主要业务活动，有些被审计单位的内部控制要求，根据经审批的月度生产计划书，由生产计划经理签发预先按顺序编号的生产通知单。对此，注册会计师在实施控制测试时，应抽取生产通知单检查是否与月度生产计划书中的内容一致。

（3）直接材料成本控制测试。对于采用标准成本法的企业，可获取样本的生产指令或产量统计记录、直接材料单位的标准用量、直接材料标准单价及发出材料汇总表或领料单，检查下列事项：根据生产量、直接材料单位标准用量和标准单价计算的标准成本与成本计算单中的直接材料成本核对是否相符；直接材料成本差异的计算与账务处理是否正确，并注意直接材料的标准成本在当年内有无重大变更。

（4）直接人工成本控制测试。对于采用标准成本法的企业，获取样本的生产指令或产量统计报告、工时统计报告和经批准的单位标准工时、标准工时工资率、直接人工的工薪汇总表等资料，检查下列事项：根据产量和单位标准工时计算的标准工时总量与标准工时工资率之积同成本计算单中直接人工成本核对是否相符；直接人工成本差异的计算与账务处理是否正确，并注意直接人工的标准成本在当年内有无重大变更。

（5）制造费用控制测试。获取样本的制造费用分配汇总表、按项目分列的制造费用明细账、与制造费用分配有关的统计报告及相关原始记录，做如下检查：样本分担的制造费用与成本计算单中的制造费用核对是否相符；制造费用分配汇总表中选择的分配标准（机器工时数、直接人工工资、直接人工工时数、产量等）与相关的统计报告或原始记录核对是否相符，并对费用分配标准的合理性做出评估。

（6）生产成本在当期完工产品和在产品之间分配的控制测试。检查成本计算单中在产品数量与生产统计报告或在产品盘存表中的数量是否一致，检查在产品约当产量计算或其他分配标准是否合理，计算复核样本的总成本和单位成本，最终对当年采用的成本会计制度做出评估。

任务 2　生产与存货循环的实质性程序

3.2.1　生产与存货循环交易的实质性程序

表 3-2 列示了审计生产与存货交易和余额时常用的交易实质性程序。事实上，生产与存货循环交易的实质性程序可区分为实质性分析程序、生产与存货交易和相关余额的细节测试两个方面。

1. 实质性分析程序

（1）根据对被审计单位的经营活动、供应商的发展历程、贸易条件、行业惯例和行业现状的了解，确定营业收入、营业成本、毛利以及存货周转和费用支出项目的期望值。

（2）根据本期存货余额组成、存货采购、生产水平与以前期间和预算的比较，确定营业收入、营业成本和存货可接受的重大差异额。

（3）比较存货余额和预期周转率。

（4）计算实际数和预计数之间的差异，并同管理层使用的关键业绩指标进行比较。

（5）通过询问管理层和员工，调查实质性分析程序得出的重大差异额是否表明存在重大错报风险，是否需要设计恰当的细节测试程序以识别和应对重大错报风险。

（6）形成结论，即实质性分析程序是否能提供充分、适当的审计证据，或需要对交易和余额实施细节测试以获取进一步的审计证据。

2. 生产与存货交易和余额的细节测试

（1）注册会计师应从被审计单位存货业务流程层面的主要交易流中选取一个样本，检查其支持性证据。例如，从存货采购、完工产品的转移、销售和销售退回记录中选取一个样本。

① 检查支持性的供应商文件、生产成本分配表、完工产品报告、销售和销售退回文件。

② 从供应商文件、生产成本分配表、完工产品报告、销售和销售退回文件中选取一个样本，追踪至存货总分类账户的相关分录。

③ 重新计算样本所涉及的金额，检查交易经授权批准而发生的证据。

（2）对期末前后发生的诸如采购、销售退回、销售、产品存货转移等主要交易流，实施截止测试。

确认本期末存货收发记录的最后一个顺序号码，并详细检查随后的记录，以检测在本会计期间的存货收发记录中是否存在更大的顺序号码，或因存货收发交易被漏记或错记入下一会计期间而在本期遗漏的顺序号码。

（3）存货余额测试。可以观察被审计单位存货的实地盘存，询问确定现有存货是否存在寄存情形，检查存货价格，等等。

3.2.2　存货的实质性程序

由于存货对于企业的重要性，存货问题的复杂性以及存货与其他项目密切的关联度，要求注册会计师对存货项目的审计应予以特别的关注。相应地，要求实施存货项目审计的注册会计师应具有较高的专业素质和相关业务知识，分配较多的审计工时，运用较多有针对性的审计程序。

1. 存货审计目标与认定关系

存货审计目标与认定对应关系如表 3 – 3 所示。

表 3 – 3　　　　　　　　　　　存货审计目标与认定对应关系表

审计目标	财务报表认定				
	存在	完整性	权利和义务	计价和分摊	列报
A. 资产负债表中记录的存货是存在的	√				
B. 所有应当记录的存货均已记录		√			
C. 记录的存货由被审计单位拥有或控制			√		
D. 存货以恰当的金额包括在财务报表中，与之相关的计价调整已恰当记录				√	
E. 存货已按照企业会计准则的规定在财务报表中做出恰当列报					√

2. 存货的实质性程序

（1）获取或编制存货明细表。注册会计师首先应获取或编制存货及跌价准备明细表，复核加计是否正确，并与报表数、总账余额与明细账余额合计数核对相符。如果不相符，应查明原因，并做出记录和相应调整。

（2）存货监盘。对期末存货数量的确定，是存货审计中的重要内容。《中国注册会计师审计准则第 1311 号——存货监盘》规定，存货监盘是指注册会计师现场观察被审计单位存货的盘点，并对已盘点的存货进行适当检查。可见，存货监盘有两层含义：一是注册会计师应亲临现场观察被审计单位存货的盘点；二是在此基础上，注册会计师应根据需要适当抽查已盘点的存货。

对存货进行监盘是存货审计必不可少的一项审计程序。存货监盘针对的主要是存货的存在认定、完整性认定以及权利和义务的认定。注册会计师监盘存货的目的在于获取有关存货数量和状况的审计证据，以确证被审计单位记录的所有存货确实存在并属于被审计单位的合法财产。

> **提示：**
> 管理层和注册会计师对存货盘点的责任是不同的，量和状况是被审计单位管理层的责任；实施存货监盘，获取适当的审计证据是注册会计师的责任。

存货监盘程序包括以下重要步骤。

（1）存货盘点前的计划工作。

审计人员在进行监盘之前应根据被审计单位存货的特点、盘存制度和存货内部控制的有效性等情况，在评价被审计单位存货盘点计划的基础上，编制存货监盘计划，对存货监盘做出合理的安排。

在编制存货监盘计划时，注册会计师应实施下列审计程序：了解存货的内容、性质、各存货项目的重要程度及存放场所；了解与存货相关的内部控制；评估与存货相关的重大错报风险和重要性；查阅以前年度的存货监盘工作底稿；考虑实地查看存货的存放场所，特别是金额较大或性质特殊的存货；考虑是否需要利用专家的工作或其他注册会计师的工作；复核或与管理层讨论其存货盘点计划。

存货监盘计划应包括的内容如下。

① 存货监盘的目标、范围及时间安排。存货监盘的目标是获取被审计单位资产负债表日有关存货数量和状况的审计证据，检查存货的数量是否真实完整，是否归属于被审计单位，存货有无毁损、陈旧、过旧、短缺等状况。

存货监盘范围的大小取决于存货的内容、性质，以及与存货相关的内部控制的完善程度和重大错报风险的评估结果。对存放于外单位的存货，应当考虑实施适当的替代程序，以获取充分、适当的审计证据。

存货监盘的时间，包括实地查看盘点现场的时间、观察存货盘点的时间和对已盘点存货实施检查的时间等，应当与被审计单位实施存货盘点的时间相协调。

② 存货盘点的要点以及关注的事项。存货盘点的要点主要包括注册会计师实施存货监盘程序的方法、步骤，各个环节应注意的问题及所要解决的问题。注册会计师需要重点关注的事项包括盘点期间的存货移动、存货的状况、存货的截止确认、存货的各个存放地点及金额等。

③ 参加存货监盘人员的分工。注册会计师应当根据被审计单位参加存货盘点人员分工、分组情况、存货监盘工作量的大小和人员素质等情况，确定参加存货监盘的人员组成，各组成人员的职责和具体分工情况，并加强督导。

④ 抽查的范围。根据被审计单位存货盘点和对被审计单位内部控制的评价结果，注册会计师确定抽查存货的范围。在实施观察程序后，如果认为被审计单位内部控制设计良好且得到有效实施、存货盘点组织良好，注册会计师可以相应缩小抽查程序的范围。

（2）盘点问卷调查。

审计人员在实施监盘前，应对企业的盘点组织及其参与人员的准备工作情况进行调查，以确定企业是否按照盘点计划的要求进行盘点准备工作。若认为企业的盘点准备工作达不到事前规划的要求，审计人员可以拒绝实施监盘，并要求企业另定时间、重新准备。盘点问卷的内容如表3-4所示。

表3-4   **存货盘点计划问卷**

被审计单位：_____ 编制：_____ 日期：_____ 索引号：_____

截止日期：_____ 复核：_____ 日期：_____ 页 次：_____

1. 存货盘点的范围、盘点的场所以及盘点时间是如何确定的？填列以下表格。

地点	存货类型	占存货总额的大致比例	盘点时间	电话

2. 盘点人员是如何组织分工的？是否具有胜任能力？填列以下表格。

人员	地点	职责	胜任能力

3. 盘点过程是否有专家参加？是否对专家参与盘点做出了适当的安排？

4. 盘点前是否召开会议并布置任务？

5. 在盘点过程中，存货是怎样整理和排列的？

6. 是否存在代销存货等所有权不属于被审计单位的存货？若有情况如何？

7. 有哪些毁损、陈旧、过时、残次的存货？它们是如何区分和存放的？

8. 半成品、原材料和产成品如何分开？

9. 对于成堆堆放或分散在仓库中的存货，是否设置了专门的盘点程序或数量转换计算的方法？

10. 分散在不同地方的相同存货项目如何汇总（这对于与后续盘点汇总保持一致很重要）？

11. 存货盘点采用什么计量工具和计量方法？

12. 在产品的完工程度如何确认？原材料、直接人工、制造费用等如何在产成品和在产品之间分配？

13. 是否有存放在外单位的存货？如何进行盘点？

14. 放在距离较远的地方的存货如何盘点？

15. 对存货收发截止是如何进行控制的？

16. 对盘点期间存货移动是如何进行控制的？盘点期间是否需要停止生产？

17. 盘点表单是如何设计、使用与控制的？使用什么形式的文件来记录盘点？盘点表是否预先编号？

18. 是否所有的盘点都被独立检查以确保他们的准确性？若使用永续存货盘存制，如果实际数量与记录存在差异，是否有进行独立再盘点的措施？是否要求监督者对盘点执行的检查做出记录？

19. 盘点结果是如何汇总的？

20. 如何对盘盈或盘亏进行分析、调查与处理？

21. 是否存在其他在盘点中需要注意的事项？

22. 对被审计单位存货盘点计划能否合理地确定存货的数量和状况做出总体评价。（1）被审计单位存货盘点计划是否适当？

（1）被审计单位存货盘点计划是否适当？

（2）盘点计划是否存在缺陷？如果有，应建议被审计单位调整。

（3）实地观察盘点。审计人员应到盘点现场观察和监督盘点的全过程。审计人员主要观察和监督以下内容：盘点现场的存货是否摆放有序并停止流动；盘点程序是否符合盘点计划和指令的基本要求；对存货点数、计量所采用的方法是否适当，有无重计或者漏计的错误；盘点标签及盘点汇总表是否按要求完整填制；存货中有无混进废品与毁损物品等。在监盘过程中如果发现问题，审计人员应及时指出，并要求被审计单位纠正。如果认为盘点程序不当或记录有错误，导致盘点结果严重失实，应要求盘点人员重新进行盘点，以保证登记汇总存货数量的正确性。

（4）复盘抽点。抽点，是指被审计单位盘点人员盘点后，审计人员应根据观察的情况，在盘点标签尚未取下之前，选择部分存货项目进行复盘抽点。抽点的范围取决于具体存货项目的性质、控制状况及特定的环境条件。通常审计人员应将存货分层，将价值较高的存货全部盘点，对其他项目则选取样本进行抽点。抽点的样本一般应达到存货总价值的 10% 以上。审计人员应将抽点结果与盘点标签及盘点汇总表上的记录进行比较。抽点在产品时，还应关注其完工程度是否恰当。如果抽点发现差异，除要求被审计单位进行更正外，还应扩大抽点范围；如果发现差错过大，则应要求被审计单位重新盘点。审计人员进行抽点时，应在工作底稿上记录其抽点结果。

抽点结束后，应将全部盘点标签及盘点汇总表按编号顺序归总，并据以登记盘点表。所有的盘点标签、盘点汇总表均应由参与盘点人员和监盘审计人员签名，并复印两份，被审计单位与会计师事务所各留一份。同时，审计人员还应向被审计单位索取存货盘点前的最后一张验收凭证和发货凭证，以便审计时做截止测试之用。

（5）编制审计工作底稿。盘点工作结束后，审计人员应根据盘点情况，撰写包括盘点程序、盘点中的重大问题及处理、盘点结果等内容的盘点备忘录，并连同被审计单位的盘点计划、盘点汇总表、问卷调查表等资料以及取得的其他资料一起整理成审计工作底稿。

（6）特殊情况的处理。如果由于被审计单位存货的性质或位置等原因导致无法实施存货的监盘，注册会计师应当考虑能否实施替代审计程序，获取有关期末存货数量的充分、适当的审计证据。注册会计师实施替代审计程序主要包括：检查进货交易凭证或生产记录及其相关资料，检查资产负债表日后发生的销货凭证，向顾客或供应商函证。

① 由于存货的性质或者位置而无法实施存货监盘程序。这种情况，通常需要依赖内部控制。注册会计师应当复核采购、生产和销售记录，以获取必要的审计证据，通常情况下还可以向能够接触到的相关存货项目的第三方人员询证。当然，注册会计师也可以实施其他有效的替代审计程序。

② 因不可预见的因素导致无法在预定日期实施存货监盘或接受委托时被审计单位的期末存货盘点已经完成。在这种情况下，注册会计师应采用一些替代审计程序，如利用被审计单位的存货盘点资料，抽查盘点部分存货，审查自结账日以来的存货收发记录，倒推出结账日的存货数量。如果仍无法实施替代程序，则表示存货项目的审计证据不足，应在审计报告中予以说明。

③ 委托其他单位保管或已做抵押的存货。对被审计单位委托其他单位保管的或已做抵

押的存货，注册会计师应向保管人或债权人函证。如果此类存货的金额占流动资产或总资产的比例较大，注册会计师还应当考虑实施存货监盘或利用其他注册会计师的工作。

④ 首次接受委托的情况。当首次接受委托未能对上期期末存货实施监盘，且该存货对本期财务报表存在重大影响时，如果已获取有关本期期末存货余额的充分、适当的审计证据，注册会计师应当实施下列一项或者多项审计程序，以获取有关本期期初存货余额的充分、适当的审计证据：查阅前任注册会计师工作底稿，复核上期存货盘点记录及文件，检查上期存货交易记录，运用毛利百分比法等进行分析。

实例 3-1 注册会计师王力、朱晓群对常年审计客户丙公司 2009 年度财务报表进行审计。丙公司为玻璃制造企业，存货主要有玻璃、煤炭和烧碱，其中少量玻璃存放于外地公用仓库。另有丁公司部分水泥存放于丙公司的仓库。丙公司拟于 2009 年 12 月 29 日至 12 月 31 日盘点存货，以下是王力撰写的存货监盘计划的部分内容。

存货监盘计划

一、存货监盘的目标

检查丙公司 2009 年 12 月 31 日存货数量是否真实完整。

二、存货监盘范围

2009 年 12 月 31 日库存的所有存货，包括玻璃、煤炭、烧碱和水泥。

三、监盘时间

存货的观察与检查时间均为 2009 年 12 月 31 日。

四、存货监盘的主要程序

1. 与管理层讨论存货监盘计划。

2. 观察丙公司盘点人员是否按照盘点计划盘点。

3. 检查相关凭证以证实盘点截止日前所有已确认为销售但尚未装运出库的存货均已纳入盘点范围。

4. 对于存放在外地公用仓库的玻璃，主要实施检查货运文件、出库记录等替代程序。

……

要求：

(1) 请指出存货监盘计划中的目标、范围和时间存在的错误，并简要说明理由。

(2) 请判断存货监盘计划中列示的主要程序是否恰当，若不恰当，请予以修改。

分析：

(1) 共有 3 处错误。

错误 1：目标错误，存货监盘的目标不恰当，监盘目标应为获取有关存货数量和状况的审计证据。

错误 2：范围错误，丁公司水泥的所有权不属于丙公司，不应纳入监盘范围。

错误 3：时间错误，存货的观察与检查时间应与盘点时间相协调，应为 12 月 29 日至 12 月 31 日。

(2) 判断如下。

程序 1：不恰当。

修改为：复核或与管理层讨论存货盘点计划。

程序2：恰当。

程序3：不恰当。

修改为：检查相关凭证以证实盘点截止日前所有已确认为销售但尚未装运出库的存货均未纳入盘点范围。

程序4：不恰当。

修改为：对于存放在外地公用仓库的玻璃，应实施函证或利用其他注册会计师工作等替代程序。

（3）实施存货的计价测试。

监盘程序主要是对存货的结存数量加以确认，为了验证资产负债表上存货余额的真实性，还必须进行存货的计价测试，确定存货实物数量和永续盘存记录中的数量记录是否经过正确的计价和汇总。存货计价审计表如表3-5所示。

表3-5 **存货计价审计表**

日期	品名及规格	购入			发出			余额		
		数量	单价	金额	数量	单价	金额	数量	单价	金额

① 计价方法说明。

② 情况说明及审计结论。

① 样本的选择。计价审计的样本，应从存货数量已经盘点、单价和总金额已经记入存货汇总表的结存存货中选择。

② 计价基础和方法的确认。存货可按不同的计价基础和方法确定其价值，但必须符合企业会计准则及企业会计制度的规定。存货的计价基础主要有历史成本基础、成本与可变现净值孰低基础等。存货计价方法主要包括实际成本计价和计划成本计价两大类，而实际成本计价又有先进先出法、加权平均法、个别计价法等。企业可结合国家法规要求选择符合自身特点的存货计价基础与方法。如果被审计单位采用的存货计价基础与方法不符合规定，必须加以调整和揭示。此外，如果没有足够的理由，存货计价方法在同一会计期间不得变动。如果会计期间计价方法发生变动，审计人员要检查变动的理由、性质是否恰当，分析对当期损益的影响程度，并确定所需揭示的有关资料信息。

③ 计价测试。进行计价测试时，注册会计师首先应对存货价格的组成内容予以审核，然后按照了解的计价方法对所选择的存货样本进行计价测试。测试时，应尽量排除被审计单位已有计算程序和结果的影响，进行独立测试。测试结果出来后，应与被审计单位账面记录对比，编制对比分析表，分析形成差异的原因。如果差异过大，应扩大测试范围，并根据审计结果考虑是否应提出审计调整建议。存货计价审计中，由于被审计单位对期末存货采用成本与可变现净值孰低的方法计价，所以注册会计师应充分关注其对存货可变现净值的确定及存货跌价准备的计提。

（4）实施存货的截止测试。

① 存货截止测试的含义。所谓存货截止测试，就是检查截止到当年 12 月 31 日止，所购入的存货或已销售的存货是否与其对应的会计科目一并记入同一会计期间。

正确确定存货购入与销售的截止日期，是正确、完整地记录企业年末存货的前提。如果被审计单位于当年 12 月 31 日购入货物，并已包括在当年 12 月 31 日的实物盘点范围内，而当年 12 月份账上并无进货和对应的负债记录，这就少记了账面存货和应付账款。这时若将盘盈的存货冲减有关的费用或增加有关收入，就虚增了本年利润；相反，如果在当年 12 月 31 日收到一张购货发票，并记入当年 12 月份账内，而这张发票所对应的存货实物却于次年 1 月 3 日收到，未包括在当年年度的盘点范围内，若此时根据盘亏结果增加费用或损失，就会虚减本年的存货和利润。

② 存货截止测试的方法。

a. 检查存货盘点日前后的购货（销售）发票与验收报告、入库单（出库单）。

在一般情况下，档案中的每张发票均附有验收报告与入库单（出库单），因此，测试购销业务年末截止情况的主要方法是检查存货盘点日前后的购货发票与验收报告与入库单（或销售发票与出库单）。如果 12 月底入账的发票附有 12 月 31 日或之前日期的验收报告与入库单，则货物肯定已经入库，并包括在本年的实地盘点存货范围内，如果验收报告日期为 1 月份的日期，则货物不会列入年底实地盘点的存货中；反之，如果仅有验收报告与入库单而没有购货发票，则应认真审核每一验收报告单上是否加盖暂估入账印章，并以暂估价记入当年存货账内，待次年初以红字冲销。

b. 查阅验收部门的业务记录。

存货截止测试的另一审核方法就是查阅验收部门的业务记录，凡是接近年底（包括次年年初）购入或者销售的货物，均必须查明其相应的购货或者销售发票是否在同期入账。对于未收到购货发票的入库存货，应查明是否将入库单分开存放并暂估入账，对已填制出库单而未发出的商品，应查明是否将其单独保管。对于测试完成后发现的截止期处理不当的情况，审计人员应提请被审计单位做必要的会计账务调整。

在实务中，存货截止测试工作通过填制"存货入库截止测试"和"存货出库截止测试"工作底稿来完成。存货入库截止测试表如表 3－6 所示。

表 3－6　　　　　　　　　　　　存货入库截止测试表

被审计单位：_____　　编制：_____　　日期：_____　　索引号：_____

截止日期：_____　　　复核：_____　　日期：_____　　页　次：_____

一、从存货明细账的借方发生额中抽取样本与入库记录核对，以确定存货入库被记录在正确的会计期间。

序号	摘要	明细账凭证			入库单（或购货发票）		
		编号	日期	金额	编号	日期	金额

二、从存货入库记录抽取样本与明细账的借方发生额核对，以确定存货入库被记录在正确的会计期间。

序号	摘要	入库单（或购货发票）			明细账凭证		
		编　号	日期	金额	编　号	日期	金额

注：本表适用于材料采购/在途物资、原材料、在产品、库存商品等。

（5）审查存货跌价准备

按照企业会计准则的要求，企业的存货应当在期末按成本与可变现净值孰低计量。企业期末对存货进行盘点后，若可变现净值低于成本，应计提存货跌价准备。存货跌价准备的提取和转销通过"存货跌价准备"账户进行核算。存货跌价准备审计目标与审计程序如表3 -7所示（说明：表3 -7及表3 -9～表3 -15中的 ABCDE 对应于表3 -3"增加的审计程序"不对应具体标号 ABCDE）。

表3 -7　　　　　　　　存货跌价准备审计目标与审计程序

审计目标	可供选择的审计程序	计划实施的审计程序	工作底稿索引号
BD	1. 获取或编制存货跌价准备的明细表，复核加计是否正确，并与总账数、明细账合计数核对是否相符		
D	2. 检查分析存货是否存在减值迹象以判断被审计单位计提存货跌价准备的合理性： （1）将存货余额与现有的订单、资产负债表日后各期的销售额和下一年度的预测销售额进行比较，以评估存货滞销和跌价的可能性 （2）比较当年度及以前年度存货跌价准备占存货余额的比例，并查明异常情况的原因 （3）结合存货监盘，对存货的外观形态进行检视，以了解其物理形态是否正常。检查期末结存库存商品和在产品，针对型号陈旧、产量下降、生产成本或售价波动、技术或市场需求的变化情形以及期后销售情况，考虑是否需进一步计提准备： ① 对于残次、冷背、呆滞的存货，查看永续盘存记录、销售分析等资料，分析当年实际使用情况，确定是已合理计提跌价准备 ② 将上年度残次、冷背、呆滞存货清单与当年存货清单进行比较，确定是否需补提跌价准备		
D	3. 检查计提存货跌价准备的依据、方法是否前后一致		
D	4. 根据成本与可变现净值孰低的计价方法，评价存货跌价准备所依据的资料、假设及计提方法，考虑是否有确凿证据为基础计算确定存货的可变现净值，检查其合理性		

审计目标	可供选择的审计程序	计划实施的审计程序	工作底稿索引号
D	5. 考虑不同存货的可变现净值的确定原则，复核其可变现净值计算正确性（即充足但不过度）： （1）对用于生产而持有的原材料，检查是否以所生产的产成品的估计售价减去至完工时估计将要发生的成本、估计的销售费用和相关税费后的金额作为其可变现净值的确定基础 （2）库存商品和用于出售而持有的原材料等直接用于出售的存货，检查是否以该存货的估计售价减去估计的销售费用和相关税费后的金额作为其可变现净值的确定基础 （3）检查为执行销售合同而持有的库存商品等存货是否以合同价格作为其可变现净值的确定基础，如果被审计单位持有库存商品的数量多于销售合同订购数量，超出部分的库存商品可变现净值是否以一般销售价格为计量基础		
D	6. 抽查计提存货跌价准备的项目，其期后售价是否低于原始成本		
D	7. 检查存货跌价准备的计算和会计处理是否正确，本期计提或转销是否与有关损益科目金额核对一致		
D	8. 对从合并范围内部购入存货计提的跌价准备，关注其在合并时是否已抵销		
D	9. 检查债务重组、非货币性资产交换和企业合并等涉及存货跌价准备的会计处理是否正确		
	10. 根据评估的舞弊风险等因素增加的审计程序		
E	11. 检查存货跌价准备是否已按照企业会计准则的规定在财务报表中做出恰当列报		

实例 3 - 2　假定 M 公司 2009 年度仅生产销售乙、丙两种产品，年初、年末存货除产成品库存外，无其他存货，发出存货采用先进先出法核算。公司存货跌价准备年初、年末账户余额均为 1 300 万元，2009 年度未做存货跌价准备的转销和转回。乙、丙两种产品的详细资料如下。

1. 乙产品年初库存 1 000 件，单位成本 2 万元，单位产品可变现净值为 1.5 万元；本年生产乙产品 2 000 件，单位成本为 1.8 万元；本年销售 1 500 件；乙产品年末单位产品可变现净值为 1.7 万元。

2. 丙产品年初库存 800 件，单位成本为 5 万元，单位产品可变现净值为 4 万元；本年生产丙产品 2 000 件，单位成本为 4.5 万元；本年销售 300 件；丙产品年末单位产品可变现净值为 5.5 万元。

试代注册会计师对存货跌价准备进行测试，并说明注册会计师应提出的审计调整建议。

分析：

乙、丙两种产品 2008 年末已计提存货跌价准备分别为 $1\,000 \times (2 - 1.5) = 500$（万元）、$800 \times (5 - 4) = 800$（万元），即 2009 年年初存货跌价准备余额均为 1 300 万元。

乙产品：2009 年销售 1 500 件，按先进先出法原则，年初 1 000 件已提的存货跌价准备 500 万元应转销；年末单位可变现净值低于其成本，应提取存货跌价准备 $1\,500 \times (1.8 - 1.7) = 150$（万元）。

丙产品：2009 年销售 300 件，按先进先出法原则，年初 300 件已提的存货跌价准备 300 万元应转销；年末因价值回升应转回年初 500 件已提取存货跌价准备 500 万元。

所以，存货跌价准备转销 800 万元，转回 500 万元，提取 150 万元。存货跌价准备测试如表 3 - 8 所示。

表 3 - 8   **存货跌价准备测试表**

被审计单位：_____   编制：_____   日期：_____   索引号：__1281 - 1__

截止日期：_____   复核：_____   日期：_____   页 次：_____

名称规格或类别	审定期末余额			账面跌价准备				审定数			调整数		
	数量	单位成本	金额	期初余额	本期计提	本期转回	期末余额	单位可变现净值	可变现净值合计	应提跌价准备	调整期初	调整本期计提	调整本期转回
乙	1 500	1.8	2 700	500			500	1.7	2 550	150	- 500	150	
丙	2 500	4.5	11 250	800			800	5.5	13 750	0	- 300		500
合计				1 300			1 300				- 800	150	500

审计结论	存货跌价准备应转销 800 万元，转回 500 万元，提取 150 万元。注册会计师应建议被审计单位进行账务调整。具体如下：
	  借：存货跌价准备 800
	    贷：主营业务成本 800
	  借：存货跌价准备 500
	    贷：资产减值损失 500
	  借：资产减值损失 150
	    贷：存货跌价准备 150

3.2.3   材料采购的实质性程序

1. 审计目标与实质性程序

材料采购是用来核算企业购入材料的实际成本和结转入库材料的计划成本，并据以计算、确定购入材料成本差异额的账户。材料采购审计目标与审计程序如表 3 - 9 所示。

表 3 - 9　　　　　　　　　　**材料采购审计目标与审计程序**

审计目标	可供选择的审计程序	计划实施的审计程序	工作底稿索引号
	1. 获取或编制材料采购（在途物资）的明细表，复核加计是否正确，并与总账数、明细账合计数核对是否相符		
ACD	2. 检查材料采购或在途物资。 （1）对大额材料采购或在途物资，追查至相关的购货合同及购货发票，复核采购成本的正确性，并抽查期后入库情况，必要时发函询证 （2）检查期末材料采购或在途物资，核对有关凭证，查看是否存在不属于材料采购（在途物资）核算的交易或事项 （3）检查月末转入原材料等科目的会计处理是否正确		
AB	3. 查阅资产负债表日前后＿＿＿＿＿＿天材料采购（在途物资）增减变动的有关账簿记录和收料报告单等资料，检查有无跨期现象，如果有，则应做出记录，必要时做调整		
D	4. 如果采用计划成本核算，则审核材料采购账项有关材料成本差异发生额的计算是否正确		
A	5. 检查材料采购是否存在长期挂账事项，如果有应查明原因，必要时提出建议调整		
	6. 根据评估的舞弊风险等因素增加的审计程序		
E	7. 检查材料采购（在途物资）是否已按照企业会计准则的规定在财务报表中做出恰当列报		

2. 主要实质性程序操作

抽查材料采购账户，核对有关凭证。对于大额的采购业务，应追查自订货直到材料验收、入库全过程的合同、凭证、账簿记录，以确定其是否完整、正确；对于抽查的材料采购项目，应追查至相关的购货合同及购货发票，复核采购成本的正确性，并抽查期后的入库情况。

实例 3 - 3　注册会计师在审查某企业材料采购明细账时，发现如下记录。

（1）合同规定应由供货单位负担的运杂费 22 000 元。

（2）因无款承付而支付的罚款 3 600 元。

（3）采购人员差旅费 2 500 元。

要求：指出企业以上账务处理中存在的问题。

分析：

企业将应记入其他账户和应由外单位负担的费用计入材料采购成本。这样做，混淆了费用支出界限，影响了利润计算的正确性。

审计结论：

企业的账务处理使材料采购账户多计 28 100 元，审计人员应提请该企业进行账务调整。

借：应付账款　　　　　　　　　　　　　　　　　　　　　　　22 000

　　营业外支出　　　　　　　　　　　　　　　　　　　　　　　3 600

　　管理费用　　　　　　　　　　　　　　　　　　　　　　　　2 500

　　贷：材料采购　　　　　　　　　　　　　　　　　　　　　　　　28 100

实例 3 - 4　注册会计师审查某企业材料采购业务时，发现本年内一笔业务的处理如下：从外地购进材料一批，共 8 500 千克，价款共计 293 250 元，外地运杂费 1 500 元，财会部门将材料价款计入材料采购成本，运杂费计入管理费用。

要求：指出企业在材料采购管理中存在的问题，并做出调整分录。

分析：

财会部门对材料采购成本的处理有误，外地运杂费应计入材料的采购成本，而不应该计入当期的期间费用。

审计结论：

注册会计师应提请被审计单位调账，调账分录如下。

借：材料采购　　　　　　　　　　　　　　　　　　　　　　　1 500

　　贷：管理费用　　　　　　　　　　　　　　　　　　　　　　　　1 500

3.2.4　原材料的实质性程序

1. 审计目标与实质性程序

原材料是用来核算企业库存材料计划成本或实际成本增减变动及其结存情况的账户原材料审计目标与审计程序，如表 3 - 10 所示。

表 3 - 10　　　　　　　　　账户原材料审计目标与审计程序

审计目标	可供选择的审计程序	计划实施的审计程序	工作底稿索引号
D	1. 获取或编制原材料的明细表，复核加计是否正确，并与总账数、明细账合计数核对是否相符		
ABD	2. 实质性分析程序（必要时） （1）针对已识别需要运用分析程序的有关项目，并基于对被审计单位及其环境的了解，通过进行以下比较，并考虑有关数据间关系的影响，以建立注册会计师有关数据的期望值		

审计目标	可供选择的审计程序	计划实施的审计程序	工作底稿索引号
	① 比较当前年度及以前年度原材料成本占生产成本百分比的变动，并对异常情况作出解释 ② 比较原材料的实际用量与预算用量的差异，并分析其合理性 ③ 核对仓库记录的原材料领用量与生产部门记录的原材料领用量是否相符，并对异常情况作出解释 ④ 根据标准单耗指标，将原材料收发存情况与投入产出结合比较，以分析本期原材料领用、消耗、结存的合理性 （2）确定可接受的差异额 （3）将实际的情况与期望值相比较，识别需要进一步调查的差异 （4）如果其差额超过可接受的差异额，调查并获取充分的解释和恰当的佐证审计证据（例如，通过检查相关的凭证） （5）评估分析程序的测试结果		
AB	3. 选取代表性样本，抽查原材料明细账的数量与盘点记录的原材料数量是否一致，以确定原材料明细账的数量的准确性和完整性 （1）从原材料明细账中选取具有代表性的样本，与盘点报告（记录）的数量核对 （2）从盘点报告（记录）中抽取有代表性的样本，与原材料明细账的数量核对		
AB	4. 截止测试 （1）原材料入库的截止测试 ① 在原材料明细账的借方发生额中选取资产负债表日前后_____张、金额_____以上的凭证，并与入库记录（如入库单、购货发票、运输单据）核对，以确定原材料入库被记录在正确的会计期间 ② 在入库记录（如入库单、购货发票、运输单据）选取资产负债表日前后_____张、金额_____以上的凭证，与原材料明细账的借方发生额进行核对，以确定原材料入库被记录在正确的会计期间 （2）原材料出库截止测试 ① 在原材料明细账的贷方发生额中选取有资产负债表日前后_____张、金额_____以上的凭证，并与出库记录（如出库单、销货发票、运输单据）核对，以确定原材料出库被记录在正确的会计期间 ② 在出库记录（如出库单、销货发票、运输单据）中选取资产负债表日前后_____张、金额_____以上的凭证，与原材料明细账的贷方发生额进行核对，以确定原材料出库被记录在正确的会计期间		

续表

审计目标	可供选择的审计程序	计划实施的审计程序	工作底稿索引号
D	5. 原材料计价方法的测试 （1）检查原材料的计价方法前后期是否一致 （2）检查原材料的入账基础和计价方法是否正确，自原材料明细表中选取适量品种 ① 以实际成本计价时，将其单位成本与购货发票核对，并确认原材料成本中不包含增值税 ② 以计划成本计价时，将其单位成本与材料成本差异明细账及购货发票核对，同时关注被审计单位计划成本制订的合理性 ③ 检查进口原材料的外币折算是否正确，检查相关的关税、增值税及消费税的会计处理是否正确 （3）检查原材料发出计价的方法是否正确 ① 了解被审计单位原材料发出的计价方法，前后期是否一致，并抽取主要材料复核其计算是否正确；若原材料以计划成本计价，还应检查材料成本差异的发生和结转的金额是否正确 ② 编制本期发出材料汇总表，与相关科目勾稽核对，并复核_____月发出材料汇总表的正确性 （4）结合原材料的盘点检查，期末有无料到单未到情况，如果有，应查明是否已暂估入账，其暂估价是否合理		
ABCD	6. 对于通过非货币性资产交换、债务重组、企业合并以及接受捐赠等取得的原材料，检查其入账的有关依据是否真实、完备，入账价值和会计处理是否符合相关规定		
ABCD	7. 检查投资者投入的原材料是否按照投资合同或协议约定的价值入账，并检查约定的价值是否公允、交接手续是否齐全		
ABCD	8. 检查与关联方的购销业务是否正常，关注交易价格、交易金额的真实性及合理性，检查对合并范围内购货记录应予合并抵销的数据是否正确		
A	9. 审核有无长期挂账的原材料，如果有，应查明原因，必要时作调整		
CE	10. 结合银行借款等科目，了解是否有用于债务担保的原材料，如果有，则应取证并做相应的记录，同时提请被审计单位做恰当披露		
	11. 根据评估的舞弊风险等因素增加的审计程序		
E	12. 检查原材料是否已按照企业会计准则的规定在财务报表中做出恰当列报		

续表

审计 目标	可供选择的审计程序	计划实施 的审计 程序	工作底 稿索 引号
材料成本差异			
D	1. 获取或编制材料成本差异的明细表，复核加计是否正确，并与总账数、明细账合计数核对是否相符		
D	2. 对材料成本差异率进行分析，检查是否有异常波动，注意是否存在调节成本现象		
D	3. 结合以计划成本计价的原材料（库存商品）、包装物等的入账基础测试，比较计划成本与供货商发票或其他实际成本资料，检查材料成本差异的发生额是否正确		
D	4 抽查_____月发出材料（商品）汇总表，检查材料成本差异的分配是否正确，并注意分配方法前后期是否一致 5. 根据评估的舞弊风险等因素增加的审计程序		

2. 主要实质性程序操作

原材料计价方法的测试：检查原材料的计价方法前后期是否一致；检查原材料的入账基础和计价方法是否正确，自原材料明细表中选取适量品种，以实际成本计价时，将其单位成本与购货发票核对，并确认原材料成本中不包含增值税；以计划成本计价时，将其单位成本与材料成本差异明细账及购货发票核对，同时关注被审计单位计划成本制订的合理性。

实例 3－5　某企业的原材料采用计划成本核算，注册会计师发现甲材料的计价存在问题，具体情况如下：5 月份材料成本差异为超支差 10 800 元，库存材料成本为 300 000 元；5 月份购入材料计划成本为 2 400 000 元，其实际成本为 2 356 800 元；5 月份基本生产车间生产产品领用，计划成本为 480 000 元，企业结转材料成本超支差 9 600 元。

要求：指出存在的问题，提出调整意见。

分析：

验算领用材料应负担的成本差异：

材料成本差异率 ＝ [10 800 ＋ (2 356 800 － 2 400 000)] / (300 000 ＋ 2 400 000) × 100%
＝ － 1. 2%

发出材料应负担的成本差异 ＝ 480 000 × (－ 1. 2%) ＝ － 5 760(元)

通过计算可以发现，企业多转了发出材料应负担的成本差异 15 360 (5 760 ＋ 9 600) 元。

审计结论：

建议企业做如下调账处理。

借：生产成本　　　　　　　　　　　　　　　　　　　　　　　15 360

　　贷：材料成本差异　　　　　　　　　　　　　　　　　　　15 360

实例 3 - 6 某企业发出材料按每月一次加权平均法计价，审计人员审查该企业 12 月份甲材料的明细账时发现：月初结存 500 吨，单价为每吨 120 元；12 月份只购进一批 500 吨，单价为每吨 130 元；该月发出材料一批 450 吨，单价按每吨 130 元计算，并全部记入"生产成本"账户。经查，该材料为本企业在建工程领用，该工程目前尚未完工。

要求：分析企业在材料发出过程中存在的问题，并提出改进意见。

分析：

按照加权平均法计算的材料单价为 500×（120 + 130）/ 1 000 = 125（元），据此计算的发出材料的成本为 125×450 = 56 250（元），而企业实际计入发出材料的成本为 450×130 = 58 500（元），可见企业多计入发出材料成本为 58 500 - 56 250 = 2 250（元）。

审计结论：

从以上的分析可知，该企业多计了生产成本 2 250 元，将应计入工程成本的材料计入了生产成本，进而虚增了产品成本，隐瞒了利润，少计了税金。审计人员应提请该企业调整有关账户的记录，调账分录如下。

借：原材料 2 250
　　贷：生产成本 2 250
借：在建工程 65 812.5
　　贷：生产成本 56 250
　　　　应交税费——应交增值税 9 562.5

3.2.5 库存商品的实质性程序

1. 库存商品审计目标及实质性程序

库存商品是用来核算企业库存的外购商品、自制产品及产成品、自制半成品、存放在门市部准备出售的商品、发出展览的商品以及寄存在外的商品等的实际成本的增减变动及其结余情况的账户。库存商品审计目标与审计程序对应关系见表 3 - 11。

表 3 - 11 库存商品审计目标与审计程序对应关系

审计目标	可供选择的审计程序	计划实施的审计程序	工作底稿索引号
D	1. 获取或编制库存商品的明细表，复核加计是否正确，并与总账数、明细账合计数核对是否相符		
ABD	2. 实质性分析程序 （1）针对已识别需要运用分析程序的有关项目，并基于对被审计单位及其环境的了解，通过进行以下比较，并考虑有关数据间关系的影响，以建立注册会计师有关数据的期望值 ① 按品种分析库存商品各月单位成本的变动趋势，以评价是否有调节生产成本或销售成本的因素		

审计目标	可供选择的审计程序	计划实施的审计程序	工作底稿索引号
ABD	② 比较前后各期的主要库存商品的毛利率（按月、按生产线、按地区等）、库存商品周转率和库存商品账龄等，评价其合理性并对异常波动作出解释、查明异常情况的原因 ③ 比较库存商品库存量与生产量及库存能力的差异，并分析其合理性 ④ 核对仓库记录的库存商品入库量与生产部门记录的库存商品生产量一致，并对差异做出解释 ⑤ 核对发票记录的数量是否与发货量、订货量、主营业务成本记录的销售量一致，并对差异做出解释 ⑥ 比较库存商品销售量与生产量或采购量的差异，并分析其合理性 ⑦ 比较库存商品销售量和平均单位成本之积与账面库存商品销售成本的差异，并分析其合理性 （2）确定可接受的差异额 （3）将实际的情况与期望值相比较，识别需要进一步调查的差异 （4）如果其差额超过可接受的差异额，调查并获取充分的解释和恰当的佐证审计证据（例如，通过检查相关的凭证） （5）评估分析程序的测试结果		
AB	3. 选取代表性样本，抽查库存商品明细账的数量与盘点记录的库存商品数量是否一致，以确定库存商品明细账的数量的准确性和完整性 （1）从库存商品明细账中选取具有代表性的样本，与盘点报告（记录）的数量核对 （2）从盘点报告（记录）中抽取有代表性的样本，与库存商品明细账的数量核对		
AB	4. 截止测试 （1）库存商品入库的截止测试 ① 在库存商品明细账的借方发生额中选取资产负债表日前后_____张、金额_____以上的凭证，并与入库记录（如入库单、购货发票、运输单据）核对，以确定库存商品入库被记录在正确的会计期间 ② 在入库记录（如入库单、购货发票、运输单据）选取资产负债表日前后_____张、金额_____以上的凭证，与库存商品明细账的借方发生额进行核对，以确定库存商品入库被记录在正确的会计期间 （2）库存商品出库截止测试 ① 在库存商品明细账的贷方发生额中选取有资产负债表日前后_____张、金额_____以上的凭证，并与出库记录（如出库单、销货发票、运输单据）核对，以确定库存商品出库被记录在正确的会计期间		

审计目标	可供选择的审计程序	计划实施的审计程序	工作底稿索引号
AB	② 在出库记录（如出库单、销货发票、运输单据）中选取资产负债表日前后_____张、金额_____以上的凭证，与库存商品明细账的贷方发生额进行核对，以确定库存商品出库被记录在正确的会计期间		
D	5. 库存商品计价方法的测试 （1）检查库存商品的计价方法是否前后期一致 检查库存商品的入账基础和计价方法是否正确，自库存商品明细表中选取适量品种 ① 自制库存商品 • 以实际成本计价时，将其单位成本与成本计算单核对 • 以计划成本计价时，将其单位成本与相关成本差异明细账及成本计算单核对 ②外购库存商品 • 以实际成本计价时，将其单位成本与购货发票核对 • 以计划成本计价时，将其单位成本与相关成本差异明细账及购货发票核对 ③ 抽查库存商品入库单，核对库存商品的品种、数量与入账记录是否一致，并将入库库存商品的实际成本与相关科目（如生产成本）的结转额核对并做交叉索引 （2）检查外购库存商品的发出计价是否正确 ① 了解被审计单位对库存商品发出的计价方法，并抽取主要库存商品，检查其计算是否正确。若库存商品以计划成本计价，还应检查产品成本差异的发生和结转金额是否正确 ② 编制本期库存商品发出汇总表，与相关科目勾稽核对，并复核月库存商品发出汇总表的正确性 （3）结合库存商品的盘点，检查期末有无库存商品已到而相关单据未到的情况，如果有，应查明是否暂估入账，其暂估价是否合理		
ABCD	6. 对于通过非货币性资产交换、债务重组、企业合并以及接受捐赠取得的库存商品，检查其入账的有关依据是否真实、完备，入账价值和会计处理是否符合相关规定		
ABCD	7. 检查投资者投入的库存商品是否按照投资合同或协议约定的价值入账，并同时检查约定的价值是否公允，交接手续是否齐全		
ABC	8. 检查与关联方的商品购销交易是否正常，关注交易价格、交易金额的真实性与合理性，对合并范围内购货记录应予合并抵销的数据。是否抵销		

审计目标	可供选择的审计程序	计划实施的审计程序	工作底稿索引号
A	9. 审阅库存商品明细账并结合盘点情况，检查有无长期挂账的库存商品及冷背、残次、呆滞的库存商品，如果有，应查明原因并做适当处理		
CE	10. 结合银行借款等科目，了解是否有用于债务担保的库存商品，如有，则应取证并做相应的记录，同时提请被审计单位做恰当披露		
	11. 根据评估的舞弊风险等因素增加的审计程序		
E	12. 检查库存商品是否已按照企业会计准则的规定在财务报表中做出恰当列报		

2. 主要实质性程序举例

实例 3 – 7　M 公司的会计政策规定，入库产成品按实际生产成本入账，发出产成品按先进先出法核算。2009 年 12 月 31 日，M 公司甲产品期末结存数量为 1 200 件，期末余额为 5 210 万元，假定发出商品都已实现销售，M 公司 2009 年度甲产品的相关明细资料如表 3 – 12 所示（数量单位为件，金额单位为人民币万元，假定期初余额和所有的数量、入库单价均无误）。

表 3 – 12　　　　　　　　　　　甲产品明细表　　　　　　　　　　单位：万元

日期	摘要	入库			发出			结存		
		数量	单价	金额	数量	单价	金额	数量	单价	金额
1.1	期初余额							500	5.00	2 500
3.1	入库	400	5.1	2 040				900		4 540
4.1	销售				800	5.2	4 160	100		380
8.1	入库	1 600	4.6	7 360				1 700		7 740
10.3	销售				400	4.6	1 840	1 300		5 900
12.1	入库	700	4.5	3 150				2 000		9 050
12.31	销售				800	4.8	3 840	1 200		5 210
12.31	期末余额							1 200		5 210

要求：试对甲产品收发存成本进行审计。

分析：

对于库存商品明细表，注册会计师要复核加计是否正确。注册会计师可以编制一张工作底稿，主要是计算发出存货的成本是否正确，由此确定期末库存商品的余额是否正确。注意复核时发出成本按先进先出法计算。其工作底稿简化格式如表 3 – 13 所示。

表 3 – 13　　　　　　　　　　　　　**甲产品明细表**　　　　　　　　　　单位：万元

日期	摘要	入库			发出			结存		
		数量	单价	金额	数量	单价	金额	数量	单价	金额
1.1	期初余额							500	5.0	2 500
3.1	入库	400	5.1	2 040				900		4 540
4.1	销售				800		4 030	100	5.1	510
8.1	入库	1 600	4.6	7 360				1 700		7 870
10.3	销售				400		1 890	1 300		5 980
12.1	入库	700	4.5	3 150				2 000		9 130
12.31	销售				800		3 680	1 200		5 450
12.31	期末余额							1 200		5 450

通过复核计算可知：通过复核计算可知：当期发出甲产品的成本为 4 030 + 1 890 + 3 680 = 9 600（万元），而 M 公司计算的发出存货成本为 9 840 万元，多计发出产品成本 9 840 – 9 600 = 240（万元），由此导致主营业务成本多计 240 万元，库存商品的成本少计 240 万元，结存的甲产品成本应为 5 450 万元。

注册会计师根据对库存商品明细表的复核结果，可以得出如下审计结论。

审计结论：

主营业务成本多计 240 万元，注册会计师应提请被审计单位进行调账，分录如下。

借：库存商品　　　　　　　　　　　　　　　　　　　　　2 400 000

　　贷：主营业务成本　　　　　　　　　　　　　　　　　　　　2 400 000

实例 3 – 8　注册会计师在查阅某商品流通企业"库存商品——甲商品"明细账时，发现摘要中注明领用商品计 40 000 元，怀疑有私分商品，或其他违纪行为，决定进一步查证。审计人员调阅了有关记账凭证，其记录如下。

借：销售费用　　　　　　　　　　　　　　　　　　　　　40 000

　　贷：库存商品　　　　　　　　　　　　　　　　　　　　　40 000

该记账凭证所附原始凭证为一张企业内部商品报销单，经调查，该企业领导承认此商品在国庆节前分给职工作为福利。

要求：分析该企业存在的问题，并提出调账建议。

分析：

存在的问题如下。

（1）把应在职工薪酬中开支的福利费以"销售费用"列支，多计费用，虚减利润，少交所得税。

（2）该批商品在购进时支付的增值税"进项税额"未转出，增加了当期抵扣额，致使企业少交增值税。

审计结论：

注册会计师应提请被审计单位进行调账，分录如下。

借：应付职工薪酬		468 000
贷：应交税费——应交增值税（进项税额转出）		6 800
销售费用		40 000

3.2.6 生产成本的实质性程序

生产成本审计目标与审计程序如表 3 – 14 所示。

表 3 – 14 生产成本审计目标与审计程序对应关系

审计目标	可供选择的审计程序	计划实施的审计程序	工作底稿索引号
D	1. 获取或编制生产成本的明细表，复核加计是否正确，并与总账数、明细账合计数核对是否相符		
ABD	2. 实质性分析程序 （1）针对已识别需要运用分析程序的有关项目，基于对被审计单位及其环境的了解，通过进行以下比较，并考虑有关数据间关系的影响，以建立注册会计师有关数据的期望值 ① 检查各月及前后期同一产品的单位成本是否有异常波动，注意是否存在调节成本现象 ② 分别比较前后各期及本年度各个月份的生产成本项目，以确定成本项目是否有异常变动以及是否存在调节成本的现象 ③ 比较当年度及以前年度直接材料、直接人工、制造费用占生产成本的比例，并查明异常情况的原因 ④ 核对下列相互独立部门的数据，并查明异常情况的原因 • 仓库记录的材料领用量与生产部门记录的材料领用量 • 工资部门记录的人工成本与生产部门记录的工时和工资标准之积 （2）确定可接受的差异额 （3）将实际的情况与期望值相比较，识别需要进一步调查的差异 （4）如果其差额超过可接受的差异额，调查并获取充分的解释和恰当的佐证审计证据（例如，通过检查相关的凭证） （5）评估分析程序的测试结果		
D	3. 生产成本计价方法的测试 （1）了解被审计单位的生产工艺流程和成本核算方法，检查成本核算方法与生产工艺流程是否匹配，前后期是否一致并做出记录 （2）抽查成本计算单，检查直接材料、直接人工及制造费用的计算和分配是否正确，并与有关佐证文件（如领料记录、生产工时记录、材料费用分配汇总表、人工费用分配汇总表等）相核对		

审计目标	可供选择的审计程序	计划实施的审计程序	工作底稿索引号
D	① 获取并复核生产成本明细汇总表的正确性，将直接材料与材料耗用汇总表、直接人工与职工薪酬分配表、制造费用总额与制造费用明细表及相关账项的明细表核对，并做交叉索引 ② 检查车间在产品盘存资料，与成本核算资料核对；检查车间月末余料是否办理假退料手续 ③ 获取直接材料、直接人工和制造费用的分配标准和计算方法，评价其是否合理和适当，以确认在产品中所含直接材料、直接人工和制造费用是合理的 （3）获取完工产品与在产品的生产成本分配标准和计算方法，检查生产成本在完工产品与在产品之间以及完工产品之间的分配是否正确，分配标准和方法是否适当，与前期比较是否存在重大变化，该变化是否合理 （4）对采用标准成本或定额成本核算的，检查标准成本或定额成本在本期有无重大变动，分析其是否合理；检查本期材料成本差异的计算、分配和会计处理是否正确，库存商品期末余额是否已按实际成本进行调整		
A	4. 获取关于现有设备生产能力的资料，检查产量是否与现有生产能力相匹配；若产量超过设计生产能力，应提请被审计单位说明原因，并提供足够的依据及技术资料		
D	5. 检查废品损失和停工损失的核算是否符合有关规定		
D	6. 对应计入生产成本的借款费用，结合对长短期借款、应付债券或长期应付款的审计，检查借款费用（借款利息、折溢价摊销、汇兑差额、辅助费用）资本化的计算方法和资本化金额以及会计处理是否正确		
	7. 根据评估的舞弊风险等因素增加的审计程序		
E	8. 检查生产成本是否已按照企业会计准则的规定在财务报表中做出恰当列报		

3.2.7 制造费用的实质性程序

制造费用审计目标与审计程序对应关系如表 3-15 所示。

表 3 - 15　　　　　　　　　　制造费用审计目标与审计程序对应关系

审计目标	可供选择的审计程序	计划实施的审计程序	工作底稿索引号
D	1. 获取或编制制造费用的明细表，复核加计是否正确，并与总账数、明细账合计数核对是否相符		
ABD	2. 对制造费用进行分析比较 （1）比较当年度和以前年度，以及当年度各月制造费用的增减变动，询问并分析异常波动的原因 （2）分别比较前后各期及本年度各个月份的制造费用项目，以确定成本项目是否有异常变动，以及是否存在调节成本的现象		
ABD	3. 将制造费用明细表中的材料发生额与材料耗用汇总表、人工费用发生额与职工薪酬分配表、折旧发生额与折旧分配表、资产摊销发生额与各项资产摊销分配表及相关账项明细表核对一致，并做交叉索引		
ABCD	2. 选择重要或异常的制造费用项目，检查其原始凭证是否齐全，会计处理是否正确		
D	5. 分析各项制造费用的性质，结合生产成本科目的审计，抽查成本计算单，检查制造费用的分配是否合理、正确，检查制造费用的分配方法前后期是否一致		
D	6. 对采用标准成本核算的，应抽查标准制造费用及分配率的确定是否合理，计入成本计算单的数额是否正确，制造费用差异的计算、分配和会计处理是否正确，并检查标准成本在本期有无重大变动，变动是否合理		
D	7. 检查计入生产成本的制造费用是否已扣除非正常消耗的制造费用（如非正常的低生产量、闲置设备等产生的费用）		
AD	8. 检查制造费用中有无资本性支出，必要时做调整		
AB	9. 必要时，对制造费用实施截止测试，检查资产负债表日前后_____张、金额_____以上的制造费用明细账和凭证，确定有无跨期现象		
ABD	10. 检查季节性停工损失的核算是否符合有关规定		
	11. 根据评估的舞弊风险等因素增加的审计程序		

3.2.8　营业成本的实质性程序

营业成本包括主营业务成本和其他业务成本。这里以主营业务成本为例，说明营业成本的审计方法。主营业务成本是指企业从事对外销售商品、提供劳务等主营业务活动所发生的实际成本。

1. 审计目标

主营业务成本审计目标与认定对应关系如表 3 - 16 所示。

表 3 - 16　　　　　　　　**审计目标与认定对应关系**

审计目标	财务报表认定					
	发生	完整性	准确性	截止	分类	列报
A. 利润表中记录的主营业务成本已发生，且与被审计单位有关	√					
B. 所有应当记录的主营业务成本均已记录		√				
C. 与主营业务成本有关的金额及其他数据已恰当记录			√			
D. 主营业务成本已记录于正确的会计期间				√		
E. 主营业务成本已记录于恰当的账户					√	
F. 主营业务成本已按照企业会计制度的规定在财务报表中做出恰当的列报						√

2. 实质性程序

主营业务成本审计目标与审计程序对应关系如表 3 - 17 所示。

表 3 - 17　　　　　　　　**审计目标与审计程序对应关系**

审计目标	可供选择的审计程序	计划实施的审计程序	工作底稿索引号
C	1. 获取或编制主营业务成本明细表，复核加计是否正确，并与报表数、总账数和明细账合计数核对是否相符		

审计目标	可供选择的审计程序	计划实施的审计程序	工作底稿索引号
ABC	2. 结合主营业务成本率分析比较本年度与以前年度以及本年度各月份或主要产品的主营业务成本，对于出现重大波动和异常情况的月份或主要产品：一是编制该月份或主要产品生产成本及主营业务成本倒轧表，查明主营业务成本结转的正确性；二是结合产成品的计价测试，验证主营业务成本的结转是否符合企业所采用的发出存货计价方法		
ABC	3. 检查主营业务成本的内容和计算方法是否符合会计制度规定，前后期是否一致		
ABC	4. 比较当年度及以前年度相同品种产品的主营业务成本和毛利率，如果有异常情况应查明原因		
AB	5. 比较计入主营业务成本的品种、规格、数量和主营业务收入的口径是否一致，是否符合配比原则		
ABCDE	6. 针对主营业务成本中重大调整事项（如销售退回、委托代销商品），检查相关原始凭证，评价真实性和合理性，检查其会计处理是否正确		
C	7. 在采用计划成本、定额成本、标准成本或售价核算存货的条件下，应检查产品成本差异或商品进销差价的计算、分配和会计处理是否正确		
AB	8. 结合期间费用的审计，判断被审计单位是否通过将应计入生产成本的支出计入期间费用，或将应计入期间费用的支出计入生产成本等手段调节生产成本，从而调节主营业务成本		
D	9. 比较当年度和以前年度截止日前后两个月的毛利率，如果有异常应查明原因		
	10. 根据评估的舞弊风险等因素增加的审计程序		
F	11. 检查主营业务成本是否已按照企业会计制度的规定在财务报表中做出恰当列报		

生产成本与主营业务成本倒轧表如表 3 - 18 所示。

表 3 - 18　　　　　　　　　生产成本与主营业务成本倒轧表

被审计单位名称：＿＿＿＿　注册会计师（签名）：＿＿＿＿　日期：＿＿＿＿　索引号：＿＿＿＿

会计期间：＿＿＿＿　　　复核人（签名）：＿＿＿＿　　日期：＿＿＿＿　页　次：＿＿＿＿

项目	未审数	调整或重分类金额借（贷）	审定数
原材料期初余额			
加：本期购进			
减：原材料期末余额			
其他发出额			
直接材料成本			
加：直接人工成本			
制造费用			
生产成本			
加：在产品期初余额			
减：在产品期末余额			
产成品生产成本			
加：产成品期初余额			
减：产成品期末余额			
主营业务成本			

结论：

实例 3 - 9　注册会计师张三对甲公司 2009 年的主营业务成本进行审计，通过审查该公司的主营业务成本明细表，并与有关明细账、总账进行核对，发现账表之间数字完全相符。有关数字如下。

材料期初余额	80 000 元	本期购进材料 150 000 元	
材料期末余额	60 000 元	本期销售材料 10 000 元	
直接人工成本	15 000 元	制造费用 42 000 元	
在产品期初余额	23 000 元	在产品期末余额 30 000 元	
产成品期初余额	40 000 元	产成品期末余额 50 000 元	

该注册会计师通过对有关记账凭证和原始凭证的审计，发现以下问题。

（1）本期已入库，但尚未收到结算凭证的材料 5 000 元未做暂估处理。

（2）已领未用的材料 1 000 元，未做退料处理。

（3）为在建工程发生的工人工资计入生产成本 2 000 元。

（4）本期发生的大修理费用 6 000 元全部计入当期制造费用（按规定分三期摊销）

（5）经对期末在产品的盘点，在产品的实际金额为 38 000 元。

要求：根据以上资料，编制生产成本与主营业务成本倒轧表（见表 3 - 19），计算结果并得出审计结论。

表 3 - 19　　　　　　　　　　生产成本与主营业务成本倒轧表

被审计单位名称：_____　注册会计师（签名）：_____　日期：_____　索引号：_____

会计期间：_____　　　复核人（签名）：_____　日期：_____　页　次：_____

项　目	未审数	调整或重分类金额借（贷）	审定数
原材料期初余额	80 000		80 000
加：本期购进	150 000	借 5 000	155 000
减：原材料期末余额	60 000	借 1 000	61 000
其他发出额	10 000		
直接材料成本	160 000	借 4 000	164 000
加：直接人工成本	15 000	贷 2 000	13 000
制造费用	42 000	贷 4 000	38 000
生产成本	217 000	贷 2 000	215 000
加：在产品期初余额	23 000		23 000
减：在产品期末余额	30 000	借 8 000	38 000
主营业务成本	200 000	贷 10 000	190 000

结论：由于多计产品生产成本 10 000 元，导致多计主营业务成本 10 000 元，将影响营业利润少计 10 000 元。

实例 3 - 10　注册会计师在审查 A 公司 12 月的销售业务时，发现下列情况。

（1）4 日送交该公司不独立核算的门市部甲产品 600 件，产品已收到，账中未做处理。

（2）8 日售给前锋工厂甲产品 800 件，货款已收到并已入账。

（3）12 日销售给友联工厂乙产品 1 600 件，货款收到，未入账。

（4）20 日公司托儿所大修理领用乙产品 100 件，未做销售。

（5）28 日前锋工厂退回质量有问题的甲产品 400 件，产品已收到，账中未做处理。

（6）31 日产成品账中对 12 日售给友联工厂的乙产品未做结转。

经查，甲产品单位售价为 10 元，制造成本为 7 元，乙产品单位售价为 20 元，制造成本为 15 元。

要求：

（1）指出该公司在销售业务中存在的问题。

（2）计算出应调整的销售收入和销售成本。

（3）提出处理意见。

分析：

（1）该公司销售业务存在的主要问题：对主营业务收入的确认违反了权责发生制原则，没有划清各会计期间收入的界限；对主营业务成本结转违反了配比原则的要求，与主营业务收入的口径不一致，产品存货管理缺乏严格的内部控制，由此造成了利润虚减。对福利单位领用的产品，按规定应视同对外销售，该公司未做销售处理，属于违反财务会计制度的行为。上述问题的存在，构成了偷漏销售税金和所得税的违法行为。

（2）应调整的销售收入 = 1 600 × 20 + 100 × 20 − 100 × 10 = 33 000（元调增）；应调整的销售成本 = 1 600 × 15 − 400 × 7 = 21 200（元调增）

（3）处理意见：审计人员应提请该公司调整主营业务收入、主营业务成本，补交营业税金及附加、所得税及应缴的滞纳金和罚款。

技能训练

一、单项选择题

1. 注册会计师观察被审计单位存货盘点的主要目的是为了（　　）。

A. 查明客户是否盘漏某些重要的存货项目

B. 鉴定存货的质量

C. 了解盘点指示是否得到贯彻执行

D. 获得存货期末是否实际存在及其状况的证据

2. 下列各项中不属于存货实质性测试的内容的是（　　）。

A. 存货的监督性盘点　　　　　　　　B. 存货计价的测试

C. 存货的增加是否符合预算的规定　　D. 存货的分析性复核

3. 注册会计师在对存货进行计价测试时，一般不应考虑的是（　　）。

A. 是否有抵押、担保的存货　　　　　B. 存货计价方法的选择是否合理且一贯

C. 样本量的选择是否具有代表性　　　D. 存货跌价准备计提是否正确

4. 下列有关存货审计的表述中正确的是（　　）。

A. 对存货进行监盘主要是证实存货"完整性"和"权利和义务"认定

B. 对于特殊类型的存货，应根据企业存货收发制度确认存货数量

C. 存货计价测试的样本应着重选择余额较小且价格变动不大的存货项目

D. 观察存货的验收入库地点和装运出库地点以执行截止测试

5. 对存货进行定期盘点是管理层的责任，盘点计划应由（　　）负责制定。

A. 注册会计师　　　　　　　　　　　B. 被审计单位管理层

C. 管理层与注册会计师　　　　　　　D. 会计师事务所

二、多项选择题

1. 存货监盘程序包括（　　）。

A. 抽点　　　　　　　　　　　　　　B. 实地观察

C. 盘点问卷调查　　　　　　　　　　D. 编制审计工作底稿

2. 下列哪些属于存货监盘计划应当包括的内容？（　　）

A. 存货监盘的目标、范围及时间安排　B. 存货监盘人员的分工

C. 检查存货的范围　　　　　　　　　D. 产品成本的计算

3. 对被审计单位存货审计是最复杂、最费时的部分，其原因是（　　）。

A. 存货占资产比重大　　　　　　　　B. 存货放置地点不同，实物控制不便

C. 存货项目的种类繁多　　　　　　　D. 存货项目的种类繁多

4. 存货盘点中的遗漏影响以下（　　）项目的高估或低估。

A. 存货 　　　　　　　　　　　　B. 应收账款

C. 营业收入 　　　　　　　　　　D. 营业成本

5. 注册会计师对于存放或寄销在外地的存货应采取（　　　）方法测试。

A. 向寄存寄销的单位发询证函 　　B. 审查有关原始凭证、账簿记录

C. 亲自前往存放地实施监盘 　　　D. 委托存放当地的会计师事务所负责监盘

三、判断题

1. 注册会计师实施对存货的监盘，并不能取代被审计单位管理层定期盘点存货，合理确定存货数量和状况的责任。　　　　　　　　　　　　　　　　　　（　　　）

2. 对存货进行监盘主要是证实存货"完整性"和"权利和义务"认定。　（　　　）

3. 在存货盘点结束前，注册会计师再次观察盘点现场，这样做的目的是为了测试存货盘点记录的真实性。　　　　　　　　　　　　　　　　　　　　　（　　　）

4. 在对被审计单位连续编号的订购单进行测试时，注册会计师可以订购单的编号作为所测试订购的识别特征。　　　　　　　　　　　　　　　　　　　　　（　　　）

5. 存货计价测试的样本应着重选择余额较小且价格变动不大的存货项目。（　　　）

四、操作题

1. 资料：审计人员审查某厂 2009 年 11 月份成本支出和成本计算单时，发现以下问题。

（1）11 月 30 日有材料退库 18 000 元，经检查月末无剩余材料也无材料退库。

（2）制造费用中有设备安装费 5 000 元。

（3）待摊费用 1 000 元应摊入本月制造费用，漏未转账。

（4）经账面资料查得 11 月份完工产品 800 件，期末在产品盘存 400 件，完工程度为50%，材料是在生产过程中分次投入的。该厂计算出的成本计算单如表 3 – 20 所示。

表 3 – 20　　　　　　　　　　　　　成本计算单　　　　　　　　　　　　　单位：元

成本项目	月初在产品成本	本月生产费用	生产费用合计	产成品成本	月末在产品成本
直接材料	20 000	130 000	150 000	100 000	50 000
直接人工	2 000	16 000	18 000	14 400	3 600
制造费用	6 800	42 200	49 000	39 200	9 800
合计	28 800	188 200	219 000	153 600	63 400

（5）经审查查明本月产品入库数量是 1 000 件，并非 800 件，在产品数量投料程度和加工程度均正确。

（6）该厂本年使用约当产量法计算月末在产品成本。

要求：

（1）根据资料审查成本计算单是否正确。如果不正确，重编一份成本计算单。

（2）指出该成本计算中存在的问题，并分析该厂存在问题的原因。

2. 资料：注册会计师王克对三源股份有限公司的主营业务成本进行审计。通过审查该公司的主营业务成本明细表，并与有关明细账、总账核对，发现账表之间数字完全相符。有关数字如下。

原材料期初余额 10 000 元	制造费用 12 000 元
本期购进原材料 25 000 元	在产品期初余额 2 300
原材料期末余额 8 000 元	在产品期末余额 2 500
本期销售材料 3 000 元	产成品期初余额 4 000
直接人工成本 15 000 元	产成品期末余额 3 800

该注册会计师通过对有关记账凭证和原始凭证的审计，发现以下问题。

（1）经对期末在产品的盘点发现，在产品的实际金额为 38 000 元。

（2）领而未用的原材料计 3 000 元，未做假退料处理。

（3）为在建工程发生的人工工资计入生产成本 2 000 元。

要求：根据以上资料填制如表 3 - 21 所示的生产成本与主营业务成本倒轧表，计算结果并得出审计结论。

表 3 - 21　　　　　　　**生产成本与主营业务成本倒轧表**

被审计单位：＿＿＿＿　注册会计师（签名）：＿＿＿＿　日期：＿＿＿＿　索引号：＿＿＿＿

会计期间：＿＿＿＿　复核人（签名）：＿＿＿＿　日期：＿＿＿＿　页　次：＿＿＿＿

项目	未审数	调整或重分类金额借（贷）	审定数
原材料期初余额			
加：本期购进			
减：原材料期末余额			
其他发出额			
直接材料成本			
加：直接人工成本			
制造费用			
生产成本			
加：在产品期初余额			
减：在产品期末余额			
产成品生产成本			
加：产成品期初余额			
减：产成品期末余额			
主营业务成本			

结论：

项目四

投资与筹资循环的审计

【知识目标】

◆ 了解筹资与投资循环的主要业务活动和内部控制。

◆ 了解筹资与投资循环的主要凭证和账户。

◆ 了解筹资与投资循环的审计目标。

【能力目标】

◆ 掌握借款业务内部控制测试。

◆ 掌握所有者权益业务的内部控制测试。

◆ 掌握投资活动内部控制测试。

◆ 掌握银行借款审计、应付债券审计、所有者权益审计和长期股权投资审计。

【引例】

猴王集团破产案①

2001年2月，湖北省宜昌市中级人民法院作出裁定，宣布猴王集团破产。法院在广告中披露：猴王集团自1994年6月成立以来，由于投资失误、违规炒股、无序扩张、高息借贷等原因，截至2000年12月底，累计亏损25.08亿元，资产总额3.71亿元，负债23.96亿元，资产负债率高达645.53%。

筹资方面：猴王集团资金部仅1996年至1999年即用不正规单据和凭证支付融资费、返息款、手续费等达847万元，截至1999年年底，猴王集团借款和债券负债22.14亿元，总负债33.13亿元，上述负债还不包括集团在外地30家联营分厂的债务1.44亿元和以联营名义在当地金融机构的贷款2.62亿元。猴王股份有限公司1993年在深圳证券交易所上市。为培育猴王募资能力，猴王集团操纵猴王虚构利润、伪造业绩，欺骗投资者。猴王集团还疯狂侵占猴王的资产，并以猴王的名义担保大肆举债，累计负债近10亿元。猴王集团还通过组建城市信用社直接融资或者通过下属企业融资。

投资方面：一是"投资失误"。猴王集团片面追求企业规模化，收购、兼并、联营，按照既定的"三百"（一百家工厂、一百家公司、一百个经营部）方针急剧扩张，所属企业达300多家，遍及全国24个省（市），横跨机械制造业、房地产业、水陆运输业、广告装饰业、证券业等几十个产业。但是相当多的企业成立后并未经营，有些则严重亏损。二是资产中相当部分由于中介机构评估不规范而虚增。三是"违规炒股"。在1994年至1996年期间，猴王集团及77家子公司、孙公司一起炒股，亏损达2.896亿元，此外还向各证券公司透支2.4亿元，两者合计达5亿多元。

---

① 本案例引自尹桂凤. 依法强化财务审计监督——ST猴王破产案引起的思考 [J]. 当代审计, 2001 (5).

猴王集团由小变大、由大变空、由空变垮，最终走向破产，教训是沉痛的。它启示注册会计师要加强对企业筹资投资业务的审计。

投资活动，是指企业为享有被投资单位分配的利润，或为谋求其他利益，将资产让渡给其他单位而获得另一项资产的活动；筹资活动，是指企业为满足生存和发展的需要，通过改变企业资本及债务规模和构成而筹集资金的活动。

投资与筹资循环中所涉及的资产负债表项目主要包括：交易性金融资产、应收利息、应收股利、可供出售金融资产、持有至到期投资、长期股权投资、短期借款、应付利息、应付股利、长期借款、应付债券、实收资本（或股本）、资本公积、盈余公积、未分配利润等。投资与筹资循环中所涉及的利润表项目主要包括：财务费用、投资收益等。

任务1　投资与筹资循环的内部控制与控制测试

4.1.1　了解投资与筹资循环的特性

投资与筹资循环由投资活动和筹资活动的交易事项构成，投资活动主要由权益性投资交易和债权性投资交易组成；筹资活动主要由借款交易和股东权益交易组成。

1. 投资与筹资循环的特性

（1）审计年度内投资与筹资循环涉及的交易数量较少，而每笔交易的金额通常较大。

（2）筹资活动必须遵守国家法律、法规和相关契约的规定。

（3）漏记或不恰当地对一笔业务进行会计处理，将会导致重大错误，从而对企业财务报表的公允反映产生较大的影响。

2. 投资与筹资循环所涉及的凭证和会计记录

投资与筹资循环所涉及的凭证和会计记录如表4-1所示。

表4-1　　　　　　投资与筹资循环所涉及的凭证和会计记录

投资活动所涉及的主要凭证和会计记录	筹资活动所涉及的主要凭证和会计记录
1. 债券投资凭证	1. 公司债券
2. 股票投资凭证	2. 股本凭证
3. 股票证书	3 债券契约
4. 股利收取凭证	4. 股东名册
5. 长期股权投资协议	5. 公司债券存根簿
6. 有关记账凭证	6. 承销或包销协议
7. 投资总分类账	7. 借款合同或协议
8. 投资明细分类账	8. 有关记账凭证
	9. 筹资总分类账
	10. 筹资明细分类账

3. 投资与筹资循环所涉及的主要业务活动

投资与筹资循环所涉及的主要业务活动汇总如表4-2所示。

表 4 – 2　　　　　　　　　投资与筹资循环所涉及的主要业务活动

投资所涉及的主要业务活动	筹资所涉及的主要业务活动
1. 投资交易的发生	1. 审批授权
2. 有价证券的收取和保存	2. 签订合同或协议
3. 投资收益的取得	3. 取得资金
4. 监控程序	4. 计算利息或股利
	5. 偿还本息或发放股利

4.1.2　投资与筹资循环内部控制程序

在了解投资与筹资的内部控制和控制测试之前，先看表 4 – 3 和表 4 – 4，对其有一个概括的了解。

表 4 – 3　　　　　　投资交易的控制目标、内部控制和测试一览

内部控制目标	关键内部控制程序	常用控制测试
记录的投资交易均系真实发生的交易（存在或发生）	投资业务经过授权审批	索取投资的授权批文，检查手续是否齐全
投资交易均已记录（完整性）	投资管理员根据交易流水单，对每笔投资交易记录进行核对、存档，并在交易结束后的一个工作日内将交易凭证交投资记账员。投资记账员编制转账凭证并附相关单证，提交会计主管复核。复核无误后进行账务处理。每周末投资管理员与投资记账员就投资类别、资金统计进行核对，并编制核对表，分别由投资管理经理、财务经理复核并签字。如果有差异，将立即调查对所投资的有价证券或金融资产定期盘点，并与账面记录核对定期与交易对方或被投资单位核对账目	询问投资业务的职责分工检查被审计单位是否定期与交易对方或被投资单位核对账目
投资交易以恰当的金额记入恰当的期间（截止）	定期与交易对方或被投资单位核对账目会计主管复核	检查被审计单位是否定期与交易对方或被投资单位核对账目检查会计主管复核印记
投资交易均已记入恰当的账户（分类）	使用会计科目核算说明会计主管复核	询问会计科目的使用情况检查会计主管复核印记

提示：

　　表4-3以获得初始投资交易为例，不包括收到的投资收益、收回或变现投资、期末对投资计价进行调整等交易。

表4-4　　　　　　　　　筹资交易的控制目标、内部控制和测试一览

内部控制目标	关键内部控制	内部控制测试
记录的筹资交易均系真实发生的交易（存在或发生）	借款经过授权审批 签订借款合同或协议等相关法律性文件	索取借款的授权批准文件，检查手续是否齐全索取借款合同或协议
筹资交易均已记录（完整性）	负责借款业务的信贷管理员根据综合授信协议或借款合同，逐笔登记借款备查簿，并定期与信贷记账员的借款明细账核对，并定期与债权人核对账目	询问借款业务的职责分工 检查被审计单位是否定期与债权人核对账目
筹资交易均已以恰当的金额记入恰当的期间（截止） 筹资交易均已记入恰当的账户（分类）	负责借款业务的信贷管理员根据综合授信协议或借款合同，逐笔登记借款备查簿，并定期与信贷记账员的借款明细账核对定期与债权人核对账目 会计主管复核 使用会计科目核算说明 会计主管复核	询问借款业务的职责分工 检查被审计单位是否定期与债权人核对账目 检查会计主管复核印记 询问会计科目的使用情况 检查会计主管复核印记

提示：

　　表4-4以获得初始借款交易为例，不包括偿还的利息和本息交易。

任务2　投资活动的内部控制与控制测试

4.2.1　投资内部控制的主要内容

　　一般来讲，投资内部控制的主要内容包括下列几个方面。

1. 合理的职责分工

　　合理的职责分工，是指合法的投资业务，应在业务的授权、业务的执行、业务的会计记录以及投资资产的保管等方面都有明确的分工，不得由一人同时负责上述任何两项工作。

2. 健全的资产保管制度

企业对投资资产（指股票和债券资产）一般有两种保管方式：一种方式是由独立的专门机构保管，如在企业拥有较大的投资资产的情况下，委托银行、证券公司、信托投资公司等机构进行保管；另一种方式是由企业自行保管，在这种方式下，必须建立严格的联合控制制度，即至少要由两名以上人员共同控制，不得一人单独接触证券。

3. 详尽的会计核算制度

企业的投资资产都要进行完整的会计记录，并对其增减变动及投资收益进行相关会计核算。具体而言，应对每一种股票或债券分别设立明细分类账，并详细记录其名称、面值、证书编号、数量、取得日期、经纪人（证券商）名称、购入成本、收取的股息或利息等；对于联营投资类的其他投资，也应设置明细分类账，核算其他投资的投出及其投资收益和投资收回等业务，并对投资的形式（如流动资产、固定资产、无形资产等）、投向（即接受投资单位）、投资的计价以及投资收益等做出详细的记录。

4. 严格的记名登记制度

除无记名证券外，企业在购入股票或债券时应在购入的当日尽快登记于企业名下，切忌登记于经办人员名下，防止冒名转移并借其他名义谋取私利的舞弊行为发生。

5. 完善的定期盘点制度

对于企业所拥有的投资资产，应由内部审计人员或不参与投资业务的其他人员进行定期盘点，检查是否确实存在，并将盘点记录与账面记录相互核对以确认账实的一致性。

4.2.2　投资控制测试

投资的控制测试一般包括如下内容。

1. 检查控制执行留下的轨迹

注册会计师应抽查投资业务的会计记录和原始凭证，确定各项控制程序运行情况。

2. 调阅内部盘点报告

注册会计师应审阅内部审计人员或其他授权人员对投资资产进行定期盘点的报告。应审阅其盘点方法是否恰当、盘点结果与会计记录相核对情况以及出现差异的处理是否合规。如果各期盘点报告的结果未发现账实之间存在差异（或差异不大），说明投资资产的内部控制得到了有效执行。

3. 分析企业投资业务管理报告

对于企业的长期投资，注册会计师应对照有关投资方面的文件和凭证，分析企业的投资业务管理报告。在做出长期投资决策之前，企业最高管理阶层（如董事会）需要对投资进行可行性研究和论证，并形成一定的纪要，如证券投资的各类证券，联营投资中的投资协议、合同及章程等。负责投资业务的财务经理需定期向企业最高管理层报告有关投资业务的开展情况（包括投资业务内容和投资收益实现情况及未来发展预测），即提交投资业务管理报告书，供最高管理层决策和控制。注册会计师应认真分析这些投资业务管理报告的具体内容，并对照前述的文件和凭证资料，从而判断企业长期投资的管理情况。

任务 3　投资交易的实质性程序

4.3.1　交易性金融资产实质性程序

交易性金融资产，是指企业为了近期出售而持有的金融资产。在会计科目设置上，企业持有的直接指定为以公允价值计量且其变动计入当期损益的金融资产，也通过该科目核算。其审计目标和实质性程序如表 4-5 和表 4-6 所示。

表 4-5　　　　　　　　　　　审计目标与认定对应关系

审计目标	财务报表认定				
	存在	完整性	权利和义务	计价和分摊	列报
A. 资产负债表中列示的交易性金融资产是存在的	√				
B. 所有应当列示的交易性金融资产均已列示		√			
C. 列示的交易性金融资产由被审计单位拥有或控制			√		
D. 交易性金融资产以恰当的金额包括在财务报表中，与之相关的计价调整已恰当记录				√	
E. 交易性金融资产已按照企业会计准则的规定在财务报表中做出恰当列报					√

表 4-6　　　　　　　　　　　审计目标与审计程序对应关系

审计目标	可供选择的审计程序	索引号
D	1. 获取或编制交易性金融资产明细表 （1）复核加计是否正确，并与报表数、总账数和明细账合计数核对是否相符 （2）检查非记账本位币交易性金融资产的折算汇率及折算是否正确 （3）与被审计单位讨论以确定划分为交易性金融资产是否符合企业会计准则的规定	

续表

审计目标	可供选择的审计程序	索引号
CE	2. 就被审计单位管理层将投资确定划分为交易性金融资产的意图获取审计证据，并考虑管理层实施该意图的能力。应向管理层询问，并通过下列方式对管理层的答复予以印证 （1）考虑管理层以前所述的对于划分为交易性金融资产的意图的实际实施情况 （2）复核包括预算、会议纪要等在内的书面计划和其他文件记录 （3）考虑管理层选择划分为交易性金融资产的理由 （4）考虑管理层在既定经济环境下实施特定措施的能力	
ADE	3. 确定交易性金融资产余额是否正确及存在 （1）获取股票、债券、基金等账户对账单，与明细账余额核对，做出记录或进行适当调整 （2）被审计单位人员盘点交易性金融资产，编制交易性金融资产盘点表，审计人员实施监盘并检查交易性金融资产名称、数量、票面价值、票面利率等内容，同时与相关账户余额进行核对。如果有差异，查明原因，做出记录或进行适当调整 （3）如交易性金融资产在审计工作日已售出或兑换，则追查至相关原始凭证，以确认其在资产负债表日存在 （4）在外保管的交易性金融资产等应查阅有关保管的文件，必要时可向保管人函证，复核并记录函证结果	
BC	4. 确定交易性金融资产的会计记录是否完整，并确定所购入交易性金融资产是否归被审计单位所拥有 （1）取得有关账户流水单，对照检查账面记录是否完整。检查购入交易性金融资产是否为被审计单位拥有 （2）向相关机构发函，并确定是否存在变现限制，同时记录函证过程	
C	5. 确定交易性金融资产的计价是否正确 （1）复核交易性金融资产计价方法，检查其是否按公允价值计量，前后期是否一致 （2）复核公允价值取得依据是否充分。公允价值与账面价值的差额是否记入公允价值变动损益科目	

审计目标	可供选择的审计程序	索引号
ABD	6. 抽取交易性金融资产增减变动的相关凭证，检查其原始凭证是否完整合法，会计处理是否正确 （1）抽取交易性金融资产增加的记账凭证，注意其原始凭证是否完整合法，成本、交易费用和相关利息或股利的会计处理是否符合规定 （2）抽取交易性金融资产减少的记账凭证，检查其原始凭证是否完整合法，会计处理是否正确。注意出售交易性金融资产时其成本结转是否正确	
C	7. 检查有无变现存在重大限制的交易性金融资产，如果有，则查明情况，并做适当调整	
	8. 针对识别的舞弊风险等因素增加的审计程序	
E	9. 检查交易性金融资产检查是否已按照企业会计准则的规定在财务报表中做出恰当列报	

实例 4－1　注册会计师刘伟对立华公司 2009 年度资产负债表中交易性金融资产项目进行审计。该公司仅持有 B 公司股票短期投资。该股票于 2009 年 10 月购入，计 50 000 股，每股面值 10 元，购买价 15 元，支付佣金及手续费 10 000 元，实际付款 760 000 元，实付价款中包含已宣告尚未发放的现金股利 30 000 元。立华公司的账务处理如下。

借：交易性金融资产——成本　　　　　　　　　　　　　　　730 000
　　投资收益　　　　　　　　　　　　　　　　　　　　　　 30 000
　　贷：银行存款　　　　　　　　　　　　　　　　　　　　　　　760 000

2009 年年末，B 公司股票市价上升为每股 16 元，立华公司资产负债表中"交易性金融资产"列示数为 730 000 元。

要求：请分析上述情况存在的问题，并提出调整意见。

分析：

审计人员认为立华公司存在的问题如下。

（1）购买股票中包含的已宣告尚未发放的现金股利 30 000 元，应记入"应收股利"，不应冲减"投资收益"。立华公司的会计处理，导致收益和资产虚减。应调整如下。

借：应收股利　　　　　　　　　　　　　　　　　　　　　　 30 000
　　贷：投资收益　　　　　　　　　　　　　　　　　　　　　　　 30 000

（2）手续费及佣金应冲减"投资收益"，不应记入"交易性金融资产"。该公司的会计处理导致收益及资产虚增。应调整如下。

借：投资收益　　　　　　　　　　　　　　　　　　　　　　 10 000
　　贷：交易性金融资产——成本　　　　　　　　　　　　　　　 10 000

（3）2009 年年末，应将交易性金融资产的账面价值（72 000 元）与公允价值（800 000 元）的差额进行调整，而该公司未做调整，导致收益及资产虚减。应调整如下。

借：交易性金融资产——公允价值变动　　　　　　　　　　　 80 000

　　贷：公允价值变动损益   80 000

4.3.2 可供出售金融资产实质性程序

　　可供出售金融资产，是指初始确认时即被指定为可供出售的非衍生金融资产，以及除下列各类资产以外的金融资产：①贷款和应收款项；②持有至到期投资；③以公允价值计量且其变动记入当期损益的金融资产。可供出售金融资产的审计目标与实质性程序如表4-7和表4-8所示。

表4-7   审计目标与认定对应关系

审计目标	财务报表认定				
	存在	完整性	权利和义务	计价和分摊	列报
A. 资产负债表中列示的可供出售金融资产是存在的	√				
B. 所有应当列示的可供出售金融资产均已列示		√			
C. 列示的可供出售金融资产由被审计单位拥有或控制			√		
D. 可供出售金融资产以恰当的金额包括在财务报表中，与之相关的计价调整已恰当记录				√	
E. 可供出售金融资产已按照企业会计准则的规定在财务报表中做出恰当列报					√

表4-8   审计目标与审计程序对应关系

审计目标	可供选择的审计程序	索引号
D	1. 获取或编制可供出售金融资产明细表 （1）复核加计是否正确，并与总账数和明细账合计数核对是否相符；结合可供出售金融资产减值准备科目与报表数核对是否相符 （2）与被审计单位讨论以确定划分为可供出售金融资产的金融资产是否符合会计准则的规定 （3）与上年明细项目进行比较，确定与上年分类相同	

审计目标	可供选择的审计程序	索引号
DE	2. 根据被审计单位管理层的意图和能力，判断可供出售金融资产的分类是否正确	
ABCD	3. 确定可供出售金融资产的余额正确并存在 （1）对于没有划分为以公允价值计量且其变动记入当期损益的金融资产，获取股票、债券、基金等账户对账单，与明细账余额核对，需要时，向证券公司等发函询证，以确认其存在。如果有差异，应查明原因，做出记录或进行适当调整 （2）被审计单位的主管会计人员盘点库存可供出售金融资产，编制可供出售金融资产盘点表，注册会计师实施监盘并检查可供出售金融资产名称、数量、票面价值、票面利率等内容，并与相关账户余额进行核对。如果有差异，应查明原因，做出记录或进行适当调整 （3）如可供出售金融资产在审计工作日已售出或兑换，则追查至相关原始凭证，以确认其在审计截止日存在 （4）在外保管的可供出售金融资产等应查阅有关保管的文件，必要时可向保管人函证，复核并记录函证结果	
BC	4. 确定可供出售金融资产的会计记录完整，由被审计单位拥有 （1）分别自本期增加、本期减少中选择适量项目 （2）追查至原始凭证，检查其是否经授权批准，确认有关可供出售金融资产的购入、售出、兑换及投资收益金额正确，记录完整，并确认所购入可供出售金融资产归被审计单位拥有 （3）检查可供出售金融资产的处置时，是否将原直接记入资本公积的公允价值变动累计额对应处置部分的金额转出，记入投资收益	
D	5. 确定可供出售金融资产的计价正确 （1）出售金融资产的计价方法，检查其是否按公允价值计量，前后期是否一致，公允价值取得依据是否充分 （2）与被审计单位讨论以确定实际利率确定依据是否充分。若非本期新增投资，复核实际利率是否与前期一致 （3）持有期间的利息收入和投资收益。按票面利率计算确定当期应收利息，按可供出售金融资产摊余成本和实际利率计算确定当期投资收益，差额作为利息调整。与应收利息和投资收益中的相应数字核对无误 （4）出售金融资产的期末价值计量是否正确，会计处理是否正确。可供出售金融资产期末公允价值变动应记入资本公积。但应关注按实际利率法计算确定的利息、减值损失、外币货币性金融资产形成的汇兑损益应确认为当期损益。与财务费用、资产减值损失等科目中的相应数字核对无误	

审计目标	可供选择的审计程序	索引号
D	6. 对可供出售金融资产进行如下逐项检查，以确定可供出售金融资产是否已经发生减值 　（1）可供出售金融资产减值准备本期与以前年度计提方法是否一致，如果有差异，查明政策调整的原因，并确定政策变更对本期损益的影响，提请被审计单位做适当披露 　（2）期末，对可供出售金融资产逐项进行检查，以确定是否已经发生减值 　（3）减值准备计提或转回金额与利润表资产减值损失中的相应数字核对无误	
ABCD	7. 检查非货币性资产逐项进行检查，以确定是否已经发生减值	
CE	8. 结合银行借款等的检查，了解可供出售金融资产是否存在质押、担保的情况。如果有，则应详细记录，并提请被审计单位进行充分披露	
	9. 针对识别的舞弊风险等因素增加的审计程序	
E	10. 检查可供出售金融资产的列报是否恰当	

　　实例4-2　注册会计师王英、李杰审计华华股份有限公司 2009 年度财务报表时发现：2009 年 6 月 1 日，华华股份有限公司购入万万公司的 10 000 股股票，但不准备长期持有。华华股份有限公司将其划为可供出售金融资产。华华股份有限公司支付买价 100 万元，经纪人佣金 30 000 元，其他相关税费 5 000 元。实付价款中包含万万公司已于当年 4 月 28 日宣告按每股 1 元分派，并于 6 月 20 日实际派发的股利。

　　该公司做如下会计处理。

　　（1）取得时：

　　借：可供出售金融资产——成本　　　　　　　　　　　　　　　1 035 000

　　　　贷：银行存款　　　　　　　　　　　　　　　　　　　　　　　　　1 035 000

　　（2）6 月 20 日派发股利时：

　　借：银行存款　　　　　　　　　　　　　　　　　　　　　　　　10 000

　　　　贷：投资收益　　　　　　　　　　　　　　　　　　　　　　　　　　10 000

　　（3）6 月 30 日，该股票的市价为每股 100 元，确认股价变动收益。

　　借：投资收益　　　　　　　　　　　　　　　　　　　　　　　　35 000

　　　　贷：可供出售金融资产——公允价值变动　　　　　　　　　　　　　　35 000

　　（4）11 月 20 日，该公司出售该股票，每股售价为 120 元，不考虑其他因素。

　　借：银行存款　　　　　　　　　　　　　　　　　　　　　　　1 200 000

　　　　可供出售金融资产——公允价值变动　　　　　　　　　　　　　　35 000

　　　　贷：可供出售金融资产——成本　　　　　　　　　　　　　　　1 035 000
　　　　　　投资收益　　　　　　　　　　　　　　　　　　　　　　　　 200 000
　　要求：假如你是注册会计师王英，请指出上述会计处理中是否存在错误，正确的应如何处理。

　　分析：

　　（1）根据企业会计准则规定，企业取得可供出售金融资产，应按其公允价值与交易费用之和，借记"可供出售金融资产——成本"科目；按支付的价款中包含的已宣告但尚未发放的现金股利，借记"应收股利"科目；按实际支付金额，贷记"银行存款"。因此，取得时的会计分录应如下。

　　　　借：可供出售金融资产——成本　　　　　　　　　　　　　　　1 025 000
　　　　　　应收股利　　　　　　　　　　　　　　　　　　　　　　　　 10 000
　　　　　　贷：银行存款　　　　　　　　　　　　　　　　　　　　　1 035 000

　　（2）6月20日收到股利时，应冲减"应收股利"科目，而不是确认"投资收益"。会计分录如下。

　　　　借：银行存款　　　　　　　　　　　　　　　　　　　　　　　 10 000
　　　　　　贷：应收股利　　　　　　　　　　　　　　　　　　　　　　 10 000

　　（3）企业会计准则规定，资产负债表日，可供出售金融资产的公允价值高于其账面余额的差额，借记"可供出售金融资产——公允价值变动"科目，贷记"资本公积——其他资本公积"科目；公允价值低于其账面余额的差额，做相反的会计分录。因此，6月30日，该股票的市价为每股100元时，公允价值为1 000 000元，而其账面价值为1 025 000元，该公司应做如下会计调整。

　　　　借：资本公积——其他资本公积　　　　　　　　　　　　　　　　25 000
　　　　　　贷：可供出售金融资产——公允价值变动　　　　　　　　　　　25 000

　　（4）出售时应结转可供出售金融资产的明细科目，同时应转销资本公积余额，总差额计入投资收益。正确分录如下。

　　　　借：银行存款　　　　　　　　　　　　　　　　　　　　　　　1 200 000
　　　　　　可供出售金融资产——公允价值变动　　　　　　　　　　　　 25 000
　　　　　　贷：可供出售金融资产——成本　　　　　　　　　　　　　1 025 000
　　　　　　　　资本公积——其他资本公积　　　　　　　　　　　　　　 25 000
　　　　　　　　投资收益　　　　　　　　　　　　　　　　　　　　　 175 000

4.3.3　持有至到期投资实质性程序

　　持有至到期投资，是指到期日固定、回收金额固定或可确定，且企业有明确意图和能力持有至到期的非衍生金融资产。持有至到期投资审计目标与实质性程序如表4-9和表4-10所示。

表 4 - 9　　　　　　　　　　　　　　**审计目标与认定对应关系**

审计目标	财务报表认定				
	存在	完整性	权利和义务	计价和分摊	列报
A. 资产负债表中列示的持有至到期投资存在	√				
B. 应当列示的持有至到期投资均已列示		√			
C. 持有至到期投资由被审计单位拥有或控制			√		
D. 持有至到期投资以恰当的金额包括在财务报表中，与之相关的计价调整已恰当记录				√	
E. 持有至到期投资已按照企业会计准则的规定在财务报表中做出恰当列报					√

表 4 - 10　　　　　　　　　　　　　**审计目标与审计程序对应关系**

审计目标	可供选择的审计程序	索引号
D	1. 获取或编制持有至到期投资明细表 （1）复核加计是否正确，并与总账数和明细账合计数核对是否相符；结合持有至到期投资减值准备科目与报表数核对是否相符 （2）检查非记账本位币持有至到期投资的折算汇率及折算是否正确 （3）与被审计单位讨论以确定划分为持有至到期投资的金融资产是否符合企业会计准则的规定 （4）与上年度明细项目进行比较，确定与上年度分类相同。具有到期日固定、回收金额固定或可确定、企业有明确意图和能力持有至到期、有活跃市场特征的金融资产可划分为持有至到期投资的金融资产	
CE	2. 就被审计单位管理层将投资确定划分为持有至到期投资的意图获取审计证据，并考虑管理层实施该意图的能力。应向管理层询问，并通过下列方式对管理层的答复予以印证 （1）考虑管理层以前所述的对于划分为持有至到期投资的实际实施情况 （2）复核包括预算、会议纪要等在内的书面计划和其他文件记录 （3）考虑管理层将某项资产划分为持有至到期投资的理由	

审计目标	可供选择的审计程序	索引号
ABCD	3. 确定持有至到期投资的余额正确和持有至到期投资的存在 （1）被审计单位的主管会计人员盘点库存持有至到期投资，编制持有至到期投资盘点表。审计人员实施监盘并检查持有至到期投资名称、数量、票面价值、票面利率等内容，并与相关账户余额进行核对。如果有差异，查明原因，做出记录或进行适当调整 （2）若持有至到期投资在审计工作日已售出或兑换，则追查至相关原始凭证，以确认其在资产负债表日存在 （3）在外保管的持有至到期投资等应查阅有关保管的文件，必要时可向保管人函证 （4）如果可以向证券公司等获取对账单的，应取得对账单，并与明细账余额核对，需要时，向其发函询证，以确认其存在。如果有差异，查明原因，做出记录或进行适当调整	
ABCD	4. 确定持有至到期投资的会计记录完整，并确定所购入持有至到期投资归被审计单位拥有 （1）分别自本期增加、本期减少中选择适量项目 （2）追查至原始凭证，检查其是否经授权批准，确认有关持有至到期投资的购入、售出、处置及投资收益金额正确，记录完整，并确认所购入持有至到期投资归被审计单位拥有	
D	5. 确定持有至到期投资的计价正确 （1）检查持有至到期投资初始计量是否正确；复核其计价方法，检查是否按摊余成本计量，前后期是否一致 （2）与被审计单位讨论确定实际利率确定依据是否充分。若非本期新增投资，则复核实际利率是否与前期一致 （3）重新计算持有期间的利息收入和投资收益。按票面利率计算确定当期应收利息，按持有至到期投资摊余成本和实际利率计算确定当期投资收益，差额作为利息调整。与应收利息（分期付息）或应计利息（到期付息）和投资收益中的相应数字核对无误	
CD	6. 检查持有至到期投资与可供出售金融资产相互重分类的依据是否充分，会计处理是否正确	

续表

审计目标	可供选择的审计程序	索引号
D	7. 期末对成本计量的持有至到期投资进行如下逐项检查，以确定持有至到期投资是否已经发生减值 （1）核对持有至到期投资减值准备本期与以前年度计提方法是否一致，如果有差异，查明政策调整的原因，并确定政策改变对本期损益的影响，提请被审计单位做适当披露 （2）期末，对持有至到期投资逐项进行检查，以确定是否已经发生减值。确有出现导致其预计未来现金流量现值低于账面价值的情况，将预计未来现金流量现值低于账面价值的差额作为持有至到期投资减值准备予以计提，并与被审计单位已计提数相核对，如果有差异，查明原因 （3）将本期减值准备计提（或转回）金额与利润表资产减值损失中的相应数字核对 （4）持有至到期投资减值准备按单项资产（或包括在具有类似信用风险特征的金融资产组）计提，计提依据充分，得到适当批准。持有至到期投资价值得以恢复的，原确认的减值损失应予以转回，复核转回后的账面价值不超过假设不计提减值准备情况下该持有至到期投资在转回日的摊余成本，检查会计处理是否正确	
ABCD	8. 检查非货币性资产交换、债务重组时取得或转出持有至到期投资的会计处理是否正确	
CE	9. 结合银行借款等的检查，了解持有至到期投资是否存在质押、担保情况。如果有，则应详细记录，并提请被审计单位进行充分披露	
	10. 针对识别的舞弊风险等因素增加的审计程序	
E	11. 检查持有至到期投资的列报是否恰当	

4.3.4 长期股权投资实质性程序

长期股权投资核算企业持有的采用权益法或成本法核算的长期股权投资，具体包括如下内容。

（1）企业持有的能够对被投资单位实施控制的权益性投资，即对子公司的投资。

（2）企业持有的能够与其他合营方一同对被投资单位实施共同控制的权益性投资，即对合营企业的投资。

（3）企业持有的能够对被投资单位施加重大影响的权益性投资，即对联营企业的投资。

（4）企业对被投资单位不具有控制、共同控制或重大影响，且在活跃市场中没有报价、公允价值不能可靠计量的权益性投资。

长期股权投资审计目标与实质性程序如表4-11和表4-12所示。

表 4 - 11　　　　　　　　　　　　**审计目标与认定对应关系**

审计目标	财务报表认定				
	存在	完整性	权利和义务	计价和分摊	列报
A. 资产负债表中列示的长期股权投资存在	√				
B. 所有应当列示的长期股权投资均已列示		√			
C. 列示的长期股权投资由被审计单位拥有或控制			√		
D. 长期股权投资以恰当的金额包括在财务报表中，与之相关的计价调整已恰当记录				√	
E. 长期股权投资已按照企业会计准则的规定在财务报表中做出恰当列报					√

表 4 - 12　　　　　　　　　　　　**审计目标与审计程序对应关系**

审计目标	可供选择的审计程序	索引号
D	1. 获取或编制长期股权投资明细表，复核加计是否正确，并与总账数和明细账合计数核对是否相符；结合长期股权投资减值准备科目与报表数核对是否相符	
ACDE	2. 确定长期股权投资是否存在，并归被审计单位所有；根据管理层的意图和能力，分类是否正确；针对各分类其计价方法、期末余额是否正确 （1）根据有关合同和文件，确认长期股权投资的股权比例和时间，检查长期股权投资核算方法是否正确；取得被投资单位的章程、营业执照、组织机构代码证等资料 （2）分析被审计单位管理层的意图和能力，检查有关原始凭证，验证长期股权投资分类的正确性（分为对子公司、联营企业、合营企业和其他企业的投资 4 类），是否不包括应由金融工具确认和计量准则核算的长期股权投资 （3）对于应采用权益法核算的长期股权投资，获取被投资单位已经注册会计师审计的年度财务报表，如果未经注册会计师审计，则应考虑对被投资单位的财务报表实施适当的审计或审阅程序 ① 复核投资损益时，根据重要性原则，应以取得投资时被投资单位各项可辨认资产的公允价值为基础，对被投资单位的净损益进行调整后加以确认。被投资单位采用的会计政策及会计期间与被审计单位不一致的，应当按照被审计单位的会计政策及会计期间对被投资单位的财务报表进行调整，据以确认投资损益，并做出详细记录	

续表

审计目标	可供选择的审计程序	索引号
ACDE	② 将重新计算的投资损益与被审计单位计算的投资损益相核对，如果有重大差异，查明原因，并做适当调整 ③ 关注被审计单位在其被投资单位发生净亏损或以后期间实现盈利时的会计处理是否正确 ④ 检查除净损益以外被投资单位所有者权益的其他变动，是否调整计入所有者权益 （4）对于采用成本法核算的长期股权投资，检查股利分配的原始凭证及分配决议等资料，确定会计处理是否正确；对被审计单位实施控制而采用成本法核算的长期股权投资，比照权益法编制变动明细表，以备合并报表使用 （5）对于成本法和权益法相互转换的，检查其投资成本的确定是否正确	
ABD	3. 确定长期股权投资增减变动的记录是否完整 （1）检查本期增加的长期股权投资，追查至原始凭证及相关的文件或决议及被投资单位验资报告或财务资料等，确认长期股权投资是否符合投资合同、协议的规定，会计处理是否正确 （2）检查本期减少的长期股权投资，追查至原始凭证，确认长期股权投资的处理有合理的理由及授权批准手续以及检查会计处理是否正确	
D	4. 期末对长期股权投资进行逐项检查，以确定长期股权投资是否已经发生减值 （1）核对长期股权投资减值准备本期与以前年度计提方法是否一致，如果有差异，查明政策调整的原因，并确定政策改变对本期损益的影响，提请被审计单位做适当披露 （2）对长期股权投资进行逐项检查，当长期股权投资可收回金额低于账面价值时，应将可收回金额低于账面价值的差额作为长期股权投资减值准备予以计提，并应与被审计单位已计提数相核对。如果有差异，查明原因 （3）将本期减值准备计提金额与利润表资产减值损失中的相应数字进行核对 （4）长期股权投资减值准备按单项资产计提，检查计提依据是否充分、是否得到适当批准	
ABD	5. 检查通过发行权益性证券、投资者投入、企业合并等方式取得的长期股权投资的会计处理是否正确	
D	6. 对于长期股权投资分类发生变化的，检查其核算是否正确	
CE	7. 结合银行借款等的检查，了解长期股权投资是否存在质押、担保情况。如果有，则应详细记录，并提请被审计单位进行充分披露	

审计目标	可供选择的审计程序	索引号
CE	8. 与被审计单位人员讨论确定是否存在被投资单位由于所在国家和地区及其他方面的影响，其向被审计单位转移资金的能力受到限制的情况。如果存在，应详细记录受限情况，并提请被审计单位充分披露	
	9. 根据评估的舞弊风险等因素增加的审计程序	
E	10. 检查长期股权投资的列报是否恰当	

实例 4 - 3　注册会计师张雯审查美达公司 2009 年度长期股权投资，发现以下情况。

（1）美达公司长期股权投资仅有对长城公司的一项投资，"长期股权投资"项目未审数额为 10 000 000 元，"投资收益"项目未审数额为 1 200 000 元。

（2）查阅相关账簿及资料，了解到该公司于 2009 年 1 月购入长城公司股票 1 000 000 股，每股 10 元，共支付 10 000 000 元，占长城公司股份总额的 30%。

（3）2009 年年末，长城公司实现税后利润 5 000 000 元，并发放给该公司股利 1 100 000 元，股利已收到存入银行。

要求：请指出上述处理存在的问题，提出审计意见，并核实 2009 年年末该公司"长期股权投资"和"投资收益"项目的实有数。

分析：

（1）美达公司对长城公司拥有 30% 的股权，采用成本法进行长期股权投资核算不符合企业会计准则的规定，应改用权益法进行核算，提请该公司调整。

（2）采用权益法核算，2009 年年末，两个项目实有数计算如下。

"长期股权投资"项目实有数额 = 10 000 000 + 5 000 000 × 30% - 1 100 000 = 10 400 000（元）

"投资收益"项目实有数额 = 5 000 000 × 30% = 1 500 000（元）

4.3.5　应收利息实质性程序

应收利息审计目标与实质性程序如表 4 - 13 和表 4 - 14 所示。

表 4 - 13　　　　　　　　　　　审计目标与认定对应关系

审计目标	财务报表认定				
	存在	完整性	权利和义务	计价和分摊	列报
A. 资产负债表中列示的应收利息存在	√				
B. 所有应当列示的应收利息均已列示		√			

续表

审计目标	财务报表认定				
	存在	完整性	权利和义务	计价和分摊	列报
C. 列示的应收利息由被审计单位拥有或控制			√		
D. 应收利息以恰当的金额包括在财务报表中，与之相关的计价调整已恰当记录				√	
E. 应收利息已按照企业会计准则的规定在财务报表中做出恰当列报					√

表 4 – 14　　　　　　　　　**审计目标与审计程序对应关系**

审计目标	可供选择的审计程序	索引号
D	1. 获取或编制应收利息明细表 （1）复核加计是否正确，并与总账数和明细账合计数核对是否相符，结合坏账准备科目与报表数核对是否相符 （2）检查非记账本位币应收利息的折算汇率及折算是否正确 （3）关注到期一次还本付息债券投资的应收利息是否包含在应收利息明细表中，如果有，则调整至持有至到期投资科目	
BCD	3. 检查应收利息增减变动 （1）与金融资产（如交易性金融资产、持有至到期投资、可供出售金融资产等）的相关审计结合，验证确定应收利息的计算是否充分、正确，检查会计处理是否正确 （2）对于重大的应收利息项目，审阅相关文件，复核其计算的准确性。必要时，向有关单位函证并记录 （3）检查应收利息减少有无异常	
AB	3. 检查期后收款情况 （1）对至审计时已收回金额较大的款项进行常规检查，如核对收款凭证、银行对账单、发票等 （2）关注长期未收回及金额较大的应收利息，询问被审计单位管理人员及相关职员，确定应收利息的可收回性。必要时，向被投资单位函证利息支付情况，复核并记录函证结果	
CD	4. 对标明针对关联方的应收利息，执行关联方及其交易审计程序	
	5. 针对识别的舞弊风险等因素增加的审计程序	
E	6. 检查应收利息是否已按照企业会计准则的规定在财务报表中做出恰当列报	

4.3.6　投资收益实质性程序

投资收益审计目标与实质性程序如表 4 – 15 和表 4 – 16 所示。

表 4 – 15　　　　　　　　　　　**审计目标与认定对应关系**

审计目标	财务报表认定					
	发生	完整性	准确性	截止	分类	列报
A. 利润表中列示的投资收益已发生，且与被审计单位有关	√					
B. 所有应当列示的投资收益均已列示		√				
C. 与投资收益有关的金额及其他数据已恰当记录			√			
D. 投资收益已记录于正确的会计期间				√		
E. 投资收益已记录于恰当的账户					√	
F. 投资收益已按照企业会计准则的规定在财务报表中做出恰当的列报						√

表 4 – 16　　　　　　　　　　　**审计目标与审计程序对应关系**

审计目标	可供选择的审计程序	索引号
C	1. 获取或编制投资收益分类明细表 （1）复核加计是否正确，并与报表数、总账数和明细账合计数核对是否相符 （2）检查非记账本位币投资收益的折算汇率及折算是否正确	
BCDE	2. 确定投资收益的金额是否准确 （1）与交易性金融资产、可供出售金融资产、持有至到期投资、长期股权投资、交易性金融负债等的相关审计结合，验证确定投资收益的记录是否充分、准确 （2）对于重大的投资收益项目，审阅相关文件，复核其计算的准确性，并确定其应为投资收益	
D	3. 结合投资和银行存款等的审计，确定投资收益被记入正确的会计期间	
AF	4. 检查投资协议等文件，确定国外的投资收益汇回是否存在重大限制。若存在重大限制，应说明原因，并做出恰当披露	
	5. 根据评估的舞弊风险等因素增加的审计程序	
F	6. 检查投资收益是否已按照企业会计准则的规定在财务报表中做出恰当列报	

4.3.7　应收股利实质性程序

应收股利审计目标与实质性程序如表4－17和表4－18所示。

表4－17　　　　　　　　　　审计目标与认定对应关系

审计目标	财务报表认定				
	存在	完整性	权利和义务	计价和分摊	列报
A. 资产负债表中列示的应收股利存在	√				
B. 所有应当列示的应收股利均已列示		√			
C. 列示的应收股利由被审计单位拥有或控制			√		
D. 应收股利以恰当的金额包括在财务报表中，与之相关的计价调整已恰当记录				√	
E. 应收股利已按照企业会计准则的规定在财务报表中做出恰当列报					√

表4－18　　　　　　　　　　审计目标与审计程序对应关系

审计目标	可供选择的审计程序	索引号
D	1. 获取或编制应收股利明细表 （1）复核加计正确，并与总账数和明细账合计数核对是否相符，结合坏账准备科目与报表数核对是否相符 （2）检查非记账本位币应收股利的折算汇率及折算是否正确	
BCD	2. 检查应收股利增减变动 （1）与投资（如长期股权投资、交易性金融资产、可供出售金融资产等）的相关审计结合，验证确定应收股利的计算是否充分、正确，检查会计处理是否正确 （2）对于重大的应收股利项目，审阅相关文件，测试其计算的准确性。必要时，向被投资单位函证并记录 （3）检查应收股利减少有无异常	

审计目标	可供选择的审计程序	索引号
AB	3. 检查期后收款情况 （1）对至审计时已收回金额较大的款项进行常规检查，如核对收款凭证、银行对账单、股利分配方案等 （2）关注长期未收回且金额较大的应收股利，询问被审计单位管理人员及相关职员或者查询被投资单位的情况，确定应收股利的可收回性。必要时，向被投资单位函证股利支付情况，复核并记录函证结果	
CE	4. 结合投资审计，确定境外投资应收股利汇回不存在重大限制，如果存在，已充分披露	
	5. 针对识别的舞弊风险等因素增加的审计程序	
E	6. 检查应收股利是否已按照企业会计准则的规定在财务报表中做出恰当列报	

任务4 筹资活动的内部控制与控制测试

筹资活动主要由借款交易和股东权益交易组成。股东权益增减变动的业务较少而金额较大，注册会计师在审计中一般直接执行实质性程序。企业的借款交易主要涉及短期借款、长期借款和应付债券，这些活动的内部控制基本类似。因此，这里以应付债券为例说明筹资活动的内部控制和控制测试。

无论是否依赖内部控制，注册会计师均应对筹资活动的内部控制获得足够的了解，以识别错报的类型、方式及发生的可能性。一般来讲，应付债券内部控制的主要内容包括以下几方面。

（1）应付债券的发行要有正式的授权程序，每次均要由董事会授权。

（2）申请发行债券时，应履行审批手续，向有关机关递交相关文件。

（3）应付债券的发行，要有受托管理人来行使保护发行人和持有人合法权益的权利。

（4）每种债券发行都必须签订债券契约。

（5）债券的承销或包销必须签订有关协议。

（6）记录应付债券业务的会计人员不得参与债券发行。

（7）如果企业保存债券持有人明细分类账，应同总分类账核对相符。若这些记录由外部机构保存，则需定期同外部机构核对。

（8）未发行的债券必须有人负责。

（9）债券的回购要有正式的授权程序。

如果企业应付债券业务不多，注册会计师可根据成本效益原则采取实质性方案；如果企业应付债券业务繁多，注册会计师就可考虑采用综合性方案，进行控制测试。

任务5　筹资交易的实质性程序

4.5.1　短期借款实质性程序

短期借款审计目标与实质性程序如表4－19和表4－20所示。

表4－19　　　　　　　　　　　审计目标与认定对应关系

审计目标	财务报表认定				
	存在	完整性	权利和义务	计价和分摊	列报
A. 资产负债表中列示的短期借款存在	√				
B. 所有应当列示的短期借款均已列示		√			
C. 列示的短期借款被审计单位应当履行的现时义务			√		
D. 短期借款以恰当的金额包括在财务报表中，与之相关的计价调整已恰当记录				√	
E. 短期借款已按照企业会计准则的规定在财务报表中做出恰当列报					√

表4－20　　　　　　　　　　　审计目标与审计程序对应关系

审计目标	可供选择的审计程序	索引号
D	1. 获取或编制短期借款明细表 （1）复核加计是否正确，并与报表数、总账数和明细账合计数核对是否相符 （2）检查非记账本位币短期借款的折算汇率及折算金额是否正确，折算方法是否前后期一致	
B	2. 检查被审计单位贷款卡，核实账面记录是否完整 对被审计单位贷款卡上列示的信息与账面记录核对的差异进行分析，并关注贷款卡中列示的被审计单位对外担保的信息	
AC	3. 对短期借款进行函证	

审计目标	可供选择的审计程序	索引号
ABD	4. 检查短期借款的增加 　对年度内增加的短期借款，检查借款合同，了解借款数额、借款用途、借款条件、借款日期、还款期限、借款利率，并与相关会计记录相核对	
ABD	5. 检查短期借款的减少 　对年度内减少的短期借款，应检查相关记录和原始凭证，核实还款数额，并与相关会计记录相核对	
D	6. 复核短期借款利息 　根据短期借款的利率和期限，检查被审计单位短期借款的利息计算是否正确。如果有未计利息和多计利息，应做出记录，必要时提请被审计单位进行调整	
CE	7. 检查被审计单位用于短期借款的抵押资产的所有权是否属于企业，其价值和实际状况是否与契约中的规定相一致	
AD	8. 检查被审计单位与贷款人之间所发生的债务重组。检查债务重组协议，确定其真实性、合法性，并检查债务重组的会计处理是否正确	
	9. 根据评估的舞弊风险等因素增加的其他审计程序	
E	10. 检查短期借款是否已按照企业会计准则的规定在财务报表中做出恰当的列报	

提示：
　在实际审计过程中，注册会计师在执行上述审计程序时，所涉及的工作底稿还包括短期借款审定表、短期借款明细表、利息分配情况检查表、短期借款检查情况表、短期借款利息测试表等。

　实例 4 - 3　注册会计师在审查光明公司"短期借款——生产周转借款"使用情况时发现，该公司 2009 年 6 月至 12 月平均贷款为 820 000 元，存货合计为 250 000 元，其他应收款为 420 000 元。该公司其他应收款占用比重过大，怀疑可能存在非法使用或占用短期借款的行为。

　审计人员调阅了相关借入短期借款的凭证，并通过银行存款日记账追查存款的去向。审查过程中发现 6 月 1 日借入借款的 12 号凭证。其会计分录如下。

借：银行存款　　　　　　　　　　　　　　　　　　　　　　　　390 000

　　贷：短期借款——生产周转借款　　　　　　　　　　　　　　　　　390 000

　12 号凭证所附"收账通知"和"借款契约"两张原始凭证，借款期限为 6 个月。审阅银行存款日记账时，发现 6 月 15 日银付字 101 号凭证，减少银行存款 380 000 元，该凭证如下。

借：其他应收款——张某 380 000
　　贷：银行存款 380 000

其摘要为"汇给某公司货款"。经核实，所计汇款是该公司为职工垫付的购买热水器 60 台的款项，张某是负责向职工收回垫付款的负责人，全部货款至本年 12 月陆续收回。审计人员认为为职工垫付热水器款，占用了短期借款，并增加了公司的财务费用。

要求：审计人员应提出何种审计建议？该公司应做出怎样的调整分录？

分析：

上述问题查实后，审计人员提出审计意见，公司收回的垫付款应归还借款，已入账的借款利息应由职工承担。按借款利息占用时间计算，应负担利息 23 000 元，应做如下调整会计记录。

按规定应收利息。

借：其他应收款 23 000
　　贷：财务费用 23 000

4.5.2 长期借款实质性程序

长期借款审计目标与实质性程序如表 4 - 21 和表 4 - 22 所示。

表 4 - 21　　　　　　　　　　审计目标与认定对应关系

审计目标	财务报表认定				
	存在	完整性	权利和义务	计价和分摊	列报
A. 资产负债表中列示的长期借款存在	√				
B. 所有应当列示的长期借款均已列示		√			
C. 列示的长期借款被审计单位应当履行的现时义务			√		
D. 长期借款以恰当的金额列示在财务报表中，与之相关的计价调整已恰当记录				√	
E. 长期借款已按照企业会计准则的规定在财务报表中做出恰当的列报					√

表 4－22	审计目标与审计程序对应关系	
审计目标	可供选择的审计程序	索引号
D	1. 获取或编制长期借款明细表 （1）复核加计是否正确，并与总账数和明细账合计数核对是否相符，减去将于一年内偿还的长期借款后与报表数核对是否相符 （2）检查非记账本位币长期借款的折算汇率及折算是否正确，折算方法是否前后期一致	
B	2. 检查被审计单位贷款卡，核实账面记录是否完整。对被审计单位贷款卡上列示的信息与账面记录核对的差异进行分析，并关注贷款卡中列示的被审计单位对外担保的信息	
ACD	3. 对长期借款进行函证	
ABCD	4. 检查长期借款的增加。对年度内增加的长期借款，检查借款合同和授权批准，了解借款数额、借款条件、借款用途、借款日期、还款期限、借款利率，并与相关会计记录核对	
ABD	5. 检查长期借款的减少。对年度内减少的长期借款，检查相关记录和原始凭证，核实还款数额，并与相关会计记录核对	
D	6. 复核长期借款利息。根据长期借款的利率和期限，复核被审计单位长期借款的利息计算是否正确。如果有未计利息和多计利息，应做出记录，必要时进行调整	
AD	7. 检查借款费用的会计处理是否正确	
C	8. 检查被审计单位抵押长期借款的抵押资产的所有权是否属于被审计单位，其价值和实际状况是否与担保契约中的规定相一致	
AD	9. 检查被审计单位与贷款人进行的债务重组。检查债务重组协议，确定其真实性、合法性，并检查债务重组的会计处理是否正确	
	10. 根据评估的舞弊风险等因素增加的其他审计程序	
E	11. 检查长期借款是否已按照企业会计准则的规定在财务报表中做出恰当的列报	

实例4－5 注册会计师审查8公司2009年"长期借款"明细账时，发现10月份从银行借入技改借款100万元，但在"在建工程"账户中没有增加数。审计人员怀疑其中有挪用借款问题。经查证同期财务报表和银行存款日记账，发现长期股权投资额增加了90万元——为购买股票的投资。再查问资金的来源，确为银行借人的技改贷款。

要求：请分析上述事项存在什么问题，应如何处理。

分析：

被审计单位虚设技改项目，从银行套取资金用于投资，违反借款契约规定。责令被审计单位立即出售股票，并归还借款。

出售股票，获得价款 110 万元。

借：银行存款   1 100 000
　　贷：长期股权投资   900 000
　　　　投资收益   200 000

归还借款，支付罚款 1 万元。

借：长期借款   1 000 000
　　营业外支出   10 000
　　贷：银行存款   1 010 000

4.5.3　应付债券实质性程序

应付债券审计目标与实质性程序如表 4 - 23 和表 4 - 24 所示。

表 4 - 23   审计目标与认定对应关系

审计目标	财务报表认定				
	存在	完整性	权利和义务	计价和分摊	列报
A. 资产负债表中列示的应付债券存在	√				
B. 所有应当列示的应付债券均已列示		√			
C. 列示的应付债券被审计单位应当履行的现时义务			√		
D. 应付债券以恰当的金额列示在财务报表中，与之相关的计价调整已恰当记录				√	
E. 应付债券已按照企业会计准则的规定在财务报表中做出恰当列报					√

表 4 - 24   审计目标与审计程序对应关系

审计目标	可供选择的审计程序	索引号
D	1. 获取或编制应付债券明细表 （1）复核加计是否正确，并与报表数、总账数和明细账合计数核对是否相符 （2）检查非记账本位币应付债券的折算汇率及折算是否正确，折算方法是否前后期一致	

审计目标	可供选择的审计程序	索引号
ABC	2. 检查应付债券的增加 审阅债券发行申请和审批文件，检查发行债券所收入现金的收据、汇款通知单、送款登记簿及相关的银行对账单，核实其会计处理是否正确	
AC	3. 对应付债券向证券承销商或包销商函证	
AD	4. 检查债券利息费用的会计处理是否正确，资本化的处理是否符合规定 （1）对于分期付息、一次还本的债券，检查资产负债表日是否按摊余成本和实际利率计算确定债券利息费用，并正确记入"在建工程"、"制造费用"、"财务费用"、"研发费用"、是否按票面利率计算确定应付未付利息，记入"应付利息"科目，是否按其差额调整"应付债券——应计利息"，记入"应付利息"科目，是否按其差额调整"应付债券——应计利息"，是否按期差额调整"应付债券——利息调整"	
ABD	5. 检查到期债券的偿还。检查偿还债券的支票存根等相关会计记录，检查其会计处理是否正确	
AD	6. 检查可转换公司债券是否将负债和权益成分分拆，可转换公司债券持有人行使转换权利，将其持有的债券转为股票时其会计处理是否正确	
C	7. 若发行债券时已做抵押或担保，应检查相关契约的履行情况	
	8. 根据评估的舞弊风险等因素增加的其他审计程序	
E	9. 检查应期债券是否已按企业会计准则的规定在财务报表中做出恰当列报	

实例 4 - 6　注册会计师在审查某公司发行债券时发现：应付债券——面值 10 万元，应付债券——债券折价 4 万元，票面利率 12%，被审计单位发行债券严重损害公司利益，怀疑其中肯定存在违法行为。调阅发行债券的批文，规定发行价格为 10 万元，发行期 3 年，利率 12%，审查其凭证，会计分录如下。

借：银行存款　　　　　　　　　　　　　　　　　　　　　　　　60 000
　　应付债券——利息调整　　　　　　　　　　　　　　　　　　40 000
　　贷：应付债券——债券面值　　　　　　　　　　　　　　　　　1 00 000
所附原始凭证全部为该公司内部职工购入。

要求：请指出上述事项存在的问题，并进行调整。

分析：

该公司发行债券违反章程规定，以折价方式发行变相为职工谋福利，增加公司利息费用，减少所得税费用支出。非法折价发行的债券应限期收回。收回时会计分录如下。

借：银行存款　　　　　　　　　　　　　　　　　　　　　　　　40 000
　　贷：应付债券——利息调整　　　　　　　　　　　　　　　　　40 000

4.5.4 财务费用实质性程序

财务费用审计目标与实质性程序如表 4 – 25 和表 4 – 26 所示。

表 4 –25　　　　　　　　　　　**审计目标与认定对应关系**

审计目标	财务报表认定					
	发生	完整性	准确性	截止	分类	列报
A. 利润表中列示的财务费用已真实发生，且与被审计单位有关	√					
B. 所有应当列示的财务费用均已列示		√				
C. 与财务费用有关的金额及其他数据已恰当列示			√			
D. 财务费用已列示于正确的会计期间				√		
E. 财务费用已列示于恰当的账户					√	
F. 财务费用已按照企业会计准则的规定在财务报表中做出恰当的列报						√

表 4 –26　　　　　　　　　　　**审计目标与审计程序对应关系**

审计目标	可供选择的审计程序	索引号
C	1. 获取或编制财务费用明细表，复核加计是否正确，并与报表数、总账数和明细账合计数核对是否相符	
ABC	2. 实质性分析程序 （1）针对已识别需要运用分析程序的有关项目，并基于对被审计单位及其环境的了解，通过进行以下比较，同时考虑有关数据间关系的影响，以建立有关数据的期望值：	

审计目标	可供选择的审计程序	索引号
ABC	① 将本期财务费用各明细项目与上期进行对比，必要时比较本期各月份财务费用，如果有重大波动和异常情况应追查原因 ② 计算借款、应付债券平均实际利率并同以前年度及市场平均利率相比较 ③ 根据借款、应付债券平均余额、平均利率测算当期利息费用和应付利息，并与账面记录进行比较 ④ 根据银行存款平均余额和存款平均利率复核利息收入（2）确定可接受的差异额 （2）将实际的情况与期望值相比较，识别需要进一步调查的差异 （3）如果其差额超过可接受的差异额，调查并获取充分的解释和恰当的佐证审计证据（如通过检查相关的凭证） （4）评估分析程序的测试结果	
E	3. 检查财务费用明细项目的设置是否符合规定的核算内容与范围，是否划清财务费用与其他费用的界限	
ABC	4. 检查利息支出明细账： （1）审查各项借款期末应计利息有无预记入账；审查现金折扣的会计处理是否正确 （2）结合长短期借款、应付债券等的审计，检查财务费用中是否包括为购建或生产满足资本化条件的资产发生的应予以资本化的借款费用 （3）检查融资租入的固定资产、购入有关资产超过正常信用条件延期支付价款、实质上具有融资性质的，采用实际利率法分期摊销未确认融资费用时记入财务费用数是否正确 （4）检查应收票据贴现息的计算与会计处理是否正确	
ABC	5. 检查利息收入明细账 （1）确认利息收入的真实性及正确性 （2）检查从其他企业或非银行金融机构取得的利息收入是否按规定计缴营业税 （3）检查采用递延方式分期收款、实质上具有融资性质的销售商品或提供劳务，采用实际利率法按期计算确定的利息收入是否正确	
ABC	6. 检查汇兑损益明细账，检查汇兑损益计算方法是否正确，核对所用汇率是否正确，前后期是否一致	
D	7. 检查财务费用——其他明细账，注意检查大额金融机构手续费的真实性与正确性	
	8. 抽取资产负债表日前后_____天的_____张凭证，实施截止测试。若存在异常迹象，应考虑是否有必要追加审计程序，对于重大跨期项目应做必要调整	
	9. 根据评估的舞弊风险等因素增加的其他审计程序	
F	10. 根据评估的舞弊风险等因素增加的其他审计程序	

实例 4 - 7　注册会计师在审查甲股份有限公司应付债券时，发现 2009 年 1 月该公司为生产线建设专门筹资发行 5 年期、面值为 1 000 万元的债券，票面利率为 10%，实际利率为 9.5%。2009 年 12 月 31 日，该公司计提利息和摊销时，做如下会计分录。

借：财务费用　　　　　　　　　　　　　　　　　　　　　　　　　 950 000

　　应付债券——利息调整　　　　　　　　　　　　　　　　　　　 50 000

　　　贷：应付债券——应计利息　　　　　　　　　　　　　　　 1 000 000

要求：该公司会计处理是否存在问题，应如何调整？

分析：

根据企业会计准则，因建造固定资产而发生的借款利息符合资本化条件，应作为建造成本，而不应作为财务费用，因此，建议做如下会计调整。

借：在建工程　　　　　　　　　　　　　　　　　　　　　　　　　 950 000

　　贷：财务费用　　　　　　　　　　　　　　　　　　　　　　　 950 000

4.5.5　实收资本（股本）的实质性程序

实收资本（股本）的审计目标与实质性程序如表 4 - 27 和表 4 - 28 所示。

表 4 - 27　　　　　　　　　　审计目标与认定对应关系

审计目标	财务报表认定				
	存在	完整性	权利和义务	计价和分摊	列报
A. 资产负债表中列示的实收资本（股本）存在	√				
B. 所有应当列示的实收资本（股本）均已列示		√			
C. 实收资本（股本）以恰当的金额列示在财务报表中				√	
D. 实收资本（股本）已按照企业会计准则的规定在财务报表中做出恰当列报					√

表 4 - 28　　　　　　　　　　审计目标与审计程序对应关系

审计目标	可供选择的审计程序	索引号
C	1. 获取或编制实收资本明细表复核加计是否正确，并与报表数、总账数和明细账合计数核对是否相符 　　以非记账本位币出资的，检查其折算汇率是否符合规定，折算差额的会计处理是否正确	

审计目标	可供选择的审计程序	索引号
ABC	2. 审阅公司章程、股东（大）会、董事会会议记录中有关实收资本（股本）的规定。收集与实收资本（股本）变动有关的董事会会议纪要、股东（大）会决议、合同、协议、公司章程及营业执照，以及公司设立批文、验资报告等法律性文件，并更新永久性档案	
AC	3. 检查投入资本是否真实存在，审阅和核对与投入资本有关的原始凭证、会计记录，必要时向投资者函证实缴资本额，对有关财产和实物价值进行鉴定，以确定投入资本的真实性 对于发行在外的股票，应检查股票的发行活动。检查的内容包括已发行股票的登记簿、募股清单、银行对账单、会计账面记录等。必要时，可向证券交易所和金融机构函证股票发行的数量 对于发行在外的股票，应检查股票发行费用的会计处理是否符合有关规定	
ABC	4. 检查出资期限和出资方式、出资额，检查投资者是否按合同、协议、章程约定的时间和方式缴付出资额，是否已经注册会计师验证。若已验资，应审阅验资报告	
ABC	5. 检查实收资本（股本）增减变动的原因，查阅其是否与董事会会议纪要、补充合同、协议及其他有关法律性文件的规定一致，逐笔追查至原始凭证，检查其会计处理是否正确 （1）对于股份有限公司，应检查股票收回的交易活动。检查的内容包括已发行股票的登记簿、收回的股票、银行对账单、会计账面记录等 （2）以发放股票股利增资的，检查股东（大）会决议，检查相关增资手续是否办理，会计处理是否正确 （3）对于以资本公积、盈余公积和未分配利润转增资本的，应取得股东（大）会等资料，并审核是否符合国家有关规定，会计处理是否正确 （4）以权益结算的股份支付行权时增资，取得相关资料#检查是否符合相关规定，会计处理是否正确 （5）以回购股票以及其他法定程序报经批准减资的，检查股东（大）会决议以及相关的法律文件，手续是否办理，会计处理是否正确 （6）中外合作企业根据合同规定在合作期间归还投资的，检查以下内容： ① 如系直接归还投资#检查是否符合有关的决议与公司章程和投资协议的规定，款项是否已付出#会计处理是否正确 ② 如系以利润归还投资，还需检查是否与利润分配的决议相符，并检查与利润分配有关的会计处理是否正确	
D	6. 根据证券登记公司提供的股东名录，检查被审计单位及其子公司、合营企业与联营企业是否有违反规定的持股情况	
A	7. 检查认股权证及其有关交易，确定委托人及认股人是否遵守认股合约或认股权证中的有关规定	
D	8. 检查实收资本（股本）是否已按照企业会计准则的规定在财务报表中做出恰当列报	

实例4－8　注册会计师李月、王江于2010年3月对联华股份有限公司2009年度的财务报表进行了审计。审计中发现如下问题。

W公司是联华股份有限公司控股子公司。在对该公司"实收资本"项目实施审计程序时，发现W公司存在虚假入资情况。W公司设立时，联华股份有限公司以货币资金出资900万元，联华公司所属的另外一控股子公司N公司以货币资金出资600万元。在结合联华股份有限公司"其他应付款"项目审计时发现，有应付W公司往来款900万元，同时核对W公司债权后确认有应收联华股份有限公司往来账项900万元。

李月、王江经查阅有关股东会议记录，了解到联华股份有限公司在投资于W公司时，以货币资金出资并交存于有关出资专户，W公司已按照有关规定办理了工商登记注册手续。其后，联华股份有限公司又以资金往来的方式抽回投资。通过询问有关人员，确认上述交易事项属实。

要求：请指出该公司存在哪些问题，注册会计师应出具何种意见的审计报告。

分析：

注册会计师李月、王江可以认为联华股份有限公司属抽回投资行为，该交易事项的存在，造成联华股份有限公司虚记"长期股权投资"和"其他应付款——公司"900万元，而W公司虚记"其他应收款——联华股份有限公司"和"实收资本"900万元。为此，建议联华股份有限公司限期补充注册资本，同时因注册资本抽回对W公司影响的事项在本年度财务报表附注中披露，并出具保留意见的审计报告。

4.5.6　资本公积的实质性程序

资本公积是非经营性因素形成的不能记入实收资本的所有者权益，主要包括投资者实际缴付的出资额超过其资本份额的差额（如股本溢价、资本溢价）和其他资本公积等。资本公积的审计目标与实质性程序如表4－29和表4－30所示。

表4－29　　　　　　　　　　　审计目标与认定对应关系

审计目标	财务报表认定				
	存在	完整性	权利和义务	计价和分摊	列报
A. 资产负债表中列示的资本公积存在	√				
B. 所有应当列示的资本公积均已列示		√			
C. 资本公积以恰当的金额包括在财务报表中				√	
D. 资本公积已按照企业会计准则的规定在财务报表中做出恰当列报					√

表4-30 　　　　　　　　**审计目标与审计程序对应关系**

审计目标	可供选择的审计程序	索引号
C	1. 获取或编制资本公积明细表，并与报表、总账数和明细账合计数核对是否相符	
ABC	2. 接受委托的单位，应对期初的资本公积进行追溯查验，检查原始发生的依据是否充分	
AB	3. 与资本公积变动有关的股东（大）会决议、董事会会议纪要、资产评估报告等文件资料，更新永久性档案	
ABCD	4. 本公积明细账，对"资本（股本）溢价"的发生额逐项审查至原始凭证 （1）溢价，应取得董事会会议纪要、股东（大）会决议、有关合同、政府批文，以及追查至银行收款等原始凭证，结合相关科目的审计，检查会计处理是否正确，注意发行股票溢价收入的计算是否已扣除股票发行费用 （2）转增资本的，应取得股东（大）会决议、董事会会议纪要、有关批文等，检查资本公积转增资本是否符合有关规定，会计处理是否正确 （3）同一控制下企业合并，应结合长期股权投资科目，检查被审计单位（合并方）取得的被合并方所有者权益账面价值的份额与支付的合并对价账面价值的差额计算是否正确，是否依次调整本科目、盈余公积和未分配利润 （4）公司回购本公司股票进行减资的，检查其是否按注销的股票面值总额和所注销的库存股的账面余额，冲减资本公积 （5）检查与发行权益性证券直接相关的手续费、佣金等交易费用的会计处理是否正确，是否将与发行权益性证券间接相关的手续费记入本账户，若有，判断是否需要被审计单位调整	
ABCD	5. 资本公积明细账，对"其他资本公积"的发生额逐项审查至原始凭证 （1）权益法核算的被投资单位除净损益以外所有者权益的变动，被审计单位是否已按其享有的份额入账，会计处理是否正确；处置该项投资时，应注意是否已转销与其相关的资本公积 （2）以自用房地产或存货转换为采用公允价值模式计量的投资性房地产，转换日的公允价值大于原账面价值的，检查其差额是否记入资本公积。处置该项投资性房地产时，原记入资本公积的部分是否已转销 （3）对可供出售金融资产形成的资本公积，结合相关科目检查金额和相关会计处理是否正确：①当可供出售金融资产转为采用成本或摊余成本计量时，已记入本科目的公允价值变动是否按规定进行了会计处理；②当可供出售金融资产发生减值时，已记入本科目的公允价值变动是否转入资产减值损失；③当已减值的可供出售金融资产公允价值回升时，区分权益工具和债务工具分别确定其会计处理是否正确	
C	6. 检查资本公积各项目，考虑对所得税的影响	
C	7. 记录资本公积中不能转增资本的项目	
	8. 根据评估的舞弊风险等因素增加的审计程序	
D	9. 检查资本公积是否已按照企业会计准则的规定在财务报表中做出恰当列报	

实例 4 - 9 注册会计师计划对联华公司的所有者权益项目实施详细审计。在审阅联华公司"实收资本"明细账时，发现 12 月 24 日 35 号凭证 1 500 000 元摘要为"收到李达投资款"。

审计人员首先调出 35 号凭证，其分录如下。

借：银行存款 1 500 000

    贷：实收资本 1 500 000

所附原始凭证为银行进账单、收据以及联华公司董事会与李达所签协议复印件。审计人员仔细审阅了协议复印件，按照投资协议，李达需缴入现金 1 500 000 元，同时享有该公司 1/3（即 1 000 000 元）的股份。

要求：请指出该公司会计处理存在的问题，并做出正确分录。

另外，审计人员认为，根据协议，李达投资款中的 1 000 000 元记入"实收资本"，500 000 元应作为资本溢价记入"资本公积"。正确会计分录如下。

借：银行存款 1 500 000

    贷：实收资本 1 000 000

        资本公积——资本溢价 500 000

应建议被审计单位做调账处理。

4.5.7 盈余公积的审计

盈余公积是企业按照规定从税后利润中提取的积累资金，是具有特定用途的留存收益，主要用于弥补亏损和转增资本，也可以按规定用于分配股利。盈余公积包括法定盈余公积和任意盈余公积。

盈余公积的审计目标与实质性程序如表 4 - 31 和表 4 - 32 所示。

表 4 - 31   审计目标与认定对应关系

审计目标	财务报表认定				
	存在	完整性	权利和义务	计价和分摊	列报
A. 负债表中列示的盈余公积存在	√				
B. 应当列示的盈余公积均已列示		√			
C. 公积以恰当金额包括在财务报表中				√	
D. 盈余公积已按照企业会计准则的规定在财务报表中做出恰当列报					√

表4－32　　　　　　　　　　　　**审计目标与审计程序对应关系**

审计目标	可供选择的审计程序	索引号
C	1. 获取或编制盈余公积明细表，复核加计是否正确，并与报表数、总账数及明细账合计数核对是否相符	
AB	2. 收集与盈余公积变动有关的董事会会议纪要、股东（大）会决议以及政府主管部门、财政部门批复等文件资料，进行审阅，并更新永久性档案	
ABC	3. 对法定盈余公积和任意盈余公积的发生额逐项审查至原始凭证 （1）审查法定盈余公积和任意盈余公积的计提顺序、计提基数、计提比例是否符合有关规定，会计处理是否正确 （2）审查盈余公积的减少是否符合有关规定，取得董事会会议纪要、股东（大）会决议，予以核实，检查有关会计处理是否正确	
AC	4. 如系外商投资企业，应对储备基金、企业发展基金的发生额逐项审查至原始凭证，审查是否符合有关规定，会计处理是否正确	
AC	5. 如系中外合作经营企业，应对利润归还投资的发生额审查至原始凭证，并与"实收资本——已归还投资"科目的发生金额核对，检查会计处理是否正确	
	6. 根据评估的舞弊风险等因素增加的审计程序	
D	7. 检查盈余公积的列报是否已按照企业会计准则的规定在财务报表中做出恰当列报	

实例4－10　注册会计师在审查某企业"盈余公积"账户时，发现该企业在某年度提取了法定盈余公积金17 800元，会计凭证显示的提取比例为5%。

注册会计师怀疑该企业未按规定比例提取法定盈余公积。因此，审计人员调阅了"实收资本"明细账，确定该企业的实收资本为250万元，又从"法定盈余公积"明细账查知当年的期初余额为100万元，未达到资本总额的50%；同时查阅"本年利润"和"利润分配"账户，了解到该企业当年实现净利润358 000元，罚没支出2 000元。

要求：分析该企业提取盈余公积存在的问题，并提出建议。

分析：

根据上述数据，企业应提取的法定盈余公积为35 600元〔（358 000 – 2 000）×10%〕。这表明该企业未按规定比例10%提取法定盈余公积，少提17 800元。注册会计师建议该企业补提并调整有关的账簿记录。

借：利润分配——提取法定盈余公积　　　　　　　　　　　　　17 800
　　贷：盈余公积——法定盈余公积　　　　　　　　　　　　　　　　17 800

4.5.8　未分配利润的审计

未分配利润是指未进行分配的净利润，即这部分利润没有分配给投资者，也未指定用途。未分配利润是企业当年税后利润在弥补以前年度亏损、提取公积金和公益金以后加上上年年末未分配利润，再扣除向所有者分配的利润后的结余额，是企业留于以后年度分配的利润。它是企业历年积存的利润分配后的余额，也是所有者权益的一个重要组成部分。企业的未分配利润通过"利润分配——未分配利润"明细科目核算，其年末余额反映历年积存的未分配利润（或未弥补亏损）未分配利润的审计目标与实质性程序如表4-33和表4-34所示。

表4-33　　　　　　　　　　　　**审计目标与认定对应关系**

审计目标	财务报表认定				
	存在	完整性	权利和义务	计价和分摊	列报
A. 资产负债表中列示的未分配利润存在	√				
B. 所有应当列示的未分配利润均已列示		√			
C. 未分配利润以恰当的金额包括在财务报表中，与之相关的计价调整已恰当列示				√	
D. 未分配利润已按照企业会计准则的规定在财务报表中做出恰当列报					√

表4-34　　　　　　　　　　　　**审计目标与审计程序对应关系**

审计目标	可供选择的审计程序	索引号
C	1. 获取或编制利润分配明细表，复核加计是否正确，与报表数、总账数及明细账合数核对是否相符	
AC	2. 将未分配利润年初数与上年审定数核对是否相符，检查涉及损益的上年审计调整是否正确入账	
AB	3. 获取与未分配利润有关的董事会会议纪要、股东（大）会决议、政府部门批文及有关合同、协议、公司章程等文件资料，并更新永久性档案	
ABC	4. 检查董事会会议纪要、股东（大）会决议、利润分配方案等资料，对照有关规定确认利润分配的合法性	
ABC	5. 检查未分配利润变动的相关凭证，结合所获取的文件资料，确定其会计处理是否正确	
C	6. 了解本年利润弥补以前年度亏损的情况，确定本期末未弥补亏损金额。如果已超过弥补期限，且已因为抵扣亏损而确认递延所得税资产的，应当进行调整	

审计目标	可供选择的审计程序	索引号
ABC	7. 检查本期未分配利润变动除净利润转入以外的全部相关凭证，结合所获取的文件资料，确定其会计处理是否正确	
ABC	8. 结合以前年度损益调整科目的审计，检查以前年度损益调整的内容是否真实、合理，注意对以前年度所得税的影响。对重大调整事项应逐项核实其发生原因、依据和有关资料、复核数据的正确性	
	9. 根据评估的舞弊风险等因素增加的审计程序	
D	10. 检查未分配利润是否已按照企业会计准则的规定在财务报表中做出恰当列报。检查对资产负债表日后至财务报告批准报出日之间由董事会或类似机构所制定利润分配方案中拟分配的股利，是否在财务报表附注中单独披露	

4.5.9　应付股利审计

应付股利的审计目标与实质性程序如表 4 − 35 和表 4 − 36 所示。

表 4 − 35　　　　　　　　　**审计目标与认定对应关系**

审计目标	财务报表认定				
	存在	完整性	权利和义务	计价和分摊	列报
A. 资产负债表中列示的应付股利存在	√				
B. 所有应当列示的应付股利均已列示		√			
C. 列示的应付股利为被审计单位应当履行的现时义务			√		
D. 应付股利以恰当的金额包括在财务报表中				√	
E. 应付股利已按照企业会计准则的规定在财务报表中做出恰当列报					√

表 4 – 36　　　　　　　　　　　　**审计目标与审计程序对应关系**

审计目标	可供选择的审计程序	索引号
D	1. 获取或编制应付股利明细表，复核加计是否正确，并与报表数、总账数及明细账合计数核对相符	
ABC	2. 审阅公司章程、股东会（或股东大会）和董事会会议纪要中有关股利的规定，了解股利分配标准和发放方式是否符合有关规定并经法定程序批准	
ABCE	3. 检查应付股利的发生额是否根据股东（大）会决定的利润分配方案，从可供分配利润中计算确定，并复核应付股利计算和会计处理的正确性	
ABC	4. 检查股利支付的原始凭证的内容、金额和会计处理是否正确。检查现金股利是否按公告规定的时间、金额予以发放	
ACD	5. 现金股利是否按公告规定的时间、金额予以发放结算，非标准手之零星股东股利是否采用适当方法结算，对无法结算及委托发放而长期未结的股利是否做出适当处理	
AC	6. 检查董事会或类似机构通过的利润分配方案中拟分配的现金股利或利润，是否按规定未做账务处理，并已在附注中披露	
	7. 根据评估的舞弊风险等因素增加的审计程序	
E	8. 检查应付股利的列报是否恰当，是否按主要投资者列示欠付的应付股利金额并说明原因	

技能训练

一、单项选择题

1. 为了确定"应付债券"账户期末余额的（　　　），如果注册会计师认为有必要，可以直接向债权人及债券的承销人或包销人进行函证。

A. 合法性　　　　　　　　　　　　　　B. 真实性

C. 正确性　　　　　　　　　　　　　　D. 完整性

2. 对外投资业务的内部控制制度一般不包括（　　　）。

A. 严格的记名制度　　　　　　　　　　B. 严格的预算制度

C. 完善的盘点制度　　　　　　　　　　D. 合理的职责分工

3. 对于筹资与投资循环主要特点不正确的提法是（ ）。

A. 交易数量较少，但每笔业务的金额通常情况下额度很大

B. 交易数量较大，但每笔业务的金额通常情况下额度很小

C. 如果漏记或不恰当地对一笔业务进行会计处理，将会导致重大错误

D. 筹资与投资循环交易必须遵守国家法律法规

4. 按照有关规定，股本溢价应扣除相关发行费用减去（ ）后，方可记入资本公积。

A. 发行股票冻结期间所产生的利息收入　　　　B. 发行股票冻结期间所产生的利息支出

C. 发行股票期间所产生的利息收入　　　　　　D. 发行股票交易期间所产生的利息收入

5. 注册会计师审查股票发行费用的会计处理时，若股票溢价发行，应查实被审计单位按规定将各种发行费用（ ）。

A. 先从溢价中抵销　　　　　　　　　　　　B. 作为长期待摊费用

C. 作为递延资产　　　　　　　　　　　　　D. 作为当期管理费用

二、多项选择题

1. 在对被审计单位的长期借款进行实质性测试时，注册会计师一般应获取的审计证据包括（ ）。

A. 长期借款明细表　　　　　　　　　　　　B. 长期借款的合同和授权批准文件

C. 相关抵押资产的所有权证明文件　　　　　　D. 重大长期借款的函证回函

2. 注册会计师应重点调查的与长期投资相关的内部控制制度有（ ）。

A. 职责分工制度　　　　　　　　　　　　　B. 资产保管制度

C. 记名登记制度　　　　　　　　　　　　　D. 定期盘点制度

3. 在盘核长期投资资产时，应实施的审计步骤包括（ ）。

A. 盘点库存证券，并填制盘点清单

B. 仔细调查长期投资的相关内部控制

C. 将盘点清单与长期投资明细表进行核对

D. 将盘点情况形成记录，并列入审计工作底稿

4. 注册会计师确定长期投资是否已在资产负债表上恰当披露时，应当（ ）。

A. 检查资产负债表上长期投资项目的数额与审定数是否相符

B. 检查长期投资超过净资产的50%时，是否已在附注中恰当披露

C. 盘点股票、债券数量，并审查账实是否相符

D. 检查一年内到期的长期投资项目的数额与审定数是否相符

5. 作为负债项目的应付债券在审计时的三个重要目标是（ ）。

A. 完整性　　　　　　　　　　　　　　　　B. 真实性

C. 估价　　　　　　　　　　　　　　　　　D. 披露

三、判断题

1. 注册会计师审查公开发行股票公司已发行的股票数量是否真实、是否已收到股款时，应向主要股东函证。　　　　　　　　　　　　　　　　　　　　　　　　　（ ）

2. 如果发行记名债券，企业不仅应在债券存根簿中记载发行债券的日期，还应记载取得债券的日期，但在发行无记名债券时，仅在债券登记簿中登记发行债券的日期，而无须登记取得债券的日期。　　　　　　　　　　　　　　　　　　　　　　　　　　　（ ）

3. 如果被审计单位低估或漏列负债,很难与债权人的记录相印证。因此,注册会计师对借款类项目实施函证程序对于确定借款的完整性来说是很有必要的。　　　　（　　）

4. 资本公积和盈余公积经过一定的授权批准手续均可用于弥补亏损、转增资本。

（　　）

5. 未分配利润实质性测试的程序一般包括:1）检查利润分配比例是否符合合同、协议、章程以及董事会纪要的规定,利润分配数额及年末未分配数额是否正确;2）根据审计结果调整本年损益数,直接增加或减少未分配利润,确定调整后的未分配利润数;3）确定未分配利润是否已在资产负债表上恰当披露。　　　　　　　　　　　　　（　　）

四、操作题

1. 资料:北京市长城会计师事务所承接了乙股份有限公司 2009 年度的财务报表审计工作。注册会计师李民具体负责筹资与投资业务的审计工作。审计过程中发现以下事项。

（1）2009 年 4 月 1 日乙公司经批准按面值发行 20 000 万元三年期、票面月利率 4‰、到期一次还本复息的公司债券。所筹资金 60% 用于基建工程（工期两年）,40% 用于补充流动资金。乙公司当年未计提债券利息,但进行了债券发行的账务处理。

（2）2009 年 1 月 1 日,由于丁公司增加了新的投资者和资本,使乙公司在丁公司中持有的股权比例由原来的 45% 降至 15%。乙公司因此将对丁公司的长期股权投资核算方法由权益法改为成本法,冲回自 2005～2008 年按权益法已记入投资收益中的属于 30% 的部分,共计 2 800 万元,相应调整 2009 年度的投资损失。乙公司未对此计提长期投资减值准备。

要求:请代注册会计师提出审计建议,如需调账则做出调账分录（不考虑分录对所得税费用、营业税、期末结转损益类科目及对利润分配的影响）。

2. 资料:金华安达会计师事务所对建德市建龙电气安装有限公司 2009 年度的会计报表进行审计。本次外勤工作日为 2010 年 5 月 10 日～2010 年 5 月 12 日,共 3 天。注册会计师李萍于 5 月 11 日在审查该公司"盈余公积"项目时,了解到盈余公积账面资料如表 4 - 37 所示。

表 4 - 37　　　　　　　　　　盈余公积

明细项目	期初余额	本期增加	本期减少	期末余额
储备基金	5 290 919. 00	4 632 316. 34		9 923 235. 34
企业发展基金	5 754 661. 61	3 088 210. 89		8 842 872. 50
合计	11 045 580. 61	7 720 527. 23	0. 00	18 766 107. 84

在抽查"盈余公积"明细账贷方记录时,复核了本期计提的盈余公积数额。本期已查证的利润总额为 5 976.45 万元,并了解到该企业所得税率为 25%,储备基金提取比例为税后利润的 8%,企业发展基金为税后利润的 6%。假设期初余额上期已经查证是正确的。

要求:根据以上资料填写盈余（见表 4 - 38）。

表 4 - 38　　　　　　　　　　　　　**盈余公积查证表**

被审计单位：_____　编制：_____　日期：_____　索引号：<u>3121 - 1</u>

截止日期：_____　复核：_____　日期：_____　页　次：_____

盈余公积内容	账面数			调整数		审定数				
	期初余额	本期增加	本期减少	期末余额	期初数调整	本期数调整	审定期初数	审定增加数	审定减少数	审定期末数
法定盈余公积										
任意盈余公积										
储备基金										
企业发展基金										
利润归还投资										
合　计										
审计说明：										

项目五

货币资金审计

【知识目标】

◆了解货币资金业务特性。

◆了解货币资金内部控制内容及测试方法。

◆了解货币资金审计目标及实质性程序。

【能力目标】

◆能对被审计单位货币资金内部控制实施控制测试。

◆能对库存现金、银行存款和其他货币资金实施实质性程序。

◆能正确、规范地填写货币资金审计过程的审计工作底稿。

【引例】

货币资金审计相关问题探讨①

2009 年 2 月，小王以业务实习的名义参加了信永中和会计师事务所对中国某科学院下属子公司——某某中心货币资金进行审计。

通过审查现金盘点表，发现该公司的现金盘点金额和 2008 年 12 月 31 日现金数额相等，不存在盘点调节金额，不存在审计基准日至结账日收入数和审计基准日至结账日支出数。事实上，该公司每天都发生现金的收入和支出。小王不禁要问，公司如何会出现 2009 年 2 月 1 日现金盘点的金额与 2008 年 12 月 31 日现金结账的金额完全相同的情形呢？对现金审计作进一步的了解，审计人员发现该公司的出纳并不是从保险柜中取出现金进行盘点，而是从保险柜中取出预留的部分现金进行盘点。即进行盘点的金额是根据 2008 年 12 月 31 日结账时的现金余额预存下的。2009 年 1 月 1 日起用于企业日常收支的现金是与预留下来的现金分别存放和管理的。显然，不能达到现金抽查盘点的预期目的，也不能达到现金的存在性、完整性和期后事项进行实质性了解的目的。

同时对另一家公司进行现金盘点时（该中心出纳人员同时管理五家平行子公司），又发现 2009 年 2 月 1 日现金盘点的金额与 2008 年 12 月 31 日的现金余额不符，差额为 0.2 元。事实上，该公司并不存在审计基准日至结账日收入数和审计基准日至结账日支出数。见到这种情况，该公司出纳就轻易地从其他公司的现金中抽取了 0.2 元补在该公司中。

通过现金实地审计，表面上该企业的会计操作没有违反相关的会计法规和准则，但从内部控制的规范性和有效性来看确实存在着一些问题。

货币资金，是指企业生产经营过程中以货币形态存在的那部分资产，在企业的许多经济

---

① 本案例引自货币资金审计相关问题探讨：http://www.lwlm.com/Audits/200904/281426.htm

活动中，都是通过货币资金来支付的。货币资金是企业资产的重要组成部分，其流动性最强。由于它可以根据需要随时使用，用来购买一切商品，因此经常成为不法分子觊觎的对象。加强对货币资金的审计，对于保护货币资金的安全完整、维护财经法纪具有重要意义。

货币资金按其存放地点及内容可分为库存现金、银行存款、其他货币资金等。有价证券，是指企业所持有的、可以随时变现，持有时间不超过一年的股票、债券等，实际上它也是企业现金的一种存储方式。

任务1　货币资金的内部控制与控制测试

5.1.1　货币资金与各业务循环的关系

货币资金与前述的各个循环交易都具有直接的或间接的关系。如果从循环的角度来看企业的运作，货币资金是各循环的枢纽，起着"资金池"的作用。

货币资金最初以投资或筹资的形式从投资者或债权人手中流入企业。企业用这些货币资金去购买生产经营所需要的资源和劳务，并用购买的资源和劳务生产出产品和服务，然后将这些完工的产品和服务出售给顾客以换回货币资金，最后，换回的货币资金一部分作股利或利息支付给投资者和债权人，另一部分则用来购买新的资源和劳务，继续下一轮的循环。从整个企业的大循环中可以看出货币资金的重要性和中心地位，也可以看出货币资金在各个循环交易中的流转和流向。

具体来说，当企业发生销售与收款业务时，货币资金增加；当企业发生购货与付款业务时，货币资金减少；当企业进行生产循环，购买原料，支付工资、费用时，货币资金减少；当企业发生筹资业务、取得短期借款、筹集股本时会使货币资金增加；当企业发生投资业务及支付利息时，会使货币资金减少。

5.1.2　主要凭证和会计记录

货币资金审计涉及的主要凭证和会计记录如下。
① 现金总账、银行存款总账和其他货币资金总账。
② 现金日记账和银行存款日记账。
③ 支票、发票存根、现金缴款单、进账单等相关原始凭证。
④ 现金、银行存款收款凭证和付款凭证。
⑤ 现金盘点表。
⑥ 银行对账单。
⑦ 银行存款余额调节表。

5.1.3　货币资金的内部控制

1. 货币资金内部控制的目标

由于货币资金流动性强，使用灵活，因此，发生的弊端较多，存在着易被盗窃、贪污、挪用的风险。为了确保货币资金的安全与完整，保证货币资金符合国家的有关规定，防止各种违法乱纪行为的产生，企业必须加强对货币资金的管理。根据国家有关法律法规的规定，结合本部门或系统有关货币资金内部控制的规定，建立适合本单位业务特点和管理要求的货币资金内部控制制度，并组织实施，使其在生产经营中得到有效的执行。一般而言，一个良好的货币资金内部控制应该达到以下几点。

（1）货币资金收支与记账的岗位要分离。

（2）货币资金收入、支出要有合理、合法的凭据。

（3）全部收支能够及时准确入账，并且支出要有核准手续。

（4）控制现金坐支现象，当日收入现金应及时送存银行。

（5）按月盘点现金，编制银行存款余额调节表，以做到账实相符。

（6）加强对货币资金收支业务的内部审计。

2. 货币资金内部控制制度的内容

（1）岗位分工及授权批准。

① 单位应当建立货币资金业务的岗位责任制度，明确相关部门和岗位的职责权限，确保办理货币资金业务的不相容岗位相互分离、制约和监督。例如，出纳人员不得兼任稽核、会计档案保管和收入、支出、费用、债权债务账目的登记工作，单位不得由一人办理货币资金业务的全过程等。

② 单位办理货币资金业务，应当配备合格的人员，并根据具体情况进行岗位轮换。

③ 单位应当对货币资金业务建立严格的授权批准制度，明确审批人对货币资金的授权批准方式、权限、程序、责任和相关控制措施，规定经办人办理货币资金业务的职责范围和工作要求。审批人应当根据货币资金授权批准制度的规定，在授权范围内进行审批，不得超越审批权限。经办人应当在职责范围规定内，按照审批人的批准意见办理货币资金业务。对于审批人超越授权范围审批的货币资金业务，经办人有权拒绝处理，并及时向审批人的上级授权部门报告。

④ 单位应当按照规定的程序办理货币资金支付业务。

a. 支付申请。单位有关部门或个人用款时，应当提前向审批人提交货币资金支付申请，注明款项的用途、金额、预算、支付方式等内容，并附有效经济合同或相关证明。

b. 支付审批。审批人根据其职责、权限和相应程序对支付申请进行审批。对不符合规定的货币资金支付申请，审批人应当拒绝批准。

c. 支付复核。复核人应当对批准后的货币资金支付申请进行复核，复核货币资金支付申请的批准范围、权限、程序是否正确，手续及相关单证是否齐全，金额计算是否正确，支付方式、支付单位是否妥当等。复核无误后，交由出纳人员办理支付手续。

d. 办理支付。出纳人员应当根据复核无误的支付申请，按规定办理货币资金支付手续，及时登记库存现金和银行存款日记账。

⑤ 单位对于重要货币资金支付业务，应当实行集体决策和审批，并建立责任追究制度，防范贪污、侵占、挪用货币资金等行为。

⑥ 严禁未经授权的机构或人员办理货币资金业务或直接接触货币资金。

（2）现金和银行存款的管理。

① 单位应当加强现金库存限额的管理，超过库存限额的现金应及时存入银行。

② 单位必须根据《现金管理暂行条例》的规定，结合本单位的实际情况确定本单位现

金的开支范围。不属于现金开支范围的业务应当通过银行办理转账结算。

③ 单位现金收入应当及时存入银行，不得用于直接支付单位自身的支出。因特殊情况需坐支现金的，应事先报经开户银行审查批准。单位借出款项必须执行严格的授权批准程序，严禁擅自挪用、借出货币资金。

④ 单位取得的货币资金收入必须及时入账，不得私设"小金库"，不得设账外账，严禁收款不入账。

⑤ 单位应当严格按照《支付结算办法》等国家有关规定，加强银行账户的管理，严格按照规定开立账户、办理存款、取款和结算。单位应当定期检查、清理银行账户的开立及使用情况，发现问题，及时处理。单位应当加强对银行结算凭证的填制、传递及保管等环节的管理与控制。

⑥ 单位应当严格遵守银行结算纪律，不准签发没有资金保证的票据或远期支票，套取银行信用；不准签发、取得和转让没有真实交易和债权债务的票据，套取银行和他人资金；不准无理拒绝付款，任意占用他人资金；不准违反规定开立和使用银行账户。

⑦ 单位应当指定专人定期核对银行账户，每月至少核对一次，编制银行存款余额调节表，使银行存款账面余额与银行对账单调节相符。如果调节不符，应查明原因，及时处理。

⑧单位应当定期和不定期地进行现金盘点，确保现金账面余额与实际库存相符。如果发现不符，及时查明原因，做出处理。

（3）票据及有关印章的管理。

① 单位应当加强与货币资金相关票据（支票、汇票、本票）的管理，明确各种票据的购买、保管、领用、背书转让、注销等环节的职责权限和程序，并专设登记簿进行记录，防止空白票据的遗失和被盗用。

② 单位应当加强银行预留印章的管理。财务专用章由专人保管，个人用章必须由本人或其授权人员保管，严禁一人保管支付款项所需的全部印章。按规定需要有关负责人签字或盖章的经济业务，必须严格履行签字或盖章手续。

（4）监督检查。

① 单位应当建立对货币资金业务的监督检查制度，明确监督检查机构或人员的职责权限，定期和不定期地进行检查。

② 货币资金监督检查的内容主要包括：

a. 货币资金业务相关岗位及人员的设置情况。重点检查是否存在货币资金业务不相容职务混岗现象。

b. 货币资金授权批准制度的执行情况。重点检查货币资金支出的授权批准手续是否健全，是否存在越权审批行为。

c. 支付款项印章保管情况。重点检查是否存在办理付款业务所需的全部印章交由一人保管的现象。

d. 票据的保管情况。重点检查票据的购买、领用、保管手续是否健全，票据保管是否存在漏洞。

③ 对监督检查过程中发现的货币资金内部控制中的薄弱环节，应当及时采取措施，加以纠正和完善。

5.1.4 货币资金内部控制制度测试

对货币资金的审计，必须首先对货币资金的内部控制制度进行测试，然后根据测试结果，确定货币资金审计的适当程序。

1. 了解内部控制制度

注册会计师通过询问、观察和阅读有关资料等手段，收集必要的资料，了解企业货币资金的内部控制状况。通过编制流程图、设计调查表和编写文字说明等方法描述被审计单位货币资金内部控制，以便分析、评价被审计单位内部控制是否健全、设计是否合理。若年度审计工作底稿中已有以前年度的流程图、调查表和文字说明，也可以根据调查结果加以修正，以供本年度审计之用。一般地讲，了解货币资金内部控制制度，还应当注意检查货币资金内部控制是否建立并严格执行。

2. 抽取并审查收款凭证

在一个企业中，出纳员同时登记应收账款明细账，则很可能出现循环挪用的情况。为了测试货币资金收款的内部控制，应选取适当的样本量，抽取收款凭证，做如下检查。

（1）核对收款凭证与存入银行账户的日期和金额是否相符。

（2）核对现金、银行存款日记账的入账金额是否正确。

（3）核对收款凭证与银行对账单是否相符。

（4）核对收款凭证与应收账款等相关明细账的有关记录是否相符。

（5）核对实收金额与销货发票等相关凭证是否一致。

3. 抽取并检查付款凭证

为了测试货币资金付款内部控制，还应当选取适当样本及抽取付款凭证进行如下检查。

（1）检查付款的授权批准手续是否符合规定。

（2）核对现金、银行存款日记账的付出金额是否正确。

（3）核对付款凭证与银行对账单是否相符。

（4）核对付款凭证与应付账款等相关明细账的记录是否一致。

（5）核对实付金额与购货发票等相关凭证是否相符。

4. 抽取一定期间的现金、银行存款日记账与总账核对

（1）抽取一定期间的现金、银行存款日记账，检查其有无计算错误，加总是否正确无误。如果发现问题较多，则说明被审计单位货币资金会计记录不够可靠。

（2）应根据日记账提供的线索，核对总账中的现金、银行存款、应收账款、应付账款等有关账户的记录。

5. 查验一定期间的银行存款余额调节表的编制及复核

为了证实银行存款记录的正确性，必须抽取一定期间的银行存款余额调节表，将其同银行对账单、银行存款日记账及总账进行核对，确定被审计单位是否按月正确编制并复核银行存款余额调节表。

6. 检查外币资金的折算方法是否符合有关规定，并与上年度一致

着重检查企业的外币资金银行存款账户的余额是否按期末市场汇率折合为记账本位币金额，有关汇兑损益的计算和记录是否正确。

7. 评价货币资金内部控制

在完成上述程序后，应对货币资金内部控制进行评价，确定其可信赖的程度，分析其存在的薄弱环节，从而确定货币资金实质性程序的范围。

任务2　货币资金实质性程序

5.2.1　货币资金审计目标

货币资金审计目标如表5-1所示。

表5-1　　　　　　　　　　货币资金审计目标与认定对应关系

被审计单位：＿＿＿＿＿＿　　编制：＿＿＿＿＿　　日期：＿＿＿＿＿　　索引号：＿＿＿＿

截止日期：＿＿＿＿＿＿　　复核：＿＿＿＿＿　　日期：＿＿＿＿＿　　页　次：＿＿＿＿

审计目标	财务报表认定				
	存在	完整性	权利和义务	计价和分摊	列报
A. 资产负债表中记录的货币资金是存在的	√				
B. 所有应当记录的货币资金均已记录		√			
C. 记录的货币资金由被审计单位拥有或控制			√		
D. 货币资金以恰当的金额包括在财务报表中，与之相关的计价调整已恰当记录				√	
E. 货币资金已按照企业会计准则的规定在财务报表中做出恰当列报					√

5.2.2　库存现金实质性程序

1. 库存现金审计目标与实质性程序

库存现金审计目标与实质性程序如表5-2所示。

表5-2　　　　　　　　　　审计目标与审计程序对应关系

审计目标	可供选择的审计程序	计划实施的审计程序	工作底稿索引号
D	1. 核对现金日记账与总账的金额是否相符，检查非记账本位币库存现金的折算汇率及折算金额是否正确		

续表

审计目标	可供选择的审计程序	计划实施的审计程序	工作底稿索引号
ABCD	2. 监盘库存现金 （1）制定监盘计划，确定监盘时间 （2）将盘点金额与现金日记账余额进行核对，如果有差异，应要求被审计单位查明原因并做适当调整，如果无法查明原因，应要求被审计单位按管理权限批准后做出调整 （3）在非资产负债表日进行盘点时，应调整至资产负债表日的金额 （4）若有充抵库存现金的借条、未提现支票、未做报销的原始凭证，需在盘点表中注明，如果有必要，应做调整，特别要关注数家公司混用现金保险箱的情况		
ABD	3. 抽查大额库存现金收支。检查原始凭证是否齐全、记账凭证与原始凭证是否相符、账务处理是否正确、是否记录于恰当的会计期间等内容		
	4. 根据评估的舞弊风险等因素增加的其他审计程序		

2. 主要实质性程序操作

（1）核对现金日记账与总账的余额是否相符。

审计人员测试库存现金余额的起点是核对现金日记账与总账的余额是否相符。如果不相符，应查明原因，并做出记录或适当调整。

（2）监盘库存现金。

监盘库存现金是证实资产负债表所列现金是否存在的一项重要程序。通过监盘库存现金，可以查明被审计单位是否严格执行现金管理制度，有无以白条抵库、私人借款、挪用公款、私设小金库以及贪污等舞弊问题。

企业盘点现金通常包括对已收到但未存入银行的现金、零用金、找换金等的盘点。盘点时，应对各部门经营的现金同时进行检查，以防止移东补西。一般先由出纳员开箱清点，然后将初点过的现金全部交审计人员当场复点。盘点中应注意，除盘点库存现金外，有无票据、证券、邮票等物件和凭证、单据、白条等。

监盘库存现金的步骤和方法如下：

① 确定库存现金盘点的时间和参加的人员。

库存现金盘点的时间一般选择企业营业时间的上午上班前或下午下班时，以避开现金收支的高峰期。为防止有关人员在盘点前采取措施掩盖问题，审计人员不事先通知有关人员，采取突击盘点方式。盘点时被审计单位会计主管人员和出纳员必须参加，并由审计人员进行监督盘点。

② 确定库存现金账面应有金额。

在进行现金盘点前，应由出纳将现金集中起来存入保险柜。必要时可加以封存，然后由出纳员把已办妥现金收付手续的收付款凭证登入库存现金日记账。如果被审计单位库存现金存放部门有两处或两处以上的，应同时进行盘点。

审阅库存现金日记账并同时与现金收付凭证相核对。一方面检查库存现金日记账的记录与凭证的内容是否相符，另一方面了解凭证日期与库存现金日记账日期是否相符或接近。

由出纳员根据库存现金日记账加计累计数额，结出现金结余额。

③ 实地盘点库存现金。

启封保险柜，实点现金、未入账的凭单、有价证券等。

④ 编制库存现金监盘表。

实地盘点清楚后，应当场及时做好记录。实存数应按不同币种、面值分别加总，并与审核后的现金余额表中账面应有金额相核对，看其是否相符，如果不相符，需查明溢缺数及其原因，然后编制库存现金监盘表。企业会计主管人员和出纳员应在监盘表上签字，并加盖单位公章或财务专用章。如果盘点在资产负债日后进行，应倒推至资产负债表日的金额，经盘点调整后的金额与现金日记账金额进行核对。

库存现金实存额的审查，还应注意查明被审计单位对现金的出纳、保管和使用等是否执行现金管理制度，有无超额库存、以白条顶库、私人借支、挪用公款、私设"小金库"以及贪污舞弊等行为。对现金保管条件予以检查，检查技术设施是否按照保管现金制度规定予以落实，是否合理完善，以促使企业单位加强现金管理，保证库存现金的安全和完整。

（3）抽查大额库存现金收支。

检查大额库存现金收支的原始凭证是否齐全、原始凭证的内容是否完整、有无授权批准、记账凭证与原始凭证是否相符、账务处理是否正确、是否记录于恰当的会计期间等内容。

实例 5-1 2010 年 1 月 20 日下午，由注册会计师王芳参加的现金盘点小组盘点了中瑞实业有限公司出纳员所经管的现金，当天的现金日记账已登记完毕，结出现金余额为 683.2 元，清点结果如下。

1. 现金实存数：

10 元 40 张 5 元 16 张 1 元 25 枚 5 角 6 枚 1 角 20 枚

2. 在保险柜内发现下列凭证，已付款但尚未制证出账。

（1）职工朱敏 6 月 15 日借差旅费 100 元，经领导批准。

（2）职工冯伟借款一张，日期为 6 月 6 日，金额为 60 元，未经批准；也没有说明用途。

3. 门市部送来当天零售货款 258 元一包（不包括在实有数内）未送存银行，也没有入账。

4. 待领工资 848 元，单独包封。

5. 银行核定库存现金限额为 500 元。

6. 经汇总 2010 年 1 月 1～20 日，收入现金总额 5 573.5 元，支出总额为 4 924.6 元。2009 年 12 月 31 日现金账面余额为 1 332.1 元。

要求：

（1）根据清点结果，编制库存现金监盘表。

（2）提出审计意见。

分析：

1. 编制库存现金监盘表（见表 5-3）。

表 5 – 3   **库存现金监盘表**

被审计单位：中瑞实业有限公司   编制：王芳   日期：2010.1.20   索引号：1001 – 1
截止日期：2009 年 12 月 31 日   日复核：_____   日期：_____   页次：_____

检查核对记录				现金盘点记录				
项目	行次	币种：人民币	币种：美元	面额	币种：人民币		币种：美元	
					数量	金额	数量	金额
盘点日账面库存结余额	1	683.20		100 元				
盘点日未记账凭证收入金额	2	0		50 元				
盘点日未记账凭证付出金额	3	100		20 元				
盘点日账面应存金额	4 = 1 + 2 – 3	583.2		10 元	40	400		
盘点实存金额	5	510		5 元	16	80		
应存金额与实存金额差异	6 = 4 – 5	– 73.2		1 元	25	25		
追溯至报表日账面结存金额				其他		5		
报表日至盘点日支出总额	7	5 573.5						
报表日至盘点日收入总额	8	4 924.6		合计		510		
报表日应有账面金额	9 = 1 + 7 – 8	1 332.1						
报表日账面汇率	10			盘存地点： 盘点日期：2010.1.20 盘点人：李东 企业会计主管：章丽 审计人员：王芳				
合计								
调整数		0						
审定数		1 332.1						

审计说明：（应对第 6 行的差异原因做出说明）

经审查盘亏 73.2 元，其中 60 元为白条，应催促冯伟尽快还款，另外 13.2 元还需进一步审查。

资产负债表日现金账面余额可以确认。

3. 指出存在问题，提出审计意见

（1）盘点日库存现金账实不符，盘亏 73.2 元，除去白条 60 元，仍有 13.2 元需进一步查明。

（2）职工朱敏借支的差旅费 100 元属于现金支出范围，且经过领导授权批准，可以作为已付款未出账的事项进行调节。

（3）职工冯伟借款60元，未经批准，也没有说明用途，属于白条，白条不能顶库，应催促其及时归还。

5.2.3　银行存款实质性程序

1. 银行存款审计目标

银行存款审计目标与实质性程序对应关系如表5-4所示。

表5-4　　　　　　　　审计目标与实质性程序对应关系

审计目标	可供选择的审计程序	计划实施的审计程序	工作底稿索引号
D	1. 获取或编制银行存款余额明细表 （1）复核加计是否正确，并与总账数和日记账合计数核对是否相符 （2）检查非记账本位币银行存款的折算汇率及折算金额是否正确		
ABD	2. 计算银行存款累计余额应收利息收入，分析比较被审计单位银行存款应收利息收入与实际利息收入的差异是否恰当，评估利息收入的合理性，检查是否存在高息资金拆借，确认银行存款余额是否存在，利息收入是否已经完整记录		
ACE	3. 检查银行存单 编制银行存单检查表，检查是否与账面记录金额一致，是否被质押或限制使用，存单是否为被审计单位所拥有 （1）对已质押的定期存款，应检查定期存单，并与相应的质押合同核对，同时关注定期存单对应的质押借款有无入账 （2）对未质押的定期存款，应检查开户证实书原件 （3）对审计外勤工作结束日前已提取的定期存款，应核对相应的兑付凭证、银行对账单和定期存款复印件		
ABD	4. 取得并检查银行存款余额调节表 （1）取得被审计单位的银行存款余额对账单，并与银行询证函回函核对，确认是否一致，抽样核对账面记录的已付票据金额及存款金额是否与对账单记录一致 （2）获取资产负债表日的银行存款余额调节表，检查调节表中加计是否正确，调节后银行存款日记账余额与银行对账单余额是否一致 （3）检查调节事项的性质和范围是否合理 ① 检查是否存在跨期收支和跨行转账的调节事项。编制跨行转账业务明细表，检查跨行转账业务是否同时对应转入和转出，未在同一期间完成的转账业务是否反映在银行存款余额调节表的调整事项中		

审计目标	可供选择的审计程序	计划实施的审计程序	工作底稿索引号
	② 检查大额在途存款和未付票据 　　a. 检查在途存款的日期，查明发生在途存款的具体原因，追查期后银行对账单存款记录日期，确定被审计单位与银行记账时间差异是否合理，确定在资产负债表日是否需审计调整 　　b. 检查被审计单位的未付票据明细清单，查明被审计单位未及时入账的原因，确定账簿记录时间晚于银行对账单的日期是否合理 　　c. 检查被审计单位未付票据明细清单中有记录、但截至资产负债表日银行对账单无记录且金额较大的未付票据，获取票据领取人的书面说明。确认资产负债表日是否需要进行调整 　　d. 检查资产负债表日后银行对账单是否完整地记录了调节事项中银行未付票据金额 （4）检查是否存在未入账的利息收入和利息支出 （5）检查是否存在其他跨期收支事项 （6）当未经授权或授权不清支付货币资金的现象比较突出时，检查银行存款余额调节表中支付异常的领款、签字不全、收款地址不清、金额较大票据的调整事项，确认是否存在舞弊		
ACD	5. 函证银行存款余额，编制银行函证结果汇总表，检查银行回函 （1）向被审计单位在本期存过款的银行发函，包括零账户和账户已结清的银行 （2）确定被审计单位账面余额与银行函证结果的差异，对不符事项做出适当处理		
C	6. 检查银行存款账户存款人是否为被审计单位，若存款人非被审计单位，应获取该账户户主和被审计单位的书面声明，确认资产负债表日是否需要调整		
CE	7. 关注是否存在质押、冻结等对变现有限制或存在境外的款项，是否已做必要的调整和披露		
E	8. 对不符合现金及现金等价物条件的银行存款在审计工作底稿中予以列明，以考虑对现金流量表的影响		
ABD	9. 抽查大额银行存款收支的原始凭证，检查原始凭证是否齐全、记账凭证与原始凭证是否相符、账务处理是否正确、是否记录于恰当的会计期间等内容。检查是否存在非营业目的大额货币资金转移，并核对相关账户的进账情况。如果有与被审计单位生产经营无关的收支事项，应查明原因并做相应的记录		
AB	10. 检查银行存款收支的截止是否正确。选取资产负债表日前后＿＿张、＿＿金额以上的凭证实施截止测试，关注业务内容及对应项目。如果有跨期收支事项，应考虑是否应进行调整		
	11. 根据评估的舞弊风险等因素增加的其他审计程序		

2. 主要实质性程序操作

（1）获取或编制银行存款余额明细表，复核加计是否正确，并与总账数和日记账合计数核对是否相符。

（2）函证银行存款。

向银行函证有三个目的：①证实被审计单位银行存款的真实存在；②了解被审计单位所欠银行的债务；③发现被审计单位未登记的银行借款。因此，函证银行存款余额是证实资产负债表所列银行存款是否存在的一项重要审计程序。

银行存款函证的范围应当是被审计单位在被审计年度内存过款（含外埠存款、银行汇票存款、银行本票存款、信用证存款）的所有银行，包括银行存款账户已结清的银行。因为银行存款账户虽已结清，但仍可能有银行借款或其他负债存在。同时，即使审计人员已直接从某一银行取得了银行的账单和所有已付支票，但仍应向这一银行进行函证。

（3）发函索取银行对账单。

由于双方存在未达账项，银行对账单与银行存款日记账往往不一致，需要编制银行存款余额调节表，检查双方余额是否相符。如果不相符，查明是由于漏列未达账项还是由于工作中的差错或其他原因所造成。还应注意审查是否有企业或银行单方存在金额相同的一收一付，而另一方并无记录的情况，若有这种情况，应详查有无出租出借银行存款账户的非法活动，值得注意的是，不能把出租出借银行存款账户的事项当做未达账项来调节。

（4）取得并检查银行存款余额调节表，验证其正确性。

获取资产负债表日的银行存款余额调节表，检查调节表中加计是否正确，调节后银行存款日记账余额与银行对账单余额是否一致。

> **提示：**
> 　凡是有银行存款的，均有可能出现未达账项。

（5）检查一年以上定期存款或限定用途存款，验证其真实性。

一年以上的定期银行存款或限定用途的银行存款，不属于被审计单位的流动资产，应列于其他资产类下。对此，审计人员应查明情况，做出相应的记录。

（6）抽查大额银行存款的收支，验证其合规性。

审计人员应抽查大额银行存款（含外埠存款、银行汇票存款、银行本票存款、信用证存款）收支的原始凭证，审查其内容是否完整，有无授权批准，并核对相关账户，如有与被审计单位生产经营业务无关的收支事项，应查明原因，并做相应的记录。

（7）检查银行存款收支的截止，验证其正确性。

资产负债表上银行存款余额应当包括被审计单位当年最后一天收到的所有存放于银行的款项，而不得包括其后收到的款项；同样，年终前开出的支票，不得在年后入账。进行银行存款截止测试，即验证银行存款收支的日期是否正确时，审计人员应当在清点支票及支票存根时，确定各银行账户最后一张支票的号码，同时查实该号码之前的所有支票均已开出。在结账日未开出的支票及其后开出的支票，均不得作为结账日的存款收付入账。

实例 5 - 2　某科技公司为一家上市公司，经营困难，某会计师事务所第一次接受审计。以前年度会计师均出具了标准无保留意见审计报告，2001 年年报，该所注册会计师顶住压力，出具了保留意见审计报告。公司注册资本 28 443 万元，业务范围包括高科纺织等。至

2001 年 12 月 31 日，公司资产 88 888 万元，负债 34 356 万元，净资产 54 532 万元。

该所 4 名从业人员对该公司进行了审计，其中一人担任银行存款审计，时间为 2002 年 3 月 20 日至 4 月 5 日，审计收费 30 万元。该所审计后，出具了对公司固定资产发表保留意见的审计报告。审计报告出具不久，公司被证监会查处，发现该公司于 2000 年有一笔大额（2 500 万元）借款未入账，并将此情况通报该所。

经查审计工作底稿，该所注册会计师发现银行审计方面存在未严格执行审计程序的问题。至会计报表日，公司银行存款余额 5716 万元，共有 19 个银行账户，其中 7 个账户余额为 0。对 0 余额账户的审计，审计人员未进行函证，但获取的银行对账单上大都有注销账户的记录；对有余额的 11 个账户，审计人员对其中 10 个账户进行了函证，另一账户余额为 16.56 元，仅获取了对账单，未函证；后来发现的未入账的负债正与该未函证的账户相关。

实例 5 - 3 某会计师事务接受环球有限公司的委托，对其 2009 年 12 月 31 日的资产负债表进行审计。在审查资产负债表"货币资金"项目时，发现该公司 2009 年 12 月 31 日银行存款账面余额为 32 500 元，派审计人员向开户银行取得对账单一张，2009 年 12 月 31 日的银行对账单存款余额为 41 000 元。另外，查有下列未达账款。

1. 12 月 23 日公司送存转账支票 6 000 元，银行尚未入账。

2. 12 月 24 日公司开出转账支票 7 200 元，持票人尚未到银行办理转账手续。

3. 12 月 25 日委托银行收款 10 500 元，银行已收妥入账，但收款通知尚未到达该公司。

4. 12 月 30 日银行代付水费 3 200 元，但银行付款通知单尚未到达该公司。

要求：根据上述资料，编制银行存款余额调节表，并提出银行存款数额是否真实的分析意见。

分析：

（1）编制银行存款余额调节表（见表 5 - 5）。

表 5 - 5   银行存款余额调节表

2009 年 12 月 31 日

项　　目	金　　额	项　　目	金　　额
银行存款日记账余额 　加：银行已收、企业未收款 　减：银行已付、业未付款	32 500 10 500 3 200	银行对账单余额 　加：企业已收、银行未收款 　减：企业已付、银行未付款	41 000 6 000 7 200
调节后余额	39 800	调节后余额	39 800

（2）提示分析意见。

从银行存款余额调节表可以看出，环球有限公司 2009 年 12 月 31 日银行存款的数额经调整后应为 39 800 元，从而证明公司银行存款账面余额 32 500 元是真实的。

5.2.4　其他货币资金实质性程序

其他货币资金包括企业为到外地进行临时或零星采购而汇往采购地银行开立采购专户的款项所形成的外埠存款；企业为取得银行汇票按照规定存入银行的款项所形成的银行汇票存款，企业为取得银行本票按照规定存入银行的款项所形成的银行本票存款，企业为取得信用卡按照规定存入银行的款项所形成的信用卡存款，采用信用证结算方式的企业为开具信用证而存入银行信用证保证金专户的款项所形成的信用证存款；企业已存入证券公司但尚未进行短期投资的现金所形成的存出投资款等。

其他货币资金审计目标与实质性程序如表 5-6 所示。

表 5-6　　　　　　　　　　审计目标与实质性程序对应关系

审计目标	可供选择的审计程序	计划实施的审计程序	工作底稿索引号
D	1. 获取或编制其他货币资金明细表 （1）复核银行汇票存款、银行本票存款、信用卡存款、信用证保证金存款、存出投资款、外埠存款等加计是否正确，并与总账数和日记账明细账合计数核对是否相符 （2）检查非记账本位币其他货币资金的折算汇率及折算是否正确		
ABD	2. 取得并检查其他货币资金余额调节表 （1）取得被审计单位银行对账单，检查被审计单位提供的银行对账单是否存在涂改或修改的情况，确定银行对账单金额的正确性，并与银行回函结果核对是否一致，抽样核对账面记录的已付款金额及存款金额是否与对账单记录一致 ① 应将保证金账户对账单与相应的交易进行核对。检查保证金与相关债务的比例和合同约定是否一致，特别关注是否存在有保证金发生而被审计单位账面无对应保证事项的情形 ② 若信用卡持有人是被审计单位职员，应取得该职员提供的确认书，并应考虑进行调整 （2）获取资产负债表日的其他货币资金存款余额调节表，检查调节表中加计是否正确，调节后其他货币资金日记账余额与银行对账单余额是否一致 （3）检查调节事项的性质和范围是否合理，如存在重大差异应做审计调整		
AC	3. 核查函证银行汇票存款、银行本票存款、信用卡存款、信用证保证金存款、存出投资款、外埠存款等期末余额#编制其他货币资金函证结果汇总表，检查银行回函		
C	4. 检查其他货币资金存款账户存款人是否为被审计单位，若存款人非被审计单位，应获取该账户户主和被审计单位的书面声明，确认资产负债表日是否需要调整		

续表

审计目标	可供选择的审计程序	计划实施的审计程序	工作底稿索引号
E	5. 关注是否有质押、冻结等对变现有限制、或存放在境外、或有潜在回收风险的款项		
AB	6. 选取资产负债表日前后____张、金额____以上的凭证，对其他货币资金收支凭证实施截止测试，如果有跨期收支事项，应考虑是否进行调整		
ABD	7. 抽查大额其他货币资金收付记录，检查原始凭证是否齐全、记账凭证与原始凭证是否相符、账务处理是否正确、是否记录于恰当的会计期间等内容		
	8. 根据评估的舞弊风险等因素增加的其他审计程序		
E	9. 检查货币资金是否已按照企业会计准则的规定在财务报表中做出恰当列报		

实例 5-4　某公司在东北某大型钢铁厂设有办事处，派 4 名公关能力较强的人员常驻。通过各种关系和手段，这 4 名公关人员打通了这家钢铁厂的销售环节，能以优惠价格购到各种钢材，其数量不仅能满足本厂生产需要，还能提供给其他单位。于是该公司规定，除保证本公司生产经营需要外，还要多搞一些钢材转手倒卖，从中获利。该公司便通过银行向某钢铁厂所在地工商银行某办事处汇去资金 280 万元，作为采购钢材的周转金。要求钢材无论销往何地，其款项都要由公司办事处统一收取，每月只将净利润汇回公司特别开设的银行账户，以达到隐瞒利润、偷漏所得税的目的。

1. 查证经过。

查证人员对被查公司进行审查时发现，"其他货币资金——外埠存款"账户自上年 1 月份到本年 2 月份的借方余额一直为 280 万元。外埠存款是企业到外地进行临时性或零星采购材料时的暂时存款，采购业务一旦结束应抽回资金，撤销该类存款。而该公司的外埠存款挂了一年多，平时也没有什么增减变化，很值得怀疑。从发生这笔业务的记账凭证摘要中看出，该笔款项是用于向东北某钢铁厂采购钢材的。查证人员通过材料采购账户，发现每月都有从东北某钢铁厂购回的钢材，而且每次购买都是通过银行汇去现款进行结算的。这样，280 万元的外埠存款就更值得怀疑。通过调查知道，被查公司在钢铁厂设有 4 人的办事处，他们除给公司购买钢材外可能还套购大批钢材进行转手倒卖。查证人员通过外调，找到了那 4 位工作人员，通过查阅他们记录的流水账和银行汇款记录，查明该办事处上年销售了各类钢材 2 万吨，销售收入达 2 340 万元（含增值税）。而被查公司账上并没有办事处汇回款项的记录，于是查证人员肯定该公司在搞"账外经营"。通过内查外调，发现该公司通过关系在本地工商银行某分理处另外开设了银行账户，却没有在公司账上反映。经查，上年一共汇入账外经营利润 400 万元，尚未支付过款项。经营过程中发生的增值税已向东北某钢铁厂所在地税务机关缴纳。

2. 账项调整。

（1）把账外经营利润转入公司账上。

借：银行存款　　　　　　　　　　　　　　　　　　　　　　　4 000 000

贷：本年利润 4 000 000

（2）撤销外埠存款户。

借：银行存款 2 800 000

贷：其他货币资金——外埠存款 2 800 000

（3）要求注销在工商银行某分理处开设的非法银行账户，把款项转入被查公司的合法银行账上。

技能训练

一、单项选择题

1. 2009 年 3 月 10 日，注册会计师对被审计单位现金进行监盘后，确认实有现金为 2 000 元。公司 3 月 9 日账面库存现金余额为 3 000 元，3 月 10 日发生的现金收支全部未登记入账，其中收入金额为 5 000 元、支出金额为 6 000 元，2009 年 1 月 1 日至 3 月 9 日现金收入总额为 158 200 元、现金支出总额为 156 000 元，则推断 2008 年 12 月 31 日库存现金余额为（　　）元。

A. 3 000　　　　　　B. 1 000　　　　　　C. 800　　　　　　D. 2 200

2. 在进行年度会计报表审计时，为了证实被审计单位在临近 12 月 31 日签发的支票未予入账，注册会计师实施的最有效审计程序是（　　）。

A. 审查 12 月 31 日的银行存款余额调节表

B. 函证 12 月 31 日的银行存款余额

C. 审查 12 月 31 日的银行对账单

D. 审查 12 月份的支票存根

3. 注册会计师了解被审计单位现金收入应于每日存入银行的主要目的是（　　）。

A. 确保交易经适当批准　　　　　　　　B. 确保交易按授权进行

C. 保护资产安全　　　　　　　　　　　D. 确保现金及收入记录完整

4. 注册会计师能够确定下列各项职责中没有违反不相容职责的有（　　）。

A. 银行出纳与编制银行存款余额调节表　　B. 接受订单与批准赊销

C. 现金出纳与登记现金日记账　　　　　　D. 现金出纳与编制记账凭证

5. 注册会计师在对库存现金进行盘点时，时间最好选择在上午上班或下午下班时进行，主要是为了证实（　　）认定。

A. 完整性　　　　　B. 计价和分摊　　　　C. 存在　　　　D. 权利和义务

二、多项选择题

1. 下列哪些符合现金盘点的要求？（　　）

A. 盘点人员必须有出纳员、被审计单位会计主管和注册会计师。

B. 盘点之前应将已办理现金收付手续的收付凭证登入现金日记账。

C. 不同存放地点的现金应同时进行盘点。

D. 盘点时间应安排在现金收付业务进行前或结束后。

2. 良好的货币资金内控要求是（　　　）。

A. 控制现金坐支，当日现金收入应及时送存银行

B. 货币资金收支与记账的岗位分离

C. 全部收支及时、准确入账，并且支出要有核准手续

D. 按月盘点现金，编制银行存款余额调节表

3. 在下列审计程序中，属于库存现金、银行存款账户实质性程序的有（　　　）。

A. 监盘库存现金，编制库存现金监盘表

B. 抽查大额现金和银行存款收支看是否及时入账

C. 抽查是否每月编制银行存款余额调节表

D. 向开户银行函证银行存款余额

4. 注册会计师实施的下列各项审计程序中能够证实银行存款是否存在的有（　　　）。

A. 分析定期存款占银行存款的比例　　　　B. 检查银行存款余额调节表

C. 函证银行存款余额　　　　　　　　　　D. 检查银行存款收支的正确截止

5. 注册会计师应当注意检查库存现金内部控制的建立和执行情况，并关注（　　　）。

A. 库存现金的收支是否按规定的程序和权限办理

B. 是否存在与被审计单位经营无关的款项收支情况

C. 是否存在出租、出借银行账户的情况

D. 出纳与会计的职责是否严格分离

三、判断题

1. 库存现金盘点一般适宜突击盘点。（　　　）

2. 对企业库存现金进行盘点时，出纳员、会计部门负责人、审计人员必须同时在场。

（　　　）

3. 被审计单位资产负债表中的现金数额，应以盘点日实有数额为准。（　　　）

4. 银行存款调节表应由被审计单位根据不同的银行账户及货币种类分别编制。（　　　）

5. 函证银行存款的唯一目的是为了证实银行存款是否真实存在。（　　　）

四、操作题

1. 资料：华晨会计师事务所在对三通铝业公司 2009 年度财务报表审计时，注册会计师张华负责审计货币资金项目。该公司在总部和营业部均设有出纳部门。为了顺利监盘库存现金，张华在监盘前一天通知该公司会计人员做好监盘准备。考虑到出纳日常工作安排，对总部和营业部库存现金的监盘分别定在上午 10 时和下午 3 时。监盘时，出纳把现金放入保险柜，并将已办妥现金收付手续的交易登记现金日记账，结出现金日记账余额；然后，张华当场盘点现金，在与现金日记账核对后填写库存现金盘点表，并在签字后形成审计工作底稿。

要求：请指出上述库存现金监盘工作中有哪些不当之处，并提出改进建议。

2. 资料 2010 年 1 月 10 日上午 8 时，安达会计师事务所派注册会计师王宏对永兴公司库存现金进行突击盘点。经过盘点#实际的情况如下。

（1）现钞有 100 元币 10 张，50 元币 13 张，10 元币 16 张，5 元币 19 张，2 元币 22 张，1 元币 25 张，5 角币 30 张，2 角币 20 张，1 角币 40 张，硬币 5 角 8 分。

（2）已收款尚未入账的收款凭证 3 张，计 130 元。

（3）已付款尚未入账的付款凭证 5 张，计 520 元。其中有马明借条一张，日期为 2009

年7月15日，金额200元，未经批准和说明用途。

（4）现金日记账账面记录：盘点日账面余额为2 387.58元；2010年1月1日至2010年1月10日收入现金4 560.16元，支出现金4 120元；2009年12月31日余额为1 060.04元。

要求：

（1）编制库存现金监盘（见表5 –7）。

（2）指出该企业在现金管理中存在的问题，并提出改进建议。

表5 –7　　　　　　　　　　　　**库存现金监盘表**

被审计单位：_____　　编制：_____　　日期：_____　　索引号：1001 – 1

截止日期：_____　　复核：_____　　日期：_____　　页　次：_____

检查核对记录				现金盘点记录				
项目	行次	币种	币种	面额	币种：		币种：	
					数量	金额	数量	金额
盘点日账面库存结余额	1			50元				
盘点日未记账凭证收入金额	2			20元				
盘点日未记账凭证付出金额	3	1		10元				
盘点日账面应存金额	4 = 1 + 2 – 3			10元				
盘点实存金额	5			5元				
应存金额与实存金额差异	6 = 4 – 5			2元				
追溯至报表日账面结存金额				1元				
报表日至盘点日支出总额	7			其他				
报表日至盘点日收入总额	8			合计				
报表日应有账面金额	9 = 1 + 7 – 8			盘存地点：				
报表日账面汇率	10			盘点日期：				
合计				盘点人：				
调整数				企业会计主管：				
审定数				审计人员：				

审计说明：（应对第6行的差异原因做出说明）

3. 资料：注册会计师王宏负责审查 W 股份有限公司 2009 年度财务会计报表货币资金项目。王宏于 2010 年 2 月 10 日审查银行存款时，拟抽查复核 7 月份银行存款余额调节表。

7 月份银行存款日记账的收支业务与银行对账单有关资料如下：

（1）7 月 31 日，银行对账单（以下简称对账单）余额为 223 546 元，银行存款日记账（以下简称日记账）余额为 220 000 元。

（2）7 月 8 日，对账单上收到外地汇款 85 000 元（查系外地某私营企业）。

（3）7 月 22 日，对账单上有存款利息 266 元，日记账上为 260 元（查系记账凭证写错）。

（4）7 月 25 日，对账单上有付出 85 000 元（查明转账支票），但日记账上无此记录。

（5）7 月 26 日，日记账上付出 40 元，但对账单上无此记录（查系记账员误记）。

（6）7 月 31 日，日记账上存入转账支票 4 000 元，但对账单上无此记录。

（7）7 月 31 日，日记账上有付出转账支票 2 000 元，但对账单上无此记录。

（8）7 月 31 日，对账单上收到托收款项 5 500 元，但日记账上无此记录。

要求：

（1）根据上述资料编制银行存款余额调节表（见表 5 - 8）。

（2）根据上述情况，指出该企业银行存款管理上存在的问题。

表 5 - 8　　　　　　　　　　　银行存款余额调节表

被审计单位：_____　　编制：_____　　日期：_____　　索引号：1002 -___

截止日期：_____　　复核：_____　　日期：_____　　页次：_____

项　　目	金额	调节项目说明	是否需要审计调整
银行对账单余额			
加：企业已收，银行尚未入账合计金额			
其中：			
减：企业已付，银行尚未入账合计金额			
其中：			
调整后银行对账单余额			
企业银行存款日记账余额			
加：银行已收，企业尚未入账合计金额			
其中：			
减：银行已付，企业尚未入账合计金额			
其中：			
调整后企业银行存款日记账余额			
审计说明：			

项目六

完成审计工作与出具审计报告

【知识目标】

◆了解完成审计工作范围及审计差异。

◆了解持续经营、或有事项、期后事项等项目审计目标及审计程序。

◆了解管理层声明的内容。

◆了解审计报告含义、类型和基本内容。

【能力目标】

◆能编制审计差异汇总表。

◆能正确判断期后事项，并对期后事项做出正确的处理意见。

◆能正确确定审计意见类型，撰写各种类型的审计报告。

【引例】

"银广夏" 审计案例[①]

一份虚构业绩、严重失实的上市公司审计报告，将会给众多股民带来噩梦，比如2001年的"银广夏事件"。为此，该司法解释明确规定，因合理信赖或者使用会计师事务所出具的不实报告，与被审计单位进行交易或者从事与被审计单位的股票、债券等有关的交易活动而遭受损失的自然人、法人或者其他组织，应认定为"利害关系人"，有权提起民事侵权赔偿诉讼。利害关系人直接对会计师事务所起诉的，法院应告知其对被审计单位一并起诉。

最高人民法院民二庭负责人表示，与利害关系人发生交易的被审计单位应当承担第一位的责任；会计师事务所仅应按其过错大小承担赔偿责任。

为减轻举证负担，该司法解释规定了统一适用过错推定原则和举证责任倒置分配模式。

根据该司法解释，注册会计师在审计业务活动中存在下列六种情形之一，出具不实报告并给利害关系人造成损失的，应当认定会计师事务所与被审计单位承担连带赔偿责任。

这六种情形是：与被审计单位恶意串通；明知被审计单位对重要事项的财务会计处理与国家有关规定相抵触，而不予指明；明知被审计单位的财务会计处理会直接损害利害关系人的利益，而予以隐瞒或者作不实报告；明知被审计单位的财务会计处理会导致利害关系人产生重大误解，而不予指明；明知被审计单位的会计报表的重要事项有不实的内容，而不予指明；被审计单位示意其作不实报告，而不予拒绝。

与六种"明知"情形而承担连带责任相对应，过失则要承担补充责任。

民二庭负责人说，注册会计师在审计过程中未保持必要的职业谨慎，存在负责审计的注

---

① 本案例引自张舒. 审计失败原因分析——由"银广夏"案探讨我国审计失败原因 [J]. 经营管理者, 2009, (24).

册会计师以低于行业一般成员应具备的专业水准执业、制定的审计计划明显疏漏、错误判断和评价审计证据等十种情形之一，并导致报告不实的，法院应当认定会计师事务所存在过失，并按其过失大小确定赔偿责任。

首先，由被审计单位赔偿利害关系人的损失。被审计单位的出资人虚假出资、不实出资或者抽逃出资，事后未补足，且依法强制执行被审计单位财产后仍不足以赔偿损失的，由会计师事务所在其不实审计金额范围内承担相应的赔偿责任。

利害关系人明知会计师事务所出具的报告为不实报告而仍然使用的，法院应当酌情减轻会计师事务所的赔偿责任。

根据该司法解释，以下五种情形，会计师事务所可不承担民事赔偿责任：

已经遵守执业准则、规则确定的工作程序并保持必要的职业谨慎，但仍未能发现被审计的会计资料错误；审计业务所必须信赖的金融机构等单位提供虚假或者不实的证明文件，会计师事务所在保持必要的职业谨慎下仍未能发现其虚假或者不实；已对被审计单位的舞弊迹象提出警告并在审计业务报告中予以指明；已经遵照验资程序进行审核并出具报告，但被验资单位在注册登记后抽逃资金；为登记时未出资或者未足额出资的出资人出具不实报告，但出资人在登记后已补足出资。

会计师事务所在报告中注明"本报告仅供年检使用"、"本报告仅供工商登记使用"等类似内容的，不能作为其免责的事由。

注册会计师按业务循环完成各财务报表项目的审计测试和一些特殊项目的审计工作后，在审计完成阶段应汇总审计测试结果，进行更综合性的审计工作，如汇总审计差异，考虑被审计单位的持续经营假设的合理性，关注或有事项和期后事项对财务报表的影响，撰写审计报告，等等。在此基础上，应评价审计结果，在与客户沟通后，获取管理层声明，确定应出具审计报告的意见类型措辞，进而编制并致送审计报告，终结审计工作。

任务1　完成审计工作

6.1.1　汇总审计差异

在完成按业务循环进行的控制测试、交易与财务报表项目的实质性程序以及特殊项目的审计后，对审计项目组成员在审计中发现的被审计单位的会计处理方法与企业会计准则的不一致，即审计差异内容，审计项目经理应根据审计重要性原则予以初步确定并汇总，且应建议被审计单位进行调整，使经审计的财务报表所载信息能够公允地反映被审计单位的财务状况、经营成果和现金流量。对审计差异内容的"初步确定并汇总"直至形成"经审计的财务报表"的过程，主要是通过编制审计差异调整表和试算平衡表得以完成的。

1. 编制审计差异调整表

审计差异内容按是否需要调整账户记录可分为核算错误和重分类错误。核算错误是因企业对经济业务进行了不正确的会计核算而引起的错误，用审计重要性原则来衡量每一项核算错误，又可把这些核算错误区分为建议调整的不符事项和不建议调整的不符事项（即未调整不符事项）；重分类错误是因企业未按企业会计准则列报财务报表而引起的错误。例如，企业在应付账款项目中反映的预付款项、在应收账款项目中反映的预收款项等。

对审计中发现的核算误差，如何运用审计重要性原则来划分建议调整的不符事项与未调整不符事项，是正确编制审计差异调整表的关键。重要性具有数量和质量两个方面的特征，即注册会计师在划分建议调整的不符事项与未调整不符事项时，应当考虑核算误差的金额和性质两个因素。

（1）第一次调整：

情况一：对于单笔核算误差超过所涉及财务报表项目（或账项）层次重要性水平的，应视为建议调整的不符事项。

情况二：对于单笔核算误差低于所涉及财务报表项目（或账项）层次重要性水平，但性质重要的，例如涉及舞弊与违法行为的核算误差、影响收益趋势的核算误差、股本项目等不期望出现的核算误差，应视为建议调整的不符事项。

（2）第二次调整。对于单笔核算误差低于所涉及财务报表项目（或账项）层次重要性水平，并且性质不重要的，一般应视为未调整不符事项，但当若干笔同类型未调整不符事项汇总数超过财务报表项目（或账项）层次重要性水平时，应从中选取几笔转为建议调整的不符事项，记入调整分录汇总表，使未调整不符事项汇总金额降至项目层次重要性水平之下。

（3）第三次调整。所有项目错报的合计数与报表层次重要性水平相比较，如果超过报表层次重要性水平，则应从中选取几笔转为建议调整的不符事项，记入调整分录汇总表，使未调整不符事项汇总金额降至报表层次重要性水平之下。

（4）第四次调整。考虑前期未调整的、继续影响本期的错报金额，如果与第三次调整后的合计数超过报表层次的重要性水平，则继续调整，直至剩下的未调整不符事项汇总金额低于报表层次重要性水平。

（5）第五次调整。考虑期后事项、或有事项的影响（调整方法同上）。

实例6-1　从报表项目看，假设只考虑应收账款项目，其重要性水平为30万元，报表层次重要性水平为300万元。

（1）第一次调整：

情况一：在应收账款项目中，如果单笔核算误差超过项目层次重要性水平30万元，就要建议调整。例如发现一笔40万元的错报，肯定要调整，因为超过了项目层次重要性水平30万元。

情况二：如果单笔核算误差低于30万元，但性质重要，也要建议调整。例如发现一笔15万元的错报，是与另外一单位串通舞弊造成的，建议调整，因为其性质重要。

（2）第二次调整。应收账款项目内，单笔核算误差低于30万元，性质也不重要，就单笔看，应该不建议调整；但是如果应收账款项目内这种未调整的不符事项太多了，以至于合计起来的数超过了项目层次重要性水平，也要调整。例如，发现一笔15万元的错报，金额不超过30万元，性质也不重要，不建议调整；后来又发现一笔20万元的错报，同样是金额不超过30万元，性质也不重要，不应该建议调整。两笔错报分开来看，都未超过重要性水平，而且性质也不重要，但加起来的总额为35万元，大于应收账款项目层次重要性水平30万元。此时，从中选择几笔调到重要性水平之下，此例中将20万元那笔转为建议调整的。假如还有一笔8万元的错报，同样满足性质不重要，金额也未超过重要性水平，还是建议调20万元那笔，因剩下的两笔15万元和8万元，加起来的金额为23万元，不超过重要性水平30万元。总之，调整的原则是项目调整结束时，不建议调整的错报应满足：第一，每笔金额不超过重要性，性质也不重要；第二，加起来的金额也不超过重要性。即相当于两次调整机会，第一次单独看一个项目，第二次合起来看，这两次调整都是与财务报表项目（或账项）层次重要性水平相比较的。

（3）第三次调整。经过前两次调整以后，应收账款项目留个"小尾巴"，固定资产也有个"小尾巴"……每个项目都有个"小尾巴"，第三次调整是将所有项目的"小尾巴"加起来，与报表层次的重要性水平相比较，如果超过报表层次的重要性水平，则继续建议调整，直至剩下的未调整的不符事项金额低于报表层次重要性水平。值得注意的是，如果重要性水平是采用分配的方法确定的话，则不会出现第三次调整的情况，因为如果每项都低于项目层次的重要性水平的话，合起来的金额也不会超过报表层次的重要性水平。因此，第三次调整的前提是重要性水平的确定方法采用的是不分配的方法。

（4）第四次调整。仍以上述情况为例，如前所述，假设报表层次的重要性水平为300万元，应收账款、固定资产等所有账户已经经过了前面（3）的调整，最后不建议调整的金额加起来有280万元，低于报表层次重要性水平；但是以前未调整，继续影响本期的错报还有50万元，合起来有330万元，超过报表层次重要性水平300万元，所以还要调整。至于是调上期的错报还是调本期的，都不重要，只是把握好一个原则，使得调整后的金额低于报表层次的重要性水平就可以了。

（5）第五次调整。审计结束后，发现期后事项或有事项，也可能调整。调整原则和方法同上。

在进行审计差异调整时，最多可能有5次调整的机会。注意，后3次调整时错报漏报的金额合计是与报表层重要性水平相比较的。

无论是建议调整的不符事项、重分类错误还是未调整不符事项，在审计工作底稿中通常都是以会计分录的形式反映的。由于审计中发现的错误往往不止一两项，为便于审计项目的各级负责人综合判断、分析和决定，也为了便于有效编制试算平衡表和代编经审计的财务报表，通常需要将这些建议调整的不符事项、重分类错误以及未调整不符事项分别汇总至"账项调整分录汇总表"、"重分类调整分录汇总表"与"未更正错报汇总表"。3张汇总表的参考格式分别见表6-1、表6-2和表6-3。

表6-1 　　　　　　　　　　　　　**账项调整分录汇总表**

序号	内容及说明	索引号	调整内容				影响利率表＋（－）	影响资产负债表＋（－）
			借方项目	借方金额	贷方项目	贷方金额		

与被审计单位的沟通：

参加人员：＿＿＿＿＿＿＿＿＿＿＿＿＿＿＿＿＿＿＿＿＿＿＿＿＿＿＿＿＿＿＿＿＿＿＿＿＿＿

被审计单位：＿＿＿＿＿＿＿＿＿＿＿＿＿＿＿＿＿＿＿＿＿＿＿＿＿＿＿＿＿＿＿＿＿＿＿＿

审计项目组：＿＿＿＿＿＿＿＿＿＿＿＿＿＿＿＿＿＿＿＿＿＿＿＿＿＿＿＿＿＿＿＿＿＿＿＿

被审计单位的意见：＿＿＿＿＿＿＿＿＿＿＿＿＿＿＿＿＿＿＿＿＿＿＿＿＿＿＿＿＿＿＿＿

结论：

是否同意上述审计调整：＿＿＿＿＿＿＿＿＿＿＿＿＿＿＿＿＿＿＿＿＿＿＿＿＿＿＿＿＿＿

被审计单位授权代表签字：＿＿＿＿＿＿＿＿＿＿＿＿＿＿＿＿　　　日期：＿＿＿＿＿＿＿

表 6 – 2   **重分类调整分录汇总表**

序号	内容及说明	索引号	调整项目和金额			
			借方项目	借方金额	贷方项目	贷方金额

与被审计单位的沟通：

参加人员：_____

被审计单位：_____

审计项目组：_____

被审计单位的意见：_____

结论：

是否同意上述审计调整：_____

被审计单位授权代表签字：_____ 日期：_____

表 6 – 3   **为更正错报汇总表**

序号	内容及说明	索引号	调整内容				备注
			借方项目	借方金额	贷方项目	贷方金额	

未更正错报的影响：

项目	金额	百分比	计划百分比
1. 总资产	_____	_____	_____
2. 净资产	_____	_____	_____
3. 销售收入	_____	_____	_____
4. 费用总额	_____	_____	_____
5. 毛利	_____	_____	_____
6. 净利润	_____	_____	_____

结论：

被审计单位授权代表签字：_____ 日期：_____

　　注册会计师确定了建议调整的不符事项和重分类错误后，应以书面方式及时征求被审计单位对需要调整财务报表事项的意见。若被审计单位予以采纳，应取得被审计单位同意调整的书面确认；若被审计单位不予采纳，应分析原因，并根据未调整不符事项的性质和重要程度，确定是否在审计报告中予以反映，以及如何反映。

　　2. 编制试算平衡表

　　试算平衡表是注册会计师在被审计单位提供未审财务报表的基础上，考虑调整分录、重分类分录等内容以确定已审数与报表披露数的表式。有关资产负债表和利润表的试算平衡表的参考格式分别见表 6 – 4 和表 6 – 5。

表6-4

资产负债表工作底稿

单位:元

项目	期末审定数	账项调整		重分类调整		期末审定数
		借方	贷方	借方	贷方	
货币资金						
交易性金融资产						
应收票据						
应收账款						
预付账款						
应收利息						
应收股利						
其他应收款						
存货						
一年内到期的非流动资产						
其他流动资产						
可供出售的金融资产						
持有至到期的投资						

项目	期末审定数	账项调整		重分类调整		期末审定数
		借方	贷方	借方	贷方	
短期借款	50 000					
交易性金融负债						
应付票据	100 000					
应付账款	1 953 800					
预收账款						
应付职业薪酬	183 012					
应缴税费	223 731					
应付利息						
应付股利	32 215					
其他应付款	50 000					
一年内到期的非流动负债						
其他流动负债						
长期借款	1 160 000					

续表

项目	期末审定数	账项调整 借方	账项调整 贷方	重分类调整 借方	重分类调整 贷方	期末审定数
长期应收款						
长期股权投资						
投资性房地产						
固定资产						
在建工程						
固定资产清理						
无形资产						
开发支出						
商誉						
长期待摊费用						
递延所得税资产						
其他非流动资产						
合计						

项目	期末审定数	账项调整 借方	账项调整 贷方	重分类调整 借方	重分类调整 贷方	期末审定数
应付债券						
长期应付款						
专项应付款						
预计负债						
递延所得税负债						
其他非流动负债						
所有者权益						
实收资本(或股本)	5 000 000					
资本公积						
盈余公积	124 771					
未分配利润	218 014					
合计	9 095 543					

表 6 –5　　　　　　　　　　　　　**利润表试算平衡表工作底稿**

被审计单位：＿＿＿＿＿＿＿＿＿＿＿＿　　索引号：＿＿＿＿＿＿＿＿＿＿＿＿

项目：＿＿＿＿＿＿＿＿＿＿＿＿＿＿　　财务报表截止日/期间：＿＿＿＿＿＿

编制：＿＿＿＿＿＿＿＿＿＿＿＿＿＿　　复核：＿＿＿＿＿＿＿＿＿＿＿＿＿

日期：＿＿＿＿＿＿＿＿＿＿＿＿＿＿　　日期：＿＿＿＿＿＿＿＿＿＿＿＿＿

项　　目		审计前金额	调整余额		审定金额
			借方	贷方	
一、	营业收入				
	减：营业成本				
	营业税金及附加				
	销售费用				
	管理费用				
	财务费用				
	资产减值损失				
	加：公允价值变动损益				
	投资收益				
二、	营业利润				
	加：营业外收入				
	减：营业外支出				
三、	利润总额				
	减：所得税费用				
四、	净利润				

需要说明以下几个点：

（1）试算平衡表中的"期末未审数"和"审计前金额"列，应该根据被审计单位提供的未审计财务报表填列。

（2）试算平衡表中的"账项调整"和"调整金额"列，应根据经被审计单位同意的"账项调整分录汇总表"填列。

（3）试算平衡表中的"重分类调整"列，应根据经被审计单位同意的"重分类调整分类汇总表"填列。

（4）在编制完试算平衡表后，应注意核对相应的勾稽关系。例如，资产负债表试算平衡表左边的"期末未审数"列合计数、"期末审定数"列合计数应分别等于其右边相应各列合计数；资产负债表试算平衡表左边的"账项调整"列中的借方合计数与贷方合计数之差应等于右边的"账项调整"列中的贷方合计数与借方合计数之差；资产负债表试算平衡表左边的"重分类调整"列中的借方合计数与贷方合计数之差应等于右边的"重分类调整"列中的贷方合计数与借方合计数之差，等等。

实例 6 –2　注册会计师王宏在审计 TH 股份有限公司 2009 年度财务报表时索取了资产负债表和利润表的资料，如表 6 –6 和表 6 –7 所示。

表 6 - 6　　　　　　　　　　　　资产负债表

会企 01 表

编制单位：TH 股份有限公司　　　　　2009 年 12 月 31 日　　　　　　　　单位：元

资产	期末余额	年初余额	负债和所有者权益（或股东权益）	期末余额	年初余额
流动资产：			流动负债：		
货币资金	815 128	1 406 112	短期借款	50 000	300 000
交易性金融资产		15 000	交易性金融负债		
应收票据	66 000	246 000	应付票据	100 000	200 000
应收账款	1 598 000	349 100	应付账款	1 953 800	952 012
预付账款	100 000	100 000	预收账款		
应收利息			应付职工薪酬	183 012	113 800
应收股利			应缴税费	223 731	34 600
其他应收款	5 200	5 200	应付利息		1 000
存货	2 534 715	2 580 000	应付股利	32 215	
一年内到期的非流动资产			其他应付款	50 000	50 000
其他流动资产	50 000	50 000	一年内到期的非流动负债		1 000 000
流动资产合计	5 169 043	4 751 412	其他流动负债		
非流动资产			流动负债合计	2 592 758	2 651 412
可供出售金融资产					
持有至到期投资			非流动负债：		
长期应收款			长期借款	1 160 000	600 000
长期股权投资	250 000	250 000	应付债券		
投资性房地产			长期应付款		
固定资产	2 208 500	1 100 000	专项应付款		
在建工程	628 000	1 700 000	预计负债		
工程物资	300 000		递延所得税负债		
固定资产清理			其他非流动负债		
生产性生物资产			非流动负债合计	1 160 000	600 000
油气资产			负债合计	3 752 758	3 251 412
无形资产	540 000	600 000	所有者权益（或股东权益）：		
开发支出			实收资本（或股本）	5 000 000	5 000 000
商誉			资本公积		
长期待摊费用			减：库存股		
递延所得税资产			盈余公积	124 771	100 000

续表

资产	期末余额	年初余额	负债和所有者权益（或股东权益）	期末余额	年初余额
其他非流动资产合计			未分配利润	218 014	500 00
非流动资产合计	3 926 500	3 650 000	所有者权益（或股东权益）合计	5 342 785	5 150 000
资产总计	9 095 543	8 401 412	负债和所有者权益（或权股东权益）合计	9 095 543	8 401 412

表 6 - 7　　　　　　　　　　　　利润表

会企 02 表

编制单位：TH 股份有限公司　　　　　　2009 年　　　　　　单位：元

项　目	本期金额	上期金额
一、营业收入	4 258 900	（略）
减：营业成本	3 054 700	
营业税税金及附加	2 820	
销售费用	20 000	
管理费用	657 100	
财务费用	41 500	
资产减值损失	30 900	
加：公允价值变动收益（损失以"-"号填列）		
投资收益（损失以"-"号填列）	31 500	
其中：对联营企业和合营企业的投资收益		
二、营业利润（亏损以"-"号填列）	483 380	
加：营业外收入	50 000	
减：营业外支出	19 700	
其中：非流动资产处置损失		
三、利润总额（亏损总额以"-"号填列）	513 680	
减：所得税费用	128 420	
四、净利润（净亏损以"-"号填列）	385 260	
五、每股收益：		
（一）基本每股收益		
（二）稀释每股收益		

　　在审计过程中如发现了以下问题，可记录在审计工作底稿中，TH 份有限公司接受所有审计调整事项。（所得税税率为 25%，营业税税率为 5%，城市建设维护税税率为 7%，教育费附加为 3%，盈余公积的计提比例为 10%）

　　（1）有一笔购买 200 万元原材料的欠款未登记入账。

　　（2）实施函证发现应向某单位收取的 80 万元货款并不存在，该笔业务没开出增值税专用发票，也没有结转相应的产品销售成本。

（3）将该年度的出租固定资产收入120万元，挂在应付账款中未做处理。

（4）有一笔100万元的3年期长期借款，于2009年11月底到期，依然按"长期借款"项目列报。

（5）将一笔50万元的广告费计入了管理费用。

要求：根据上述资料编制审计差异调整表和试算平衡表。

假设以上调整账项均经被审计单位同意调整，有关账项调整结果如表6-8、表6-9所示，试算平衡表如表6-10和表6-11所示。

表6-8　　　　　　　　　　　账项调整分录汇总表　　　　　　　　　　单位：元

序号	内容及说明	索引号	调整内容				影响利润表+（-）	影响资产负债表+（-）
			借方项目	借方金额	贷方项目	贷方金额		
1	漏记购买材料欠款	（略）	存货	2 000 000	应付账款	2 000 000		+2 000 000
2	多级销售收入	（略）	营业收入	800 000	应收账款	800 000	-800 000	-800 000
3	将出租固定资产收入挂在应付账款项目	（略）	应付账款	1 200 000	营业收入	1 200 000	+1 200 000	-1 200 000
4	调增出租固定资产收入应缴的营业税	（略）	营业税金及附加	66 000	应缴税费	66 000	-66 000	+66 000
5	由于调增利润而调增所得税费用	（略）	所得税费用	83 500	应缴税费	85 300	-83 500	+83 500
6	结转调整事项损益	（略）	营业收入	400 000	营业税金及附加 所得税费用 净利润	66 000 83 500 250 500		
7	由于损益调整而调增留存收益	（略）	净利润	250 500	未分配利润盈余公积	225 450	25 050	+250 500

表6-9　　　　　　　　　　　重分类调整分录汇总表　　　　　　　　　　单位：元

序号	内容及说明	索引号	调整项目和金额			
			借方项目	借方金额	贷方项目	贷方金额
1	将一年内到期的长期借款列到长期借款项目	（略）	长期借款	1 000 000	一年内到期的非流动负债	1 000 000
2	将应计入销售收入费用的支出计入了管理费用	（略）	销售费用	500 000	管理费用	500 000

表 6－10

资产负债表试算平衡表

单位:元

资产部分

项目	期末审定数	账项调整借方	账项调整贷方	重分类调整借方	重分类调整贷方	期末审定数
货币资金	815 128					815 128
交易性金融资产						
应收票据	66 000					66 000
应收账款	1 598 000		800 000			798 000
预付账款	100 000					100 000
应收利息						
应收股利						
其他应收款	5 200					5 200
存货	2 534 715	2 000 000				4 534 715
一年内到期的非流动资产						
其他流动资产	50 000					50 000
可供出售的金融资产						
持有至到期的投资						
长期应收款						

负债部分

项目	期末审定数	账项调整借方	账项调整贷方	重分类调整借方	重分类调整贷方	期末审定数
短期借款	50 000					50 000
交易性金融负债						
应付票据	100 000					100 000
应付账款	1 953 800	1 200 000	2 000			2 735 800
预收账款						
应付职业薪酬	183 012					183 012
应缴税费	223 731		149 500			373 231
应付利息						
应付股利	32 215					31 215
其他应付款	50 000					50 000
一年内到期的非流动负债					1 000 000	1 000 000
其他流动负债						
长期借款	1 160 000			1 000 000		160 000
应付债券						

续表

项目	期末审定数	账项调整借方	账项调整贷方	重分类调整借方	重分类调整贷方
长期股权投资	250 000				
投资性房地产	2 208 500				
固定资产	628 000				
在建工程	300 000				
固定资产清理					
无形资产	540 000				
开发支出					
商誉					
长期待摊费用					
递延所得税资产					
其他非流动资产					
合计	9 095 543	2 000 000	800 000		

项目	期末审定数	账项调整借方	账项调整贷方	重分类调整借方	重分类调整贷方	期末审定数
长期应付款	250 000					
专项应付款	2 208 500					
预计负债	628 000					
递延所得税负债	300 000					
其他非流动负债						
所有者权益						
实收资本（或股本）	5 000 000					5 000 000
资本公积						
盈余公积	124 771		25 050			149 821
未分配利润	218 014		225 450			443 464
其他非流动资产						
合计	9 095 543	1 200 000	2 400 000	1 000 000	1 000 000	10 295 543

表 6 - 11　　　　　　　　　　　　　利润表试算平衡表工作底稿

项　目		审计前金额	调整金额		审定金额
			借方	贷方	
一、	营业收入	4 258 900	8 00 000	1 200 000	4 658 900
	减：营业成本	3 054 700			3 054 700
	营业税金及附加	2 820	66 000		68 820
	销售费用	20 000	500 000		520 000
	管理费用	657 100		500 000	157 100
	财务费用	41 500			41 500
	资产减值损失	30 900			30 900
	加：公允价值变动损益				
	投资收益	31 500			31 500
二、	营业利润	483 380	1 366 000	1 700 000	817 380
	加：营业收入	50 000			50 000
	减：营业外支出	19 700			19 700
三、	利润总额	513 680	1 366 000	1 700 000	847 680
	减：所得税费用	128 420	341 500	425 000	211 920
四、	净利润	385 260	1 024 500	1 275 000	635 760

6.1.2　考虑持续经营假设

　　持续经营假设是指被审计单位在编制财务报表时，假定其经营活动在可预见的将来会继续下去，不拟也不必终止经营或破产清算，可以在正常的经营过程中变现资产、清偿债务。

　　持续经营假设是会计确认和计量的 4 项基本假定之一，对财务报表的编制和审计关系重大。

　　是否以持续经营假设为基础编制财务报表，对会计确认、计量和列报将产生很大影响。持续经营审计程序如表 6 - 12 所示。

　　1. 持续经营审计目标及实质性程序

表 6 - 12　　　　　　　　　　　　持续经营审计程序表

被审计单位：＿＿＿＿＿＿　　编制：＿＿＿＿＿　　日期：＿＿＿＿＿　　索引号：＿＿＿＿＿

截止日期/期间：＿＿＿＿＿　　复核：＿＿＿＿＿　　日期：＿＿＿＿＿　　页　次：＿＿＿＿＿

一、审计目标

考虑管理层在编制财务报表时运用持续经营假设的适当性，并考虑是否存在需要在财务报表中披露的有关持续经营能力的重大不确定性。

二、审计程序

可供选择的审计程序	计划实施的审计程序	工作底稿索引号
1. 考虑是否存在可能导致对持续经营能力产生重大疑虑的事项或情况以及相关经营风险，并填写附表		
2. 根据管理层是否对持续经营能力做出评估，执行下列程序 （1）如果管理层没有对持续经营做出初步评估，应与管理层讨论运用持续经营假设的理由，是否存在上述事项或情况，并提请管理层对持续经营能力做出评估 （2）如果管理层已做出评估，确定管理层评估持续经营能力涵盖的期间是否符合企业会计准则的规定 （3）评价管理层做出的评估，包括考虑管理层做出评估的过程、依据的假设以及应对计划		
3. 询问管理层，是否存在超出评估期间对持续经营存在重大影响的事项		
4. 如果有情况或事项导致对被审计单位的持续经营假设产生重大疑虑，应当取得管理层提出的应对计划及相关的资料和证据，应执行以下程序： （1）如果管理层计划变卖资产，考虑 ① 变卖资产是否受到限制 ② 管理层决定变卖的资产的变现能力 ③ 资产的处置可能带来的直接或间接影响 （2）如果管理层计划借款，考虑 ① 借款融资的可能性 ② 借款融资的可行性 （3）如果管理层计划重组债务，考虑 ① 现有的或已承诺的债务重组协议 ② 履行债务重组协议的可行性 （4）如果管理层计划削减或延缓开支，考虑 ① 削减管理费用、延缓维修项目或研发项目，或以租赁资产代替外购资产的可行性 ② 削减或延缓开支可能带来直接或间接影响 （5）如果管理层计划增加所有者权益，考虑 ① 现有的或已承诺的新增投资协议 ② 现有的或已承诺的减少股利支付协议或加速投资方现金交款协议		
5. 判断管理层提出的应对计划是否可行，以及应对计划的结果是否能够改善持续经营能力，执行以下程序 （1）如果存在相关的预测性财务信息，复核并评价这些信息，包括编制预测信息的基本假设 ① 考虑被审计单位生成相关信息的信息系统的可靠性		

续表

可供选择的审计程序	计划实施的 审计程序	工作底稿 索引号
② 考虑管理层做出现金流量预测所依赖的假设是否存在充分的依据 ③ 将最近若干期间的预测性财务信息与实际结果进行比较 ④ 将本期的预测性财务信息与截至目前的实际结果进行比较 （2）与管理层分析和讨论最近的中期财务报表 （3）复核借款协议条款并确定是否存在违约情况 （4）阅读股东会会议、董事会会议以及相关委员会会议有关财务困境的记录 （5）向被审计单位的律师询问是否存在针对被审计单位的诉讼或索赔，并向其询问管理层对诉讼或索赔结果及其财务影响的估计是否合理 （6）确认财务支持协议的存在性、合法性和可行性，并对提供财务支持的关联方或第三方的财务能力做出评价 ① 检查与财务支持协议相关的文件和资料 ② 获取关联方或第三方向被审计单位提供财务支持的批准文件 ③ 取得被审计单位律师的书面声明，证明关联方或第三方提供的财务支持协议具有法律效力 ④ 检查关联方或第三方的财务报表、关联方或第三方做出的除向被审计单位提供财务支持以外的其他财务承诺等，分析关联方或第三方是否有足够的能力以履行财务支持义务 ⑤ 询问关联方或第三方管理层，了解其是否同意被审计单位在年度报表中详细披露财务支持计划 （7）考虑被审计单位准备如何处理尚未履行的被审计单位订单 （8）复核期后事项并考虑其是否可能改善或影响持续经营能力 （9）如果现金流量分析对考虑事项或情况的未来结果是重要的，应当实施下列审计程序 ① 考虑被审计单位生成相关信息的信息系统的可靠性 ② 考虑管理层做出现金流量预测所依赖的假设是否存在充分的依据 ③ 将最近若干期间的预测性财务信息与实际结果进行比较 ④ 将本期的预测性财务信息与截至目前的实际结果进行比较		
6. 向管理层获取有关应对计划的书面声明		
7. 根据获取的审计证据，确定可能导致对持续经营能力产生重大疑虑的事项或情况是否存在重大不确定性，并根据取得的审计证据考虑其对审计报告的影响		

2. 汇总持续经营疑虑事项

被审计单位出现下述一项或多项事项或情况，均应填制持续经营疑虑事项汇总表，并获取相关审计证据及管理层对持续经营能力做出的书面评价。持续经营疑虑事项汇总表如表 6 - 13 所示。

表 6 - 13　　　　　　　　　　　持续经营疑虑事项汇总表

被审计单位：＿＿＿＿＿　　编制：＿＿＿＿＿　日期：＿＿＿＿＿　索引号：＿＿＿＿＿
截止日期/期间：＿＿＿＿＿　复核：＿＿＿＿＿　日期：＿＿＿＿＿　页　次：＿＿＿＿＿

事项或情况	是/否	底稿索引号	事项或情况	是/否	底稿索引号
一、财务方面	×	×	3. 失去主要市场、特许权或主要供应商		
1. 无法偿还到期债务			4. 人力资源或重要原材料短缺		
2. 无法偿还即将到期且难以展期的借款			三、其他方面	×	×
3. 无法继续履行重大借款合同中的有关条款			1. 严重违反有关法律、法规或政策		
4. 存在大额的逾期未缴税金			2. 异常原因导致停工、停产		
5. 累计经营性亏损数额巨大			3. 有关法律、法规或政策变化可能造成重大不利影响		
6. 过度依赖短期借款筹资			4. 经营期限即将到期且无意继续经营		
7. 无法获得供应商的正常商业信用			5. 投资者未履行协议、合同、章程规定的义务，并有可能造成重大不利影响		
8. 无法获得开发必要新产品或进行必要投资所需资金			6. 因自然灾害、战争等不可抗力因素遭严重损失		
9. 资不抵债			四、被审计单位管理层是否拟（已）采取以下改善措施	×	×
10. 营运资金出现负数			1. 出售资产		
11. 经营活动产生的现金流净额为负数			2. 售后回租资产		
12. 大股东长期占用巨额资金			3. 取得担保借款		
13. 重要子公司无法持续经营且进行处理			4. 实施资产置换与债务重组		
14. 存在大量长期未做处理的不良资产			5. 获得新的投资		
15. 存在对外巨额担保等或有事项引发的或有负债			6. 削减或延缓开支		
二、经营方面	×	×	7. 获得重要原材料的替代品		
1. 关键管理人员离职无人替代			8. 开拓新的市场		
2. 主导产品不符合国家产业政策					

3. 审计结论与报告

注册会计师应当根据获取的审计证据，确定可能导致对被审计单位持续经营能力产生重大疑虑的事项或情况是否存在重大不确定性，并考虑对审计报告的影响。

（1）被审计单位在编制财务报表时运用持续经营假设是适当的。

如果认为被审计单位在编制财务报表时运用持续经营假设是适当的，但可能导致对持经营能力产生重大疑虑的事项或情况存在重大不确定性，注册会计师应当考虑如下内容。

① 财务报表是否已充分描述导致对持续经营能力产生重大疑虑的主要事项或情况，以及管理层针对这些事项或情况提出的应对计划。

② 财务报表是否已清楚指明可能导致对持续经营能力产生重大疑虑的事项或情况存在重大不确定性，被审计单位可能无法在正常的经营过程中变现资产、清偿债务。

如果财务报表已做出充分披露，注册会计师应当出具无保留意见的审计报告，并在审计意见段之后增加强调事项段，强调可能导致对持续经营能力产生重大疑虑的事项或情况存在重大不确定性的事实，并提醒财务报表使用者注意财务报表附注中对有关事项的披露。

当被审计单位存在多项可能导致对其持续经营能力产生重大疑虑的事项或情况存在重大不确定性时，如果注册会计师难以判断财务报表的编制基础是否适合继续采用持续经营假设，应将其视为对注册会计师的审计范围构成重大限制。在这种情况下，如果财务报表已做出充分披露，注册会计师应当考虑出具无法表示意见的审计报告，而不是在意见段之后增加强调事项段。

如果财务报表未能做出充分披露，注册会计师应当出具保留意见或否定意见的审计报告。审计报告应当具体提及可能导致对持续经营能力产生重大疑虑的事项或情况存在重大不确定性的事实，并指明财务报表未对该事实做出披露。

（2）被审计单位将不能持续经营，但财务报表仍然按持续经营假设编制。

如果判断被审计单位将不能持续经营，但财务报表仍然按照持续经营假设编制，注册会计师应当出具否定意见的审计报告。

（3）被审计单位将不能持续经营，以其他基础编制财务报表。

如果管理层认为编制财务报表时运用持续经营假设不再适当，选用了其他基础编制财务报表，注册会计师应当实施补充的审计程序。如果认为管理层选用的其他编制基础是适当的，且财务报表已做出充分披露，注册会计师可以出具无保留意见的审计报告，并考虑在审计意见段之后增加强调事项段，提醒财务报表使用者关注管理层选用的其他编制基础。

（4）管理层拒绝对持续经营能力做出评估或评估期间未能涵盖自资产负债表日起的12个月。

对持续经营能力做出适当评估是管理层的责任。当存在以下情况时，注册会计师应当提请管理层对持续经营能力做出评估或将评估期间延伸至自资产负债表日起的12个月。

① 管理层没有对持续经营能力做出评估。

② 管理层未就现已知悉的、在评估期间以后将会发生的事项或情况对持续经营能力的影响做出评估。

③ 管理层评估持续经营能力涵盖的期间少于自资产负债表日起的12个月。

6.1.3　或有事项

1. 或有事项的含义

或有事项，是指过去的交易或事项形成的，其结果需由某些未来事项的发生或不发生才能决定的不确定事项。常见的或有事项主要包括：未决诉讼或仲裁、债务担保、产品质量保证（含产品安全保证）、承诺、亏损合同、重组义务、环境污染整治等。

或有事项对企业的财务状况和经营成果产生重要影响，企业应在财务报表或财务报表附注予以反映。所以，注册会计师应当对或有事项实施必要的审计程序。由于或有事项本质上属于不确定事项，相应地，其重大错报风险较高，因此，注册会计师须予以充分关注。

2. 或有事项的审计程序

或有事项审计目标与实质性程序如表 6 – 14 所示。

表 6 – 14　　　　　　　　　　或有事项审计程序表

被审计单位：＿＿＿＿＿＿　　编制：＿＿＿＿＿　　日期：＿＿＿＿＿＿　　索引号：＿＿＿＿＿

截止日期/期间：＿＿＿＿＿　　复核：＿＿＿＿＿　　日期：＿＿＿＿＿＿　　页　次：＿＿＿＿＿

一、审计目标

（1）确定或有事项是否存在和完整。

（2）确定或有事项的会计处理是否符合企业会计准则的规定。

（3）确定或有事项的列报是否恰当。

二、审计程序

可供选择的审计程序	计划实施的 审计程序	工作底稿 索引号
1. 向被审计单位管理层询问其确定、评价与控制或有事项方面的有关方针政策和工作程序		
2. 向被审计单位管理层索取下列资料，做必要的审核和评价 （1）被审计单位有关或有事项的全部文件和凭证 （2）被审计单位与银行之间的往来函件，以查找有关票据贴现、应收账款保理、票据背书和对其他债务的担保 （3）被审计单位的债务说明书，包括对或有事项的说明，即说明已知的或有事项均已在财务报表中做了适当反映		
3. 与治理层就遵循法律法规的情况进行讨论，更新与遵循法律法规有关的永久性档案，复核与监管部门的往来信函以发现违反法律法规的迹象，确定需要包括在管理层声明书中的声明事项		
4. 向被审计单位的法律顾问和律师进行函证，以获取法律顾问和律师对被审计单位资产负债表日业已存在的，以及资产负债日至复函日期间存在的或有事项的确认证据。分析被审计单位在审计期间所发生的法律费用，从法律顾问和律师处复核发票，视其是否足以说明存在或有事项，特别是未决诉讼或未决税款估价等方面的问题		

续表

可供选择的审计程序	计划实施的审计程序	工作底稿索引号
5. 复核上期和税务机构的税收结算报告，了解被审计期间有关纳税方面可能发生的争执之处		
6. 向与被审计单位有业务往来的银行寄发含有要求银行提供被审计单位或有事项的询证函，如商业票据贴现、应收账款保理、票据背书情况和为其他单位的银行借款进行担保的情况（包括担保事项的性质、金额、担保期间等）		
7. 询问有关销售人员并获取被审计单位对产品质量保证方面的记录，确定存在损失的可能性		
8. 审阅截至审计工作完成日止被审计单位历次董事会会议纪要和股东大会会议记录，确定是否存在未决诉讼或仲裁、未决索赔、税务纠纷、债务担保、产品质量保证等方面的记录		
9. 查询被审计单位对未来事项和协议的财务承诺，并向被审计单位管理层询问。获取并审阅截至审计外勤工作完成日止历次股东大会、董事会和管理层会议记录及其他重要文件（包括被审计单位的重要合同和往来通信档案等）确定是否存在不可撤销的财务承诺事项		
10. 向被审计单位管理层获取书面声明，保证其已按照企业会计准则的规定，对其全部或有事项做了恰当反映		
11. 针对评估的舞弊风险等因素增加的审计程序		
12. 确定或有事项是否已按照企业会计准则的规定在财务报表中做出恰当列报 （1）预计负债 ① 预计负债的种类、形成原因以及经济利益流出不确定性的说明 ② 各类预计负债的期初、期末余额和本期变动情况 ③ 与预计负债有关的预期补偿金额和本期已确认的预期补偿金额 （2）或有负债 ① 或有负债的种类及其形成原因，包括已贴现商业承兑汇票、未决诉讼、未决仲裁、对外提供担保等形成的或有负债 ② 经济利益流出不确定性的说明 ③ 或有负债预计产生的财务影响，以及获得补偿的可能性；无法预计的，应当说明原因 （3）或有资产很可能会给企业带来经济利益的，应当披露其形成的原因、预计产生的财务影响等 （4）在涉及未决诉讼、未决仲裁的情况下，按照以上披露要求披露全部或部分信息预期对企业造成重大不利影响的，企业无须披露这些信息，但应当披露该未决诉讼、未决仲裁的性质，以及没有披露这些信息的事实和原因		

注：（1）涉及预计负债和或有事项的经济业务通常包括：未决诉讼或仲裁、债务担保、产品质量保证、承诺、应收票据贴现、应收账款保理、票据背书等。

（2）涉及预计负债的部分应结合预计负债的审计程序进行。

6.1.4 期后事项

期后事项是指资产负债表日至审计报告日之间发生的事项以及审计报告日后发现的事实。

1. 期后事项的种类

注册会计师审计须关注的期后事项有两类。一类是资产负债表日后调整事项，即对资产负债表日已经存在的情况提供了新的或进一步证据的事项。这类事项影响财务报表金额，须提请被审计单位管理层调整财务报表及与之相关的披露信息。另一类是资产负债表日后非调整事项，即表明资产负债表日后发生的情况的事项。这类事项虽不影响财务报表金额，但可能影响财务报表的正确理解，须提请被审计单位管理层在财务报表附注中做适当披露。

（1）资产负债表日后调整事项。这类事项既为被审计单位管理层确定资产负债表日账户余额提供信息，也为注册会计师核实这些余额提供补充证据。如果这类期后事项的金额重大，应提请被审计单位对本期财务报表及相关的账户金额进行调整。

（2）资产负债表日后非调整事项。这类事项因不影响资产负债表日财务状况，而不需要调整被审计单位的本期财务报表。但如果被审计单位的财务报表因此可能受到误解，就应在财务报表中以附注的形式予以适当披露。

根据期后事项的上述定义，期后事项可以按时段划分为三个时段：资产负债表日后至审计报告日期间发生的事项为第一时段期后事项和审计报告日后至财务报表报出日期间发现的事实为第二时段期后事项；财务报表报出日后期间发现的事实称为第三时段期后事项。

其中，资产负债表日是指财务报表涵盖的最近期间的截止日期；财务报表批准日是指被审计单位董事会或类似机构批准财务报表报出的日期和财务报表报出日是指被审计单位对外披露已审计财务报表的日期。在实务中审计报告日与财务报表批准日通常是相同的日期。

期后事项的具体种类见期后事项汇总表 6 – 15。

表 6 – 15　　　　　　　　　　　　**期后事项汇总表**

被审计单位：＿＿＿＿＿＿　　编制：＿＿＿＿＿　　日期：＿＿＿＿＿　　索引号：＿＿＿＿＿

截止日期/期间：＿＿＿＿＿　　复核：＿＿＿＿＿　　日期：＿＿＿＿＿　　页　次：＿＿＿＿＿

期间	期后事项	工作底稿索引号
资产负债表日至审计报告日	1. 调整事项 （1）资产负债表日后诉讼案件结案，法院判决证实了企业在资产负债表日已经存在现时义务，需要调整原先确认的与该诉讼案件相关的预计负债，或确认一项新负债 （2）资产负债表日后取得确凿证据，表明某项资产在资产负债表日发生了减值或者需要调整该项资产原先确认的减值金额 （3）资产负债表日后进一步确定了资产负债表日前购入资产的成本或售出资产的收入 （4）资产负债表日后发现了财务报表舞弊或差错 （5）其他	

续表

期间	期后事项	工作底稿索引号
资产负债表日至审计报告日	2. 非调整事项 （1）资产负债表日后发生重大诉讼、仲裁、承诺 （2）资产负债表日后资产价格、税收政策、外汇汇率发生重大变化 （3）资产负债表日后因自然灾害导致资产发生重大损失 （4）资产负债表日后发行股票和债券以及其他巨额举债 （5）资产负债表日后资本公积转增资本 （6）资产负债表日后发生巨额亏损 （7）资产负债表日后发生企业合并或处置子公司 （8）资产负债表日后企业利润分配方案中拟分配的以及经审议批准宣告发放的股利或利润 （9）其他	
审计报告日至财务报表报出日		
财务报表报出后		

2. 期后事项的审计程序

期后事项审计目标和实质性程序如表 6 – 16 所示。

表 6 – 16　　　　　　　　　　**期后事项审计程序表**

被审计单位：_____　　编制：_____　　日期：_____　　索引号：_____
截止日期/期间：_____　　复核：_____　　日期：_____　　页　次：_____

一、审计目标
（1）确定期后事项是否存在和完整。
（2）确定期后事项的会计处理是否符合企业会计准则的规定。
（3）确定期后事项的列报是否恰当。
二、审计程序

可供选择的审计程序	计划实施的审计程序	工作底稿索引号
1. 检查被审计单位建立的、用于识别期后事项的政策和程序		
2. 取得并审阅股东大会、董事会和管理层的会议记录以及涉及诉讼的相关文件等，查明识别资产负债表日后发生的对本期财务报表产生重大影响的事项，包括调整事项和非调整事项。调整事项包括截止日后已证实重大资产发生的减值、大额的销售退回、已确定获取或支付的大额赔偿、期后进一步确定了期前购入资产的成本或售出资产的收入、期后发现了财务报表舞弊或差错等；非调整事项包括期后发生的重大诉讼、仲裁、承诺、董事会批准了的利润分配方案、股票和债券的发行、巨额举债、资本公积转增资本、巨额		

可供选择的审计程序	计划实施的审计程序	工作底稿索引号
亏损、企业合并或处置子公司、自然灾害导致资产重大损失、资产价格、税收政策、外汇汇率发生较大变动等		
3. 在尽量接近审计报告日时，查阅股东会、董事会及其专门委员会在资产负债表日后举行的会议纪要，并在不能获取会议纪要时询问会议讨论的事项		
4. 在尽量接近审计报告日时，查阅最近的中期财务报表、主要会计科目、重要合同和会计凭证，如果认为必要和适当，还应当查阅预算、现金流量预测及其他相关管理报告		
5. 在尽量接近审计报告日时，查阅被审计单位与客户、供应商、监管部门等的往来信函		
6. 在尽量接近审计报告日时，向被审计单位律师或法律顾问询问有关诉讼和索赔事项		
7. 在尽量接近审计报告日时，就以下内容（但不限于）向管理层询问可能影响财务报表的期后事项 （1）根据初步或尚无定论的数据做出会计处理的项目的现状 （2）是否发生新的担保、借款或承诺 （3）是否出售或购进资产，或者计划出售或购进资产 （4）是否已发行或计划发行新的股票或债券，是否已签订或计划签订合并或清算协议 （5）资产是否被政府征用或因不可抗力而遭受损失 （6）在风险领域和或有事项方面是否有新进展 （7）是否已做出或考虑做出异常的会计调整 （8）是否已发生或可能发生影响会计政策适当性的事项		
8. 结合期末账户余额的审计，对应予以调整的资产负债表日后事项进行审计，着重查明资产负债表日后的重大购销业务和重大的收付款业务，有无不寻常的转账交易或调整分录		
9. 查询被审计单位在资产负债表日或审计期间已存在的重大财务承诺，并向被审计单位管理层询问，确定是否存在导致需调整或披露的期后事项		
10. 在财务报表报出后，如果知悉在审计报告日已存在的、可能导致修改审计报告的事实，也应当考虑是否需要修改财务报表，并与管理层讨论，同时根据具体情况采取适当措施		
11. 针对评估的舞弊风险等因素增加的审计程序		

续表

可供选择的审计程序	计划实施的审计程序	工作底稿索引号
12. 确定期后事项是否已按照企业会计准则的规定在财务报表中做出恰当列报 （1）每项重要的资产负债表日后非调整事项的性质、内容，及其对财务状况和经营成果的影响；无法做出估计的，应当说明原因 （2）资产负债表日后，企业利润分配方案中拟分配的以及经审议批准宣告发放的股利或利润		

注：（1）期后事项的审计程序至少在两个时点执行：即将完成外勤工作时和提交审计报告时。两个时点间的间隔时间越长，注册会计师对期后事项的审计就需要越多时间和精力。

（2）期后事项的审计程序取决于项目组的专业判断，可根据被审计单位的具体情况予以增减。

（3）期后事项应与销售确认、应付款项等的期后测试程序结合考虑，尤其是要对舞弊迹象保持警觉。例如，记录虚假销售的分录很可能在资产负债表日后转回，注册会计师在审计期后销售退回、应收账款贷方记录等时就应保持警觉。再比如缺乏商业实质的交易也往往是舞弊的迹象。

（4）查阅会计记录应重点关注的项目：①与借款固定资产销售相关的收款记录；②与异常开支有关的付款记录；③销售和应收账款中的大额退货、折让或贷项记录；④异常的会计分录。

3. 知悉资产负债表日后至审计报告日期间期后事项时的考虑

在实施了上述用以识别期后事项的审计程序后，如果知悉对财务报表有重大影响的期后事项，注册会计师应当考虑这些事项在财务报表中是否得到恰当的会计处理或予以充分披露。

如果所知悉的期后事项属于调整事项，注册会计师应当考虑被审计单位是否已对财务报表做出适当的调整；如果所知悉的期后事项属于非调整事项，注册会计师应当考虑被审计单位是否在财务报表附注中予以充分披露。

4. 知悉审计报告日后至财务报表报出日期间期后事项时的考虑

在审计报告日后至财务报表报出日前，如果知悉可能对财务报表产生重大影响的事实，注册会计师应当考虑是否需要修改财务报表，并与管理层讨论，同时根据具体情况采取适当措施。

如果注册会计师认为期后事项的影响足够重大，确定需要修改财务报表的，也还需要根据管理层是否同意修改财务报表或审计报告是否已经提交等具体情况采取适当措施。

5. 知悉财务报表报出日后期间期后事项时的考虑

在财务报表报出后，如果知悉在审计报告日已存在的、可能导致修改审计报告的事实，注册会计师应当考虑是否需要修改财务报表，并与管理层进行讨论。同时，注册会计师还需要根据管理层是否修改财务报表、是否采取必要措施确保所有收到原财务报表和审计报告的人士了解这一情况、是否临近公布下一期财务报表等具体情况采取适当措施。

课堂训练

注册会计师于2009年2月28日结束了对广东某燃气热水器厂2008年财务报表审计工作，在审计结束前发现下列情况。

（1）A用户在使用该厂热水器时，造成了人身伤亡，用户于2009年1月20日对该厂提起诉讼，要求该厂应赔偿50万元。法院至今还未审理完毕。

（2）B用户在使用该厂热水器时，造成了人身伤亡，用户于2009年1月20日对该厂提起诉讼，法院于2月13日审理完毕，该厂应赔偿用户50万元。

（3）C用户在使用该厂热水器时，造成了人身伤亡，用户于2008年11月20日对该厂提起诉讼，法院于2009年2月13日审理完毕，该厂应赔偿用户100万元。

要求：

（1）上述3个事项中，是否存在期后事项，请指出。如果存在期后事项，请问是资产负债表日后调整事项还是非调整事项，注册会计师应建议被审计单位做何种处理？

（2）上述3个事项中，是否存在或有事项，请指出。如果存在或有事项，请问是直接或有事项还是间接或有事项，注册会计师应建议被审计单位做何种处理？

6.1.5　获取律师声明书

在对被审计单位期后事项和或有事项等进行审计时，注册会计师往往要向被审计单位的法律顾问和律师进行函证，以获取资产负债表日业已存在的，以及资产负债表日至复函日这一时期内存在的期后事项和或有事项等有关的审计证据。被审计单位律师对函证问题的答复和说明，就是律师声明书。

对律师的函证通常以被审计单位的名义，通过寄发审计询证函的方式实施。律师声明书所用的格式和措辞并没有定式。单位不同或情况不同，出具的声明书也不相同。参考格式6–1和参考格式6–2分别列示了律师询证函和律师询证函复函的范例。

参考格式6–1

律师询证函

××律师事务所并××律师：

本公司已聘请会计师事务所对本公司　年　月　日（以下简称资产负债表日）的资产负债表以及截至资产负债表日的该年度利润表、股东权益变动表和现金流量表进行审计。为配合该项审计，谨请贵律师基于受理本公司委托的工作（诸如常年法律顾问、专项咨询和诉讼代理等），提供下述资料，并函告××会计师事务所。

请说明存在于资产负债表日并且自该日起至本函回复日止本公司委托贵律师代理进行的任何未决诉讼。该说明中谨请包含以下内容：

一、案件的简要事实经过与目前的发展进程；

1. 在可能范围内，贵律师对于本公司管理层就上述案件所持看法及处理计划（如庭外和解设想）的了解，及您对可能发生结果的意见；

2. 在可能范围内，您对损失或收益发生的可能性及金额的估计。

二、请说明存在于资产负债表日并且自该日起至本函回复日止，本公司曾向贵律师咨询的其他诸如未决诉讼、追索债权、被追索债务以及政府有关部门对本公司进行的调查等可能涉及本公司法律责任的事件。

三、请说明截至资产负债表日，本公司与贵律师事务所律师服务费的结算情况（如有可能，请依服务项目区分）。

四、若无上述一及二事项，为节省您宝贵的时间，烦请填写本函背面"律师询证函复

函”并签章后，按以下地址，寄往××会计师事务所（地址：××市××路××号；邮编
××××××）。

谢谢合作！

××公司（盖章）

公司负责人（签章）

年   月   日

参考格式 6 - 2

律师询证函复函

会计师事务所：

本律师于××期间，除向××公司提供一般性法律咨询服务，并未有接受委托、代理进
行或咨询如前述一、二项所述之事宜。

另截至   年   月   日止，该公司

□未积欠本律师事务所任何律师服务费。

□尚有本律师事务所的律师服务费计人民币____元，未予付清。

_____律师事务所律师：（签章）   年   月   日

注册会计师应根据该律师的职业水准和声誉情况来确定律师声明书的可靠性。如果注册
会计师对代理被审计单位重大法律事务的律师并不熟悉，则应查询诸如该律师的职业背景、
声誉及其在法律界的地位等情况，并考虑从律师协会获取信息。

如果律师声明书表明或暗示律师拒绝提供信息，或隐瞒信息，注册会计师应将其视为审
计范围受到限制。

6.1.6 管理层声明

管理层声明，是指被审计单位管理层向注册会计师提供的关于财务报表的各项陈述。

1. 管理层对财务报表责任的认可

注册会计师应当就下列事项获取书面声明。

① 管理层认可其设计和实施内部控制以防止或发现并纠正错报的责任。

② 管理层认为注册会计师在审计过程中发现的未更正错报，无论是单独还是汇总起来
考虑，对财务报表整体均不具有重大影响。未更正错报项目的概要应当包含在书面声明中或
附于书面声明后。

上述两个事项与管理层对财务报表的责任密切相关。首先，设计良好并得到有效执行的
内部控制，可以有效防止或发现并纠正错报，是使财务报表按照适用的会计准则和相关会计
制度的规定编制的制度保证。管理层认可这一责任，是认可对财务报表责任的基础。其次，
管理层在批准财务报表前必须保证财务报表不存在重大错报，因此，对于注册会计师在审计
过程中发现的错报，如果管理层不准备调整，或者不准备全部调整，则需要确认这些错报无
论是单独还是汇总起来考虑，对财务报表整体均不具有重大影响。当然，注册会计师需要对
重要性独立做出职业判断，并根据错报的严重程度独立出具适当的审计报告。

2. 将管理层声明作为审计证据

（1）将管理层声明作为审计证据的特定情形。

如果合理预期不存在其他充分、适当的审计证据，注册会计师应当就对财务报表具有重大影响的事项向管理层获取书面声明。

注册会计师要求管理层提供的书面声明仅限于单独或汇总起来对财务报表产生重大影响的事项。必要时，注册会计师应将对声明事项重要性的理解告知管理层。

（2）收集审计证据以支持管理层声明。

审计证据的可靠性受其来源和性质的影响，从外部独立来源获取的审计证据比从其他来源获取的审计证据更可靠。由于管理层声明是来自被审计单位内部的一种证据，较之外部独立来源的证据，不具有独立性，证明力较弱，其本身不能构成充分、适当的审计证据，并作为发表审计意见的基础。当管理层声明的事项对财务报表具有重大影响时，注册会计师应当实施下列审计程序：

① 从被审计单位内部或外部获取佐证证据。

② 评价管理层声明是否合理并与获取的其他审计证据（包括其他声明）一致。

③ 考虑做出声明的人员是否熟知所声明的事项。

（3）管理层声明不能替代其他审计证据。

注册会计师不应以管理层声明替代能够合理预期获取的其他审计证据。例如，注册会计师不能以管理层承诺应收账款可以全部收回的声明，替代其他应当实施的审计程序，而是应当通过检查应收账款期后回收情况、分析应收账款的账龄和债务人的信用等级等因素，评价其可收回性。如果不能获取对财务报表具有或可能具有重大影响的事项的充分、适当的审计证据，而这些证据预期是可以获取的，即使已收到管理层就这些事项做出的声明，注册会计师仍应将其视为审计范围受到限制。

（4）管理层声明与其他审计证据相矛盾时的处理。

如果管理层的某项声明与其他审计证据相矛盾，注册会计师应当调查这种情况。必要时，重新考虑管理层做出的声明的可靠性。

3. 管理层声明书

管理层声明包括书面声明和口头声明。书面声明作为审计证据通常比口头声明可靠。

书面声明可采取管理层声明书、注册会计师提供的列示其对管理层声明的理解并经管理层确认的函、董事会及类似机构的相关会议纪要或已签署的财务报表副本等形式。

管理层声明书是列示管理层所做声明的书面文件。下面重点介绍管理层声明书的要点。

（1）总体要求。

当要求管理层提供声明书时，注册会计师应当要求将声明书径送注册会计师本人。声明书应当包括要求列明的信息，标明适当的日期并经签署。

（2）主要内容。管理层声明一般包括以下三个方面的内容。

① 关于财务报表。

② 关于信息的完整性。

③ 关于确认、计量和列报。

上述事项，因其复杂程度和重要程度的不同，注册会计师可以将其全部列入管理层声明书中，也可以就此向管理层获取专项声明。

（3）签署日期。

管理层声明书标明的日期通常与审计报告日一致。但在某些情况下，注册会计师也可能在审计过程中或审计报告日后就某些交易或事项获取单独的声明书。

（4）签署人。

管理层声明书通常由管理层中对被审计单位及其财务负主要责任的人员签署。在某些情况下，注册会计师也可以向管理层中的其他人员获取管理层声明书。

参考格式6－3列示了一种管理层声明书的范例。

参考格式6－3　　　　　　　　管理层声明书

　　××会计师事务所××注册会计师：

本公司已委托贵事务所对本公司20××年12月31日的资产负债表，20××年度的利润表、股东权益变动表和现金流量表以及财务报表附注进行审计，并出具审计报告。

为配合贵事务所的审计工作，本公司做出如下声明：

1. 本公司承诺，按照《企业会计准则》和《××会计制度》的规定编制财务报表是我们的责任。

2. 本公司已按照《企业会计准则》和《××会计制度》的规定编制20××年度财务报表，财务报表的编制基础与上年度保持一致，本公司管理层对上述财务报表的真实性、合法性和完整性承担责任。

3. 设计、实施和维护内部控制，保证本公司资产安全和完整，防止或发现并纠正错报，是本公司管理层的责任。

4. 本公司承诺财务报表不存在重大错报。贵事务所在审计过程中发现的未更正错报，无论是单独还是汇总起来，对财务报表整体均不具有重大影响。未更正错报汇总（见附件）附后。

5. 关于信息的完整性，本公司已向贵事务所提供了：

（1）全部财务信息和其他数据；

（2）全部重要的决议、合同、章程、纳税申报表等相关资料；

（3）全部股东会和董事会的会议记录。

6. 关于确认、计量和列报，本公司所有经济业务均已按规定入账，不存在账外资产或未计负债。

7. 本公司认为所有与公允价值计量相关的重大假设是合理的，恰当地反映了本公司的意图和采取特定措施的能力；用于确定公允价值的计量方法符合《企业会计准则》的规定，并在使用上保持了一贯性；本公司已在财务报表中对上述事项做出恰当披露。

8. 本公司不存在导致重述比较数据的任何事项。

9. 本公司已提供所有与关联方和关联方交易相关的资料，并已根据《企业会计准则》和《××企业会计准则》的规定恰当披露了所有重大关联方交易。

10. 本公司已提供全部或有事项的相关资料。除财务报表附注中披露的或有事项外，本公司不存在其他应披露而未披露的诉讼、赔偿、背书、承兑、担保等或有事项。

11. 除财务报表附注披露的承诺事项外，本公司不存在其他应披露而未披露的承诺事项。

12. 本公司不存在未披露的影响财务报表公允性的重大不确定事项。

13. 本公司已采取必要措施防止或发现舞弊及其他违反法规行为，未发现：

（1）涉及管理层的任何舞弊行为或舞弊嫌疑的信息；

（2）涉及对内部控制产生重大影响的雇员的任何舞弊行为或舞弊嫌疑的信息；

（3）涉及对财务报表的编制具有重大影响的其他人员的任何舞弊行为或舞弊嫌疑的信息。

14. 本公司严格遵守了合同规定的条款，不存在因未履行合同而对财务报表产生重大影响的事项。

15. 本公司对资产负债表上列示的所有资产均拥有合法权利，除已披露事项外，无其他被抵押、质押资产。

16. 本公司编制财务报表所依据的持续经营假设是合理的，没有计划终止经营或破产清算。

17. 本公司已提供全部资产负债表日后事项的相关资料，除财务报表附注中披露的资产负债表日后事项外，本公司不存在其他应披露而未披露的重大资产负债表日后事项。

18. 本公司管理层确信：

（1）未收到监管机构有关调整或修改财务报表的通知；

（2）无税务纠纷。

19. 其他事项。

注册会计师认为重要而需声明的事项，或者管理层认为必要而声明的事项。例如：

（1）本公司在银行存款或现金运用方面未受到任何限制。

（2）本公司对存货均已按照《××会计制度》的规定予以确认和计量；受托代销商品或不属于本公司的存货均未包括在会计记录内；在途物资或由代理商保管的货物均已确认为本公司存货。

（3）本公司不存在未披露的大股东及关联方资金占用和担保事项。

××有限责任公司

法定代表人（签名并盖章）

财务负责人（签名并盖章）

二×××年×月×日

附件：未更正错报汇总表（略）

4. 审计总结

审计项目经理在完成审计实质性程序后应当对审计工作底稿进行全面复核，并在此基础上撰写审计总结，概括地说明审计计划执行情况及审计目标是否实现。审计总结一般应包括以下内容。

（1）客户简介。阐述被审计单位的概况及其所处行业等信息。

（2）审计概况。主要阐述审计过程、审计计划的执行情况（包括所采用的审计方法、审计计划执行偏差及其原因等）审计的总体评价、应引起部门经理和主任会计师注意的重大事项（包括期后事项、或有负债等）。

（3）审计中发现的主要问题和建议的重要调整事项。

（4）审计结论。说明拟出具的审计报告的意见类型及对被审计单位经营管理的评价与建议。

实例6-4　我们接受委托，审计了××旅游公司2009年度的财务报表。审计工作从2010年2月12日开始，于2010年2月26日结束。本次审计基本按审计计划执行，在审计计划的执行过程中未出现大的偏差。在审计过程中，我们调查了解了公司的生产经营情况，以及本期重大事项，实施了我们认为的必要的审计程序。

　　××旅游公司系××市公共交通总公司的下属子公司，从总体上看，财务基础较好，公司的内部控制制度完善并执行情况良好，审计资料准备充分，又能积极配合，所以本次审计进展顺利，并能如期完成。

　　在对××旅游公司的审计过程中，我们发现：

　　（1）××旅游公司旅行社系旅游公司下属单位，于 2008 年 2 月 2 日承包给赵××，财务独立核算，税收自主缴纳，××旅游公司不纳入合并范围。

　　（2）本年度购入客车 3 辆，价值为 981 215.5 元，从关联方公交公司购入 2 辆金龙牌客车价值 420 000 元、从关联方××出租公司购入毕加索公务车 1 辆价值 32 000 元；报废客车 3 辆，处置固定资产收入 8 448 元。年末固定资产中尚有 67 辆汽车行驶证为××市公共交通总公司。

　　（3）以关联方××出租公司的实物（车辆）做抵押并由公交公司做担保取得的贷款 289 万元。

　　（4）本年度所得税尚未汇算清缴。

　　由于上述第（2）事项的存在，拟出具保留意见审计报告。

任务 2　出具审计报告

6.2.1　审计报告的基本内容

　　审计报告是指注册会计师根据中国注册会计师审计准则的规定，在实施审计工作的基础上对被审计单位财务报表发表审计意见的书面文件。审计报告的基本内容包括：标题，收件人，引言段，管理层对财务报表的责任段，注册会计师的责任段，审计意见段，注册会计师的签名和盖章，会计师事务所的名称、地址及盖章，报告日期。

　　1. 标题

　　审计报告的标题应当统一规范为"审计报告"。

　　2. 收件人

　　审计报告的收件人是指注册会计师按照业务约定书的要求致送审计报告的对象，一般是指审计业务的委托人。审计报告应当载明收件人的全称。

　　3. 引言段

　　审计报告的引言段应当说明被审计单位的名称和财务报表已经过审计，并包括下列内容。

　　（1）指出构成整套财务报表的每张财务报表的名称。

　　（2）提及财务报表附注。

　　（3）指明财务报表的日期和涵盖的期间。

　　根据企业会计准则的规定，整套财务报表的每张财务报表的名称分别为资产负债表、利润表、所有者（股东）权益变动表和现金流量表。此外，由于财务报表附注是财务报表不可或缺的重要组成部分，因此，也应提及财务报表附注。财务报表有反映时点的，也有反映期间的，注册会计师应在引言段中指明财务报表的日期和涵盖的期间。

4. 管理层对财务报表的责任段

管理层对财务报表的责任段应当说明，按照适用的会计准则和相关会计制度的规定编制财务报表是管理层的责任，这种责任包括：

（1）设计、实施和维护与财务报表编制相关的内部控制，以使财务报表不存在由于舞弊或错误而导致的重大错报；

（2）选择和运用恰当的会计政策；

（3）做出合理的会计估计。

在审计报告中指明管理层的责任，有利于区分管理层和注册会计师的责任，降低财务报表使用者误解注册会计师责任的可能性。

5. 注册会计师的责任段

注册会计师的责任段应当说明下列内容。

（1）注册会计师的责任是在实施审计工作的基础上对财务报表发表审计意见。注册会计师按照中国注册会计师审计准则的规定执行了审计工作。中国注册会计师审计准则要求注册会计师遵守职业道德规范，计划和实施审计工作以对财务报表是否不存在重大错报获取合理保证。

（2）审计工作涉及实施审计程序，以获取有关财务报表金额和披露的审计证据。选择的审计程序取决于注册会计师的判断，包括对由于舞弊或错误导致的财务报表重大错报风险的评估。在进行风险评估时，注册会计师考虑与财务报表编制相关的内部控制，以设计恰当的审计程序，但目的并非对内部控制的有效性发表意见。审计工作还包括评价管理层选用会计政策的恰当性和做出会计估计的合理性，以及评价财务报表的总体列报。

（3）注册会计师相信已获取的审计证据是充分、适当的，为其发表审计意见提供了基础。如果接受委托，结合财务报表审计对内部控制的有效性发表意见，注册会计师应当省略第②项中"但目的并非对内部控制的有效性发表意见"的术语。

6. 审计意见段

审计意见段应当说明，财务报表是否按照适用的会计准则和相关会计制度的规定编制，是否在所有重大方面公允反映了被审计单位的财务状况、经营成果和现金流量。

7. 注册会计师的签名和盖章

审计报告应当由注册会计师签名并盖章。注册会计师在审计报告上签名并盖章，有利于明确法律责任。

8. 会计师事务所的名称、地址和盖章

审计报告应当载明会计师事务所的名称和地址，并加盖会计师事务所公章。

9. 报告日期

审计报告应当注明报告日期。审计报告的日期不应早于注册会计师获取充分、适当的审计证据（包括管理层认可对财务报表的责任且已批准财务报表的证据），并在此基础上对财务报表形成审计意见的日期。

注册会计师在确定审计报告日期时，应当考虑：应当实施的审计程序已经完成，应当提请被审计单位调整的事项已经提出，被审计单位已经做出调整或拒绝做出调整，管理层已经正式签署财务报表。

6.2.2　标准审计报告

标准审计报告是指注册会计师出具的不附加说明段、强调事项段或任何修饰性用语的无保留意见的审计报告。

当注册会计师完成审计工作，获取了充分、适当的审计证据，如果认为财务报表符合下列所有条件，注册会计师应当出具无保留意见的审计报告。

（1）财务报表已经按照适用的会计准则和相关会计制度的规定编制，在所有重大方面公允反映了被审计单位的财务状况、经营成果和现金流量。

（2）注册会计师已经按照中国注册会计师审计准则的规定计划和实施审计工作，在审计过程中未受到限制。

当出具无保留意见的审计报告时，注册会计师应当以"我们认为"作为意见段的开头，并使用"在所有重大方面"、"公允反映"等术语。无保留意见的审计报告意味着，注册会计师通过实施审计工作，认为被审计单位财务报表的编制符合合法性和公允性的要求，合理保证财务报表不存在重大错报。

实例 6 – 5

审计报告

浩华审字〔2010〕第 657 号

甘肃独一味生物制药股份有限公司全体股东：

我们审计了后附的甘肃独一味生物制药股份有限公司（以下简称"独一味公司"）财务报表，包括 2009 年 12 月 31 日的资产负债表，2009 年度的利润表、股东权益变动表、现金流量表以及财务报表附注。

一、管理层对财务报表的责任

按照企业会计准则的规定编制财务报表是独一味公司管理层的责任。这种责任包括：①设计、实施和维护与财务报表编制相关的内部控制，以使财务报表不存在由于舞弊或错误而导致的重大错报；②选择和运用恰当的会计政策；③做出合理的会计估计。

二、注册会计师的责任

我们的责任是在实施审计工作的基础上对财务报表发表审计意见。我们按照中国注册会计师审计准则的规定执行了审计工作。中国注册会计师审计准则要求我们遵守职业道德规范，计划和实施审计工作以对财务报表是否不存在重大错报获取合理保证。

审计工作涉及实施审计程序，以获取有关财务报表金额和披露的审计证据。选择的审计程序取决于注册会计师的判断，包括对由于舞弊或错误导致的财务报表重大错报风险的评估。在进行风险评估时，我们考虑与财务报表编制相关的内部控制，以设计恰当的审计程序，但目的并非对内部控制的有效性发表意见。

审计工作还包括评价管理层选用会计政策的恰当性和做出会计估计的合理性，以及评价财务报表的总体列报。

我们相信，我们获取的审计证据是充分、适当的，为发表审计意见提供了基础。

三、审计意见

我们认为，独一味公司财务报表已经按照企业会计准则的规定编制，在所有重大方面公允反映了独一味公司 2009 年 12 月 31 日的财务状况以及 2009 年度的经营成果和现金流量。

国富浩华会计师事务所有限公司　　　　　　　　　　　中国注册会计师：赵燕

中国北京　　　　　　　　　　　　　　　　　　　　　中国注册会计师：宫岩

　　　　　　　　　　　　　　　　　　　　　　　　　　二〇一〇年四月六日

6.2.3　非标准审计报告

非标准审计报告，是指标准审计报告以外的其他审计报告，包括带强调事项段的无保留意见的审计报告和非无保留意见的审计报告。

1. 带强调事项段的无保留意见的审计报告

（1）强调事项段的含义。

审计报告的强调事项段，是指注册会计师在审计意见段之后增加的对重大事项予以强调的段落。

（2）增加强调事项段的情形。

① 对持续经营能力产生重大疑虑。当存在可能导致对持续经营能力产生重大疑虑的事项或情况但不影响已发表的审计意见时，注册会计师应当在审计意见段之后增加强调事项段对此予以强调。

注册会计师如果认为被审计单位在编制财务报表时运用持续经营假设是适当的，但可能导致对持续经营能力产生重大疑虑的事项或情况存在重大不确定性，注册会计师应当做如下考虑：

a. 财务报表是否已充分描述导致对持续经营能力产生重大疑虑的主要事项或情况，以及管理层针对这些事项或情况提出的应对计划。

b. 财务报表是否已清楚指明可能导致对持续经营能力产生重大疑虑的事项或情况存在重大不确定性，被审计单位可能无法在正常的经营过程中变现资产、清偿债务。

如果财务报表已做出充分披露，注册会计师应当出具无保留意见的审计报告，并在审计意见段之后增加强调事项段，强调可能导致对持续经营能力产生重大疑虑的事项或情况存在重大不确定性的事实，并提醒财务报表使用者注意财务报表附注中对有关事项的披露。

② 重大不确定事项。当存在可能对财务报表产生重大影响的不确定事项（持续经营问题除外）但不影响已发表的审计意见时，注册会计师应当考虑在审计意见段之后增加强调事项段，对此予以强调。

不确定事项，是指其结果依赖于未来行动或事项，不受被审计单位的直接控制，但可能影响财务报表的事项。例如，被审计单位受到其他单位起诉，指控其侵犯专利权，要求其停止侵权行为并赔偿造成的损失，法院已经受理但尚未审理。

③ 其他审计准则规定增加强调事项段的情形。除上述两种情形以及其他审计准则规定的增加强调事项段的情形外，注册会计师不应在审计报告的审计意见段之后增加强调事项段或任何解释性段落，以免财务报表使用者产生误解。

由于增加强调事项段是为了提醒财务报表使用者关注某些事项，并不影响注册会计师的审计意见，为了使财务报表使用者明确这一点，注册会计师应当在强调事项段中指明，该段内容仅用于提醒财务报表使用者关注，并不影响已发表的审计意见。

带强调事项段的无保留意见的审计报告如下：

实例 6 - 6

审计报告

浩华审字〔2010〕第 540 号

咸阳偏转股份有限公司全体股东：

我们审计了后附的咸阳偏转股份有限公司（以下简称"咸阳偏转公司"）财务报表，包括 2009 年 12 月 31 日的资产负债表和合并资产负债表，2009 年度的利润表和合并利润表、股东权益变动表和合并股东权益变动表、现金流量表和合并现金流量表以及财务报表附注。

一、管理层对财务报表的责任

按照企业会计准则的规定编制财务报表是咸阳偏转公司管理层的责任。这种责任包括：①设计、实施和维护与财务报表编制相关的内部控制，以使财务报表不存在由于舞弊或错误而导致的重大错报；②选择和运用恰当的会计政策；③做出合理的会计估计。

二、注册会计师的责任

我们的责任是在实施审计工作的基础上对财务报表发表审计意见。我们按照中国注册会计师审计准则的规定执行了审计工作。中国注册会计师审计准则要求我们遵守职业道德规范，计划和实施审计工作以对财务报表是否不存在重大错报获取合理保证。

审计工作涉及实施审计程序，以获取有关财务报表金额和披露的审计证据。选择的审计程序取决于注册会计师的判断，包括对由于舞弊或错误导致的财务报表重大错报风险的评估。在进行风险评估时，我们考虑与财务报表编制相关的内部控制，以设计恰当的审计程序，但目的并非对内部控制的有效性发表意见。

审计工作还包括评价管理层选用会计政策的恰当性和做出会计估计的合理性，以及评价财务报表的总体列报。

我们相信，我们获取的审计证据是充分、适当的，为发表审计意见提供了基础。

三、审计意见

我们认为，咸阳偏转公司财务报表已经按照企业会计准则的规定编制，在所有重大方面公允反映了咸阳偏转公司 2009 年 12 月 31 日的财务状况以及 2009 年度的经营成果和现金流量。

四、强调事项

我们提醒财务报表使用者关注，如财务报表附注十所述，咸阳偏转公司主营业务严重萎缩，连年亏损，2009 年 12 月 3 日陕西省咸阳市中级人民法院宣告咸阳偏转股份有限公司破产重整，2010 年 2 月 9 日第二次债权人会议表决通过了《咸阳偏转股份有限公司重整计划草案》，正在等待咸阳市中级人民法院裁定批准，咸阳偏转公司持续经营能力存在重大不确定性。本段内容不影响已发表的审计意见。

国富浩华会计师事务所有限公司　　　　　　　　　中国注册会计师：潘要文

中国北京　　　　　　　　　　　　　　　　　　　中国注册会计师：雷军锋

　　　　　　　　　　　　　　　　　　　　　　　二〇一〇年三月二十三日

2. 非无保留意见的审计报告

非无保留意见的审计报告包括保留意见的审计报告、否定意见的审计报告和无法表示意见的审计报告。

当出具非无保留意见的审计报告时，注册会计师应当在注册会计师的责任段之后、审计意见段之前增加说明段，即审计报告中位于审计意见段之前用于描述注册会计师对财务报表发表保留意见、否定意见或无法表示意见理由的段落，以清楚地说明导致所发表意见或无法发表意见的所有原因，并在可能情况下，指出其对财务报表的影响程度。

影响发表非无保留意见的情形如下：

第一，注册会计师与管理层的分歧。主要指注册会计师与管理层在被审计单位会计政策的选用、会计估计的做出或财务报表的披露方面存在分歧。

第二，审计范围受到限制。审计范围可能受到下列两方面的限制。一是客观环境造成的限制。例如，由于被审计单位存货的性质或位置特殊等原因导致注册会计师无法实施存货监盘等。在客观环境造成限制的情况下，注册会计师应当考虑是否可能实施替代审计程序，以获取充分、适当的审计证据。二是管理层造成的限制。例如，管理层不允许注册会计师观察存货盘点，或者不允许对特定账户余额实施函证等。在管理层造成限制的情况下，注册会计师应当提请管理层解除限制。如果管理层不配合，注册会计师应当考虑这一事项对风险评估的影响以及是否可能实施替代审计程序，以获取充分、适当的审计证据。

（1）保留意见的审计报告

如果认为财务报表整体是公允的，但还存在下列情形之一，注册会计师应当出具保留意见的审计报告。

① 会计政策的选用、会计估计的做出或财务报表的披露不符合适用的会计准则和相关会计制度的规定，虽影响重大，但不至于出具否定意见的审计报告。

② 因审计范围受到限制，不能获取充分、适当的审计证据，虽影响重大，但不至于出具无法表示意见的审计报告。

当出具保留意见的审计报告时，注册会计师应当在审计意见段中使用"除……的影响外"等术语。如果因审计范围受到限制，注册会计师还应当在注册会计师的责任段中提及这一情况。

应当指出的是，只有当注册会计师认为财务报表就其整体而言是公允的，但还存在对财务报表产生重大影响的情形时，才能出具保留意见的审计报告。

保留意见的审计报告如下。

实例 6 – 7

审计报告

中审亚太审〔2010〕第 020150 号

云南绿大地生物科技股份有限公司全体股东：

我们审计了后附的云南绿大地生物科技股份有限公司（以下简称"绿大地公司"）财务报表，包括 2009 年 12 月 31 日的合并资产负债表及资产负债表，2009 年度的合并利润表及利润表、合并现金流量表及现金流量表和合并所有者权益变动表及所有者权益变动表以及财务报表附注。

一、管理层对财务报表的责任

按照企业会计准则的规定编制财务报表是绿大地公司管理层的责任。这种责任包括：①设计、实施和维护与财务报表编制相关的内部控制，以使财务报表不存在由于舞弊或错误而导致的重大错报；②选择和运用恰当的会计政策；③做出合理的会计估计

二、注册会计师的责任

我们的责任是在实施审计工作的基础上对财务报表发表审计意见。除本报告"三、导

致保留意见的事项"所述事项外，我们按照中国注册会计师审计准则的规定执行了审计工作。中国注册会计师审计准则要求我们遵守职业道德规范，计划和实施审计工作以对财务报表是否不存在重大错报获取合理保证。

审计工作涉及实施审计程序，以获取有关财务报表金额和披露的审计证据。选择的审计程序取决于注册会计师的判断，包括对由于舞弊或错误导致的财务报表重大错报风险的评估。在进行风险评估时，我们考虑与财务报表编制相关的内部控制，以设计恰当的审计程序，但目的并非对内部控制的有效性发表意见。

审计工作还包括评价管理层选用会计政策的恰当性和做出会计估计的合理性，以及评价财务报表的总体列报。

我们相信，我们获取的审计证据是充分、适当的，为发表审计意见提供了基础。

三、导致保留意见的事项

1. 由于受审计手段的限制，我们无法获取充分适当的审计证据对绿大地公司部分交易是否属于关联交易以及交易的真实性、公允性进行判定。这些交易可能对 2008 年度和 2009 年度的财务报告造成重大影响。

2. 2009 年度绿大地公司依据中联资产评估有限公司中联评报字〔2010〕第 274 号评估报告，对马龙县月望基地土地使用权和文山广南林地使用权计提了无形资产减值准备 58 300 500.00 元；依据退回苗木统计表、死亡苗木现场勘验记录，确认 2009 年苗木销售退回 158 310 200.00 元（其中属 2010 年退回的 2009 年苗木销售 74 528 760.00 元）确认 2008 年苗木销售退回 23 485 195.00 元（全部为 2009 年退回的 2008 年苗木销售）；依据死亡苗木现场勘验记录，确认 2009 年发生的苗木损失 155 082 642.25 元并列入营业外支出。由于无法取得与上述事项相关的充分、适当的证据，我们无法判断上述资产余额及净值以及交易事项的准确性和合理性。

四、审计意见

我们认为，除上述事项可能造成的影响外，绿大地公司财务报表已经按照企业会计准则的规定编制，在所有重大方面公允地反映了绿大地公司 2009 年 12 月 31 日的财务状况以及 2009 年度的经营成果和现金流量。

五、强调事项

我们提醒财务报表使用者关注，如财务报表附注"十二、其他重要事项"所述，2010 年 3 月 17 日，绿大地公司收到中国证券监督管理委员会的《调查通知书》（监稽查总队调查通字 10006 号），绿大地公司因涉嫌信息披露违规，中国证券监督管理委员会正对绿大地公司立案调查，截至本报告日稽查仍在进行中。本段内容不影响已发表的审计意见。

中审亚太会计师事务所有限公司　　　　　　　　　　　中国注册会计师：方自维

中国北京　　　　　　　　　　　　　　　　　　　　　中国注册会计师：刘蓉晖

　　　　　　　　　　　　　　　　　　　　　　　　　二〇一〇年四月二十九日

（2）否定意见的审计报告。

如果认为财务报表没有按照适用的会计准则和相关会计制度的规定编制，未能在所有重大方面公允反映被审计单位的财务状况、经营成果和现金流量，注册会计师应当出具否定意见的审计报告。

当出具否定意见的审计报告时，注册会计师应当在审计意见段中使用"由于上述问题造成的重大影响"、"由于受到前段所述事项的重大影响"等术语。应当指出的是，只有当注册会计师认为财务报表存在重大错报会误导使用者，以至于财务报表的编制不符合适用的会计准则和相关会计制度的规定，未能从整体上公允反映被审计单位的财务状况、经营成果和现金流量时，注册会计师才出具否定意见的审计报告。

否定意见审计报告的参考格式如下。

审计报告

ABC 股份有限公司全体股东：

我们审计了后附的 ABC 股份有限公司（以下简称"ABC 公司"）财务报表，包括 20×× 年 12 月 31 日的资产负债表，20×× 年度的利润表、股东权益变动表和现金流量表以及财务报表附注。

一、管理层对财务报表的责任

按照企业会计准则和（×× 会计制度）的规定编制财务报表是 ABC 公司管理层的责任。这种责任包括：①设计实施和维护与财务报表编制相关的内部控制，以使财务报表不存在由于舞弊或错误而导致的重大错报；②选择和运用恰当的会计政策；③做出合理的会计估计。

二、注册会计师的责任

我们的责任是在实施审计工作的基础上对财务报表发表审计意见。我们按照中国注册会计师审计准则的规定执行了审计工作。中国注册会计师审计准则要求我们遵守职业道德规范，计划和实施审计工作以对财务报表是否不存在重大错报获取合理保证。

审计工作涉及实施审计程序，以获取有关财务报表金额和披露的审计证据。选择的审计程序取决于注册会计师的判断，包括对由于舞弊或错误导致的财务报表重大错报风险的评估。在进行风险评估时，我们考虑与财务报表编制相关的内部控制，以设计恰当的审计程序，但目的并非对内部控制的有效性发表意见。

审计工作还包括评价管理层选用会计政策的恰当性和做出会计估计的合理性，以及评价财务报表的总体列报。

我们相信，我们获取的审计证据是充分、适当的，为发表审计意见提供了基础。

三、导致否定意见的事项

如财务报表附注 ×× 所述 ABC 公司的长期股权投资未按企业会计准则的规定采用权益法核算。如果按权益法核算 ABC 公司的长期投资账面价值将减少 ×× 万元，净利润将减少 ×× 万元，从而导致 ABC 公司由盈利 ×× 万元变为亏损 ×× 万元。

四、审计意见

我们认为，由于受到前段所述事项的重大影响，ABC 公司财务报表没有按照企业会计准则和《××× 会计制度》的规定编制，未能在所有重大方面公允反映 ABC 公司 20×× 年 12 月 31 日的财务状况以及 20×× 年度的经营成果和现金流量。

中国注册会计师：×××

×× 会计师事务所（盖章）

（签名并盖章）

中国注册会计师：×××

（签名并盖章）

二〇×× 年 × 月 × 日

（3）无法表示意见的审计报告。

如果审计范围受到限制可能产生的影响非常重大和广泛，不能获取充分、适当的审计证据，以至于无法对财务报表发表审计意见，注册会计师应当出具无法表示意见的审计报告。

当出具无法表示意见的审计报告时，注册会计师应当删除注册会计师的责任段，并在审计意见段中使用，"由于审计范围受到限制可能产生的影响非常重大和广泛"、"我们无法对上述财务报表发表意见"等术语。

只有当审计范围受到限制可能产生的影响非常重大和广泛，不能获取充分、适当的审计证据，以至于无法确定财务报表的合法性与公允性时，注册会计师才应当出具无法表示意见的审计报告。

无法表示意见不同于否定意见，它通常仅仅适用于注册会计师不能获取充分、适当的审计证据。如果注册会计师发表否定意见，必须获得充分、适当的审计证据。无论是无法表示意见还是否定意见，都只有在非常严重的情形下采用。

无法表示意见的审计报告列示如下。

实例 6-8　　　　　　　　　　　审计报告

勤信审字〔2010〕第 1036 号

广夏（银川）实业股份有限公司全体股东：

我们接受委托，审计后附的广夏（银川）实业股份有限公司（以下简称"广夏实业公司"）财务报表，包括 2009 年 12 月 30 日的资产负债表及合并资产负债表 2009 年度的利润表及合并利润表、现金流量表及合并现金流量表、所有者权益变动表、合并所有者权益变动表以及财务报表附注。

一、管理层对财务报表的责任

按照企业会计准则的规定编制财务报表是广夏实业公司管理层的责任。这种责任包括：①设计、实施和维护与财务报表编制相关的内部控制以使财务报表不存在由于舞弊或错误而导致的重大错报；②选择和运用恰当的会计政策；③做出合理的会计估计。

二、导致无法表示意见的事项

（一）如财务报表附注十.1所述，广夏实业公司经债务重组后仍资不抵债，主要经营性资产已被法院拍卖。我们尚未获取管理层针对广夏实业公司持续经营能力具体可行的改善措施，且截至审计报告日，广夏实业公司已被最大债权人申请破产重整，法院是否受理存在重大不确定性。因此，我们无法判断广夏实业公司继续按照持续经营假设编制的 2009 年度财务报表是否适当。（二）我们无法实施必要的审计程序，以对广夏实业公司财务报表所反映的应收广夏（银川）贺兰山葡萄酿酒有限公司的款项人民币 1.61 亿元详见财务报表附注十。存在及可收回金额获取充分、适当的审计证据。（三）广夏实业公司未对 2009 年 12 月 31 日的价值为 450.61 万元存货进行盘点。我们无法实施存货监盘，也无法实施替代审计程序，以对期末存货的数量和状况获取充分、适当的审计证据。

三、审计意见

由于上述事项可能产生的影响非常重大和广泛，我们无法对广夏实业公司财务报表发表意见。

中勤万信会计师事务所有限公司　　　　　　　　　中国注册会计师　王永新

中国北京　　　　　　　　　　　　　　　　　　　中国注册会计师　刘汉军

报告日二〇一〇年四月十八日

技能训练

一、单项选择题

1. 在资产负债表日或以前已经存在，资产负债表日后得以证实并对按资产负债表日存在状况编制财务报表产生重大影响的事项是（　　）。

A. 调整事项　　　　　　B. 非调整事项　　　　C. 或有事项　　　　　　D. 强调事项

2. 标准审计报告是指（　　）的审计报告。

A. 不带强调事项段的无保留意见　　　　　　B. 带强调事项段的无保留意见

C. 否定意见　　　　　　　　　　　　　　D. 无法表示意见

3. 如果注册会计师的审计范围受到了非常重大和广泛的限制，则应出具（　　）审计报告。

A. 带强调事项段的无保留意见　　　　　　B. 保留意见

C. 否定意见　　　　　　　　　　　　　　D. 无法表示意见

4. （　　）是可用于否定意见的专业术语。

A. 由于上述审计范围受到限制可能产生的影响非常重大和广泛

B. 我们认为，×公司财务报表……

C. 除了前段所述……可能产生的影响外

D. 我们认为，由于受到前段所述事项的重大影响

5. 当被审计单位做出的会计估计不恰当但所涉及的金额不大，远远低于重要性水平时，注册会计师对该报表应出具审计报告的类型是（　　）。

A. 无保留意见　　　　　　　　　　　　　B. 保留意见

C. 否定意见　　　　　　　　　　　　　　D. 带强调事项段的无保留意见

二、多项选择题

1. 与试算平衡表有关的下列勾稽关系中，正确的有（　　）。

A. 资产负债表试算平衡表左边的，"账项调整"栏中的借方合计数与贷方合计数之差，应等于右边的"账项调整"栏中的贷方合计数与借方合计数之差

B. 资产负债表试算平衡表左边的"重分类调整"栏中的借方合计数与贷方合计数之差，应等于右边的"重分类调整"栏中的贷方合计数与借方合计数之差

C. 资产负债表试算平衡表中各项目"期末未审数"栏中的数额，应等于该公司提供的同期相应未经审计的资产、负债、所有者权益类会计科目的期末余额

D. 资产负债表试算平衡表中"未分配利润"项目的"期末审定数"栏中的数额，应等于利润表试算平衡表中，未分配利润－项目的"审定金额"栏中的数额

2. 以下关于注册会计师对期后事项责任的表述中，正确的有（　　）。

A. 注册会计师应当实施必要的审计程序，获取充分、适当的审计证据，以确定截至审计报告日后发生的、需要在财务报表中调整或披露的事项是否均已得到识别

B. 在外勤审计工作完成后，注册会计师没有责任针对期后事项实施审计程序

C. 在审计报告日至财务报表公布日之间，获知可能影响财务报表的期后事项，注册会

计师应当及时与被审计单位讨论，必要时实施适当的审计程序

D. 在财务报表公布后，注册会计师没有义务专门对财务报表进行查询

3. 下列项目中属调整事项的有 （　　）。

A. 资产负债表日被审计单位会计人员认为可以收回的大额应收款项，因资产负债表日后债务人突然破产而无法收回

B. 被审计单位由于某种原因被起诉，法院于资产负债表日后做出判决，被审计单位应赔偿对方的损失

C. 资产负债表日后偶然性的大笔损失，如发生火灾

D. 资产负债表日后由于政府禁止继续销售某种产品所造成的存货市价下跌

4. 下列属于需要在财务报表上披露而非调整的事项通常包括 （　　）。

A. 资产负债表日后发生重大诉讼、仲裁、承诺

B. 资产负债表日后资产价格、税收政策、外汇汇率发生重大变化

C. 资产负债表日后因自然灾害导致资产发生重大损失

D. 资产负债表日后发生企业合并或处置子公司

5. 在财务报表公布日后获知审计报告日已经存在但尚未发现的期后事项，注册会计师可能采取的措施有 （　　）。

A. 与被审计单位管理层讨论如何处理

B. 采取措施防止财务报表使用者信赖该审计报告

C. 提请管理层修改财务报表

D. 修改审计报告

三、判断题

1. 如果被审计单位不接受对期后事项调整或披露的建议，注册会计师应根据准则要求发表保留意见或否定意见。　　　　　　　　　　　　　　　　　　　（　　）

2. 调整事项是指表明资产负债表日后发生情况的事项。　　　　　　　　（　　）

3. 审计报告日期是指审计报告撰写日。　　　　　　　　　　　　　　　（　　）

4. 审计报告的日期不应早于注册会计师获取充分、适当的审计证据的日期。（　　）

5. 审计报告的收件人应该是被审计单位管理层。　　　　　　　　　　　（　　）

四、操作题

1. 资料：注册会计师 LM 在审计 XK 股份有限公司 2008 年度财务报表时索取了资产负债表和利润表的资料如表 6 - 17 和表 6 - 18 所示。

表 6 - 17　　　　　　　　　　　　资产负债表

会企 01 表

编制单位：XK 股份有限公司　　　　　　2008 年 12 月 31 日　　　　　　单位：元

资产	期末余额	年初余额	负债和所有者权益（或股东权益）	期末余额	年初余额
流动资产：			流动负债：		
货币资金	1 015 128	1 306 311	短期借款	250 000	200 000

资产	期末余额	年初余额	负债和所有者权益 （或股东权益）	期末余额	年初余额
交易性金融资产		211 000	交易性金融负债		
应收票据	66 000	246 000	应付票据	100 000	200 000
应收账款	1 124 680	349 100	应付账款	1 453 800	1 152 011
预付账款	50 000	100 000	预收账款		
应收利息			应付职工薪酬	210 152	113 800
应收股利			应缴税费	170 571	30 600
其他应收款	2 500	5 200	应付利息		1 200
存货	2 534 715	2 580 000	应付股利	32 215	
一年内到期的 非流动资产			其他应付款	50 000	50 000
其他流动资产	50 000	50 000	一年内到期的非流动 负债		
流动资产合计	4 843 023	4 847 611	其他流动负债		
非流动资产			流动负债合计	2 266 738	1 747 611
可供出售金融 资产					
持有至到期投资			非流动负债：		
长期应收款			长期借款	1 160 000	720 000
长期股权投资	250 000	250 000	应付债券		
投资性房地产			长期应付款		
固定资产	2 208 500	2 120 000	专项应付款		
在建工程	2 628 000	1 700 000	预计负债		
工程物资	300 000		递延所得税负债		
固定资产清理			其他非流动负债		
生产性生物资产			非流动负债合计	1 160 000	720 000
油气资产			负债合计	3 426 738	2 467 611
无形资产	540 000	700 000	所有者权益（或股东 权益）：		
开发支出			实收资本（或股本）	7 000 000	7 000 000
商誉			资本公积		
长期待摊费用			减：库存股		
递延所得税资产			盈余公积	124 771	100 000

续表

资产	期末余额	年初余额	负债和所有者权益（或股东权益）	期末余额	年初余额
其他非流动资产			未分配利润	218 014	50 000
非流动资产合计	5 926 500	4 770 000	所有者权益（或股东权益）合计	7 342 785	7 150 000
资产总计	10 769 523	9 617 611	负债和所有者益（或股东权益）合计	10 769 523	9 617 611

表 6 - 18　　　　　　　　　　　　　　**利润表**

2008 年

编制单位：XK 股份有限公司 2008 年 12 月 31 日

会企 02 表
单位：元

项　目	本期金额	上期金额
一、营业收入	5 429 086	（略）
减：营业成本	4 137 099	
营业税金及附加	13 620	
销售费用	27 700	
管理费用	447 210	
财务费用	51 400	
资产减值损失	3 960	
加：公允价值变动收益（损失以"-"号填列）		
投资收益（损失以"-"号填列）	25 800	
其中：对联营企业和合营企业的投资收益		
二、营业利润（亏损以"-"号填列）	773 897	
加：营业外收入	58 000	
减：营业外支出	22 713	
其中：非流动资产处置损失		
三、利润总额	809 184	
减：所得税费用	202 296	
四、净利润（净亏损以"-"号填列）	606 888	
五、每股收益：		
（一）基本每股收益		
（二）稀释每股收益		

在审计过程中发现了以下问题，记录在审计工作底稿中。XK 股份有限公司接受所有审计调整事项。(该公司坏账准备计提的比例为 5%，所得税税率为 25%，营业税税率为 5%，城市建设维护税税率为 7%，教育费附加为 3%，盈余公积的计提比例为 10%)

(1) 应收账款各明细账情况(见表 6 – 19)(坏账准备账户余额为 56 234 元)。

表 6 – 19　　　　　　　　　　　　　应收账款明细账表

客户名称	账面余额/元
A	351 000
B	409 500
C	327 600
D	142 814
E	– 50 000
F	1 180 914

(2) 多结转产品销售成本 356 000 元。

(3) 多计提了 200 000 元计入管理费用的折旧费用。

(4) 出租固定资产收入 100 000 元，挂在应付账款中未做处理。

要求：根据上述资料编制审计差异调整表和试算平衡表。

2. 安华会计师事务所接受委托对利达股份有限公司 2009 年度财务报表进行审计，审计工作于 2010 年 3 月 1 日完成。注册会计师确定的报表的重要性水平为 150 万元。

安华会计师事务所的注册会计师在审计过程中发现该公司存在以下情况：

(1) 2009 年 11 月 10 日，利达股份有限公司受到甲公司起诉。甲公司声称利达股份有限公司侵犯了该公司的软件版权，要求利达股份有限公司予以赔偿，赔偿金额 50 万元。利达股份有限公司在年末编制财务报表时，根据诉讼情况认为对甲公司的赔偿可能性达 50% 以上，最可能发生的赔偿金额为 30 万元。利达股份有限公司未进行账务处理，但是在财务报表附注中进行了适当披露。

(2) 利达股份有限公司为 B 公司向银行借款 800 万元提供担保。2009 年 10 月，B 公司因经营严重亏损，进行破产清算，无力偿还已到期的该笔银行借款。银行因此向法院起诉，要求利达股份有限公司承担担保连带责任，支付借款本息 880 万元。考虑到 B 公司能以破产财产来清偿债务，利达公司未做账务处理。2010 年 3 月 12 日，法院终审判决银行胜诉，并于 3 月 25 日执行完毕。利达股份有限公司拒绝在 2009 年度财务报表中做出相应处理。

(3) 利达股份有限公司持有 60 万股对 C 公司的股票作为交易性金融资产，2010 年 2 月 13 日该项股票投资价格大幅度下跌，已经由买入时的 1.5 元每股下跌至 0.9 元每股。对此，利达股份有限公司未进行账务处理。

(4) 利达股份有限公司已经连续两年出现亏损，并且推迟支付已经到期的债务 800 万元。注册会计师通过评价管理层的具体改善措施，认为编制财务报表所依据的持续经营假设是合理的。对此，利达股份有限公司已经在财务报表附注中进行了适当披露。

(5) 利达股份有限公司在 H 国有一家海外子公司，其财务报表由当地会计师事务所审计，审计后报表显示其净资产为 200 万元。安华会计师事务所的注册会计师无法对其他会计师事务所的工作进行复查。

要求：

（1）判断上述事项中哪些是期后事项？哪些是或有事项？对于发生于不同时段的期后事项，指出注册会计师应当承担的责任有何区别。

（2）如果不考虑重要性水平，请分别针对事项（1）、（2）、（3）指出注册会计师应如何处理。如果需要调整，请写出调整分录。

（3）如果利达股份有限公司拒绝接受上述审计调整或披露建议，指出注册会计师应分别对上述 5 种事项出具何种类型的审计报告。

参 考 文 献

1. 刘明辉. 审计学 ［M］. 大连：东北财经大学出版社，2003.

2. 中国注册会计师协会. 审计 ［M］. 北京：经济科学出版社，2010.

3. 王英姿. 审计原理与实务 ［M］. 北京：北京大学出版社，2006.

4. 俞校明. 审计实务 ［M］. 北京：清华大学出版社，2009.

5. 孙晓宁. 审计原理与实务 ［M］. 北京：北京大学出版社，2006.

6. 申建英，吴玲萍. 新编审计实务 ［M］. 南京：南京大学出版社，2011.

7. 华金秋. 美国 COSO 舞弊财务报告的最新研究及其对我国的启示 ［J］. 外国经济与管理，2001（3）.

8. 张舒. 审计失败原因分析——由"银广夏"案探讨我国审计失败原因 ［J］. 经营管理者，2009（24）.